科学传播人才培养译丛

王康友　钟　琦　主编

科学和参与科学技术

议题与困境

〔英〕约翰·K.吉尔伯特　◎编
〔澳〕苏珊·斯多克边尔

王黎明　王大鹏　张会亮 ◎译
任定成 ◎审译

**Communication and Engagement with
Science and Technology**

Issues and Dilemmas A Reader in Science Communication

科学出版社

北　京

图字：01-2017-8290 号

图书在版编目(CIP)数据

科学和参与科学技术：议题与困境 /（英）约翰·K.吉尔伯特（John K. Gilbert），（澳）苏珊·斯多克迈尔（Susan Stocklmayer）编；王黎明，王大鹏，张会亮译. —北京：科学出版社，2019.4
（科学传播人才培养译丛/王康友，钟琦主编）
书名原文: Communication and Engagement with Science and Technology: Issues and Dilemmas A Reader in Science Communication
ISBN 978-7-03-059377-1

Ⅰ.①科… Ⅱ.①约…②苏…③王…④王…⑤张… Ⅲ.①科学技术–传播学–研究 Ⅳ.①G206.2

中国版本图书馆 CIP 数据核字（2018）第251610号

责任编辑：张 莉 刘巧巧 / 责任校对：邹慧卿
责任印制：徐晓晨 / 封面设计：有道文化
编辑部电话：010-64035853
E-mail:houjunlin@mail. sciencep.com

科 学 出 版 社 出版
北京东黄城根北街 16 号
邮政编码：100717
http://www.sciencep.com

北京虎彩文化传播有限公司 印刷
科学出版社发行 各地新华书店经销
*

2019 年 4 月第 一 版 开本：720×1000 1/16
2020 年 1 月第二次印刷 印张：27 1/4
字数：380 000
定价：98.00元
（如有印装质量问题，我社负责调换）

总　序

　　科普人才是指具备一定科学素质和科普专业技能、从事科普实践并进行创造性劳动、做出积极贡献的劳动者，是我国科技人才的重要组成部分。随着国家"十三五"规划的全面实施，公民科学素质建设进入跨越式发展的新时代。科普事业迎来了为建设世界科技强国服务的重要战略机遇期，也迎来了创新攻坚转型升级的关键窗口期，对有担当、宽视野、高技能的科普人才需求更为迫切。科普人才成为科普事业发展和公民科学素质建设的重要支撑和基本要素。

　　中国科学技术协会是全民科学素质行动计划纲要实施工作牵头部门，也是实施"科普人才建设工程"的第一牵头单位。为贯彻落实《国家中长期人才发展规划纲要（2010—2020年）》的部署，深入实施《全民科学素质行动计划纲要（2006—2010—2020年）》，进一步推动全国科普人才队伍的建设和发展，中国科学技术协会组织制定了《中国科协科普人才发展规划纲要（2010—2020年）》，并提出目标：到2020年，培养和造就一支规模适度、结构优化、素质优良的科普人才队伍。科普人才总量至少比2010年翻一番，整体素质明显提高，结构明显优化，地区布局、行业布局趋于合理；建设形成一批科普人才培养和培训基地，建立健全有利于科普人才队伍建设和发展的体制与机制。到2020年，全国科普人才总量达到400万人。

　　为了更好地实现这一目标，中国科普研究所成立课题组，组织引进和翻译了"科学传播人才培养译丛"。从世界范围来看，美国、英国、澳大利亚等国家的科学传播专业教育发展历史较长，形成了相对较为完善的人才培养体系。其中又以澳大利亚的科学传播实践背景及其在国家科技政策中的定位与中国的情况较为相近，其学科建制和教学体系对我国的科学传播专业发展有很强的借鉴意义。课题组第一阶段择优翻译出版 4 本著作，分别为《科学传播：文化、身份认同与公民权利》《有效的科学传播：研究议程》《科学和参与科学技术：议题与困境》《科学传播的理论与实践》，推荐给国内科学传播专业师生作为教学读物，也为科普研究、教育和实践机构提供培训教材的选择。

科普人才培养任重而道远，中国科普研究所将加强国际交流，在全球范围内深入探讨科学传播人才培养方案和课程设置，并不断引进各国优秀科学传播专著和教材。同时，也欢迎本领域各位专家、同人向课题组推荐优秀书目，共同助力我国科普人才培养。

王康友

2018 年 10 月

译　者　序

大科学时代，科学、工程和技术的各个分支持续精进又不断融合，跨领域的科学全面渗透了政治、经济、日常生活乃至文化、伦理和信仰体系。人类社会首次寄望于某种异于科学共同体的视角，以之审慎地展现、阐释、评议和回应科学技术发展的多重含义。这是当代的科学传播者成长为一种独立的社会角色的基本动因，科学传播由此也成长为一门具备了建制基础的新兴学科。

科学传播者的职业化和科学传播的专业化正是我们向国内读者推荐《科学和参与科学技术：议题与困境》这本经典教材的初衷。本书是澳大利亚国立大学（The Australian National University，ANU）科学传播专业课程的长期教学用书之一。澳大利亚国立大学作为澳大利亚国内最早开展科学传播人才培养并专门设立培训课程的高校，目前设置有科学传播专业的学士、硕士及博士学位课程，这些课程不仅面向未来以科学传播作为职业的学生，还面向所有的理工科学生，是为了培养未来在媒体、科学中心和博物馆、动植物园任职的科普人员，以及在科研院所、企业、政府等机构任职的科学传播相关人员。

本书的译介出于三个目的。一是围绕科学传播的假设和模式、分歧和挑战、意义和价值、在非正式学习中的角色、议题和案例等不同侧面，为国内科学传播专业的在读学生提供一本阐述当代科学传播研究及实践图景的参考书；二是在领会不同情境中的科学传播的原则、策略和方法层面，作为刚刚进入媒体、科学中心和博物馆等传播/教育机构或科学传播/教育岗位的在职人员的思考指南；三是从科学及科学传播的本质及其社会属性出发，敦促自然科学以及工程、环境、医学等领域的专业人员和研究生读者更加开放且尽责地处理公众科学传播与其专业传播的互动。

从世界范围来看，美国、英国、澳大利亚等国家的科学传播专业教育发展历史较长，形成了相对较为完善的人才培养体系。其中又以澳大利亚的科学传播实践背景及其在国家科技政策中的定位与中国的情况较为相近，其学科建制和教学体系对我国的科学传播专业发展有很强的借鉴意义。2015 年，中国科普研究所科学媒介中心与澳大利亚国立大学公众科学意识中心建立了联系，就科学传播人才培养问题进行了交流，经该校公众科学意识中心的琼·利奇（Joan Leach）教授推荐，《科学和参与科学技术：议题与困境》入选了本辑"科学传播人才培养译丛"。同时经利奇教授推荐并入选的还有另外一本书：《科学传播的理论与实践》（*Science communication in Theory and Practice*，2001）。

全书的翻译工作由王黎明、王大鹏、张会亮三位译者共同完成。王大鹏负责第一篇、第二篇、第三篇、第六篇的翻译，张会亮负责第四篇的翻译，王黎明负责第五篇的翻译以及全书译文的重校和统稿。全书译稿的最终审校工作由任定成教授完成。

译　者

2018 年 10 月

前言　科学传播的变迁

　　"科学传播"是"对涉及科学、工程或技术的传播"的简称。在过去几百年的时间里，科学、工程和技术之间的相互作用一直在持续增强，同时也伴随着全球持续的工业化，但是对这三方面的影响进行传播的需要只是新近才得到人们的认同。作为一个学科，科学传播（区别于科学新闻）出现的时间也就20年左右，并且随着科学和技术议题对人文学科的重要性吸引了公众的注意力，科学传播也越来越得以深化和加强。在本书中，科学、工程和技术（有时候还包括数学）通常被统称为"科学"。这是为了书写的简洁，并且我们承认这并不理想。而像STEM（science，technology，engineering and mathematics，科学、技术、工程和数学）这样的表达方式在教育文献中占有一席之地，但是我们认为这个缩略语及其他类似的说法会有正式意味，不适用于此处。

　　通过增进健康、改善生活标准以及提供更好的营养，科学、工程、技术之间的相互作用愈加强烈地影响了人们的个人生活，更高效的交通改善了农村、城镇和城市的社会动力学。同时，变化中的农业实践和分配不均的资源带来的经济冲击对发达国家和发展中国家的每个公民都产生了影响。总之，我们的文化生活发生了转变，我们看待自己和他人的眼光已经与50年前大不一样。这种全球性的变化为科学传播达成其使命开启了新的途径。

一、传播主体的变迁

当西方科学开始制度化的时候，科学家们为了分享他们的发现会进行面对面的交流，这以 1660 年英国皇家学会的成立为标志。后来，工程师们也开始这样做了。随着从业者数量的增加，他们的成果通常会发表在只给同行阅读的印刷品上。围绕着这种实践发展起来的专业技术语言使得这些论文只能由掌握了基本知识的人所获取到——也就是说，只有其他科学家和工程师才能获取。特别是，科学家开始被视为一个精英群体，比其他人更聪明一些，并且用神秘且难以理解的密语来进行交流。这种精英主义的思想通过正规教育体系得到了强化，正规教育体系开始于 19 世纪末把"科学"引入为一种正规的学校课程。从 1860 年开始，至少在英国，科学课程的目标主要是对学生进行筛选，并且让那些最有能力的人在大学里继续学习科学。这种方法的后果就是不断抬高了接触和理解科学的门槛。不过，也存在一些反对的声音，他们从一开始就主张学校科学应该被纳入对每个公民进行的教育中。

然而，如今的科学实践需要公众支持和公众经费，影响了很多国家的科学上的危机生动地凸显了这种获取支持的需求。"疯牛病"、禽流感、转基因作物和动物、气候灾害、辐射危害……这个名单还在增加。许多科学危机牵涉的传播实践是失败的，造成社会各界舆情鼎沸，连科学家也经常遭到责难。那些对科学传播感兴趣的人需要听听不同的公众关切，并且理解这对科学实践和科学政策的影响。从化学中引用一个类比，科学传播已成为"多价体"。也就是说，它涉及不同群体中各种各样的人，彼此交融。

二、传播何以发生的变迁

当前，我们已经把科学传播视为科学实践本身的一个重要部分，因为普通人现在正以前所未有的方式来获取信息，这包括质量方面和数量方面。然而，有关科学的信息通常会让人感到困惑，并且仍然难以获取和理解。我们可以轻易地说这并不重要——科学家将一如既往地开展研究和发表成果，不论其他人会想什么或做什么——但这是一种对科学如何运作的幼稚观点。科学的实践已经发生了变化，有了这种变化，我们才需要科学传播。

如今，传播由科学家、媒介、资助机构、政客和很多其他公众群体发起并以彼此为目标。其间存在着不同的角色，通过不同的模式进行交流。除了科学期刊数量的巨大增长外，科学家共同体与他们所谓的"公众"之间也通过各种方式产生了"媒介"，包括报纸、杂志、电视、图书、博物馆、科学中心，以及越来越重要的互联网。每一种模式都有特别的长处，适合不同的受众，并且在其影响、优势和劣势方面，对每种模式的理解都需要更深入。

如今，这种变迁意味着受过良好教育的科学家、工程师和技术人员必须了解科学传播，并且具有科学传播的技能。此外，牵涉科学的专业知识以及特殊的科学传播技能的工作也在源源不断地涌现出来。所有值得重视的知识都取决于某些群体的人所达成的共识，即它有什么不同的特征，以及为什么它值得重视。每个不同的主张都应该取决于其认识论以及提出这种主张的基础的知识。科学传播只是在缓慢地确立其作为一种独特知识形式的主张，它取决于科学的认识论。除此之外，它还取决于利用社会科学来探讨科学对个人心理学、群体社会学及各种各样的经济后果所产生的影响。这是复杂的议题。

三、科学、工程、技术和社会科学

科学的目标是理解经验的世界，也就是说，它如何表现，由什么组成，以及为什么出现那种行为。尽管在科学探究如何发生或如何对其进行评估方面没有普适的模型，但是科学的认识论还是有一些共通的前提。比如，目前的实践科学做了如下假定：现实主义（世界独立存在于我们的经验之外）、客观性（就研究人员而言）、方法论的多元主义（在开展探究的时候）、逻辑性（在分析数据的时候）、可预测性（就未来事件而言），以及暂定性（对观点的修正是经常发生的）。多年来对科学观点的坚持是对它们的有用性的一种致敬。很多人还认为在一定程度上科学是被社会所形塑的，认为其受到特定时期特定传统下的某些显著因素的影响。

另外，工程是关乎设计的，着眼于通过科学的实践应用来改善生活的质量或者程序的效率。在应用工程原则的过程中，科学的方法论被用来形成预测并加以检验。技术则更进一步：它将技巧和方法按照某种组织框架应用于实践，以解决工程发展和实施所带来的问题。内含于工程的科学观点实际上是通过技术实现的，直接影响了人类和其他物种的生活。

近年来，科学传播的重要性快速上升，正是源自对工程技术冲击的本质及其后果的关注。然而，对这些影响开展的任何研究都离不开社会科学，从而赋予了科学传播研究一种特殊的跨学科形象。在本书中，我们考察了影响这些学科间关系的很多因素。

四、本书的目标

本书旨在：

● 对"科学传播"这个领域提供一种纵览，比如，科学传播的行动对象，影响科学传播的重要因素，特别是科学传播面对的挑战；

● 为科学传播中的研究型文献提供一种简介，特别是在那些挑战方面；

● 展示这些文献如何与科学传播的潜力及实践关联起来；

● 为有意就书中议题进行探索的读者提出行动上的建议。

五、本书拟解决的主题

本书共分为六篇。

第一篇　科学传播模式——理论进入实践

该篇由两个理论性的章节组成，为科学得以传播的方式提供了一种纵览。在第一章中，小川正行对传播者提出了一种挑战，对他们开展传播的目的以及公众参与科学的场景提出了疑问，引入了科学传播模式的观点。在第二章，苏珊·斯多克迈尔发展了这一主题。

第二篇　传播科学的挑战

在第三章，叙泽特·D.瑟尔从实践科学家的视角讨论了科学共同体与普通公众之间的参与。只有科学在个人、社会和公共政策上有清晰的角色时，这种传播才是有意义的。威尔·J.格兰特在第四章讨论了这些角色。在第五章，林迪·A.奥西亚讨论了如果公众抵制科学的话，需要克服哪些挑战。

第三篇　科学传播的重大主题

该篇讨论的是当这些被传播的主题与科学紧密相关时的焦点问题。在第六章，克雷格·特朗博讨论了"风险"的概念。莫里斯·M. W. 程、黄家乐、阿瑟·M. S. 李、莫雅慈在第七章解决的是"在科学传播中使用数字"这个难以解决的问题。罗德·兰伯特在第八章讨论的是在科学中以及对科学进行传播时存在的伦理和公信力的问题。迈克尔·J.瑞斯在第九章讨论了信仰与证据之间的本质及关系。

第四篇　非正式学习

该篇讨论了在不同情境下学习科学的问题。约翰·K.吉尔伯特在第十章呈现了那些影响科学传播有效性的议题，并且对这些议题提出了"最佳实践"。虽然"科学教育"在正规教育中已经完善了，但是"科学传播"的观点仍方兴未艾。在第十一章，肖恩·佩雷拉与苏珊·斯多克迈尔讨论了科学传播与科学教育之间的关系。非正式环境在科学传播中的极高重要性是第十二章所讨论的问题，莱奥妮·J.雷尼讨论了这一方面的"最佳实践"。

第五篇　科学与社会中的当代议题传播

当今，很多事关公众利益和关切的问题都涉及科学以及它们对人类事务的启示。这部分提出了几个重要的案例。气候变化是一个20多年来一直令全球瞩目的议题：在第十三章中，贾斯汀·迪伦与玛丽·霍布森讨论了对这个复杂环境议题的反应的演化。当一般性问题转变为危机的时候，对这个议题进行传播就变得非常紧迫：在第十四章中，李杨涌通过中国香港严重急性呼吸综合征（SARS）暴发的案例评估了公众传播的有效性。在第十五章中，茉莉亚·B.科比特讨论了面向巨大挑战而进行的传播，这些挑战涉及为实现地球资源的可持续性而做出的努力。本土科学和地方性知识越来越被视为对我们理解科学具有重要影响的方面，约拿·塞勒迪在第十六章提出了把这种世界观融入更狭隘的西方科学文化之中的挑战。在本书的最后一章里，克里斯·布莱恩特提出因为遗传学和行为研究已经非常前沿，有一个议题逐渐浮出水面：生而为人意味着什么，这对科学的传播有什么启示？

第六篇为"深入探索"。

约翰·K. 吉尔伯特（John K. Gilbert）

苏珊·斯多克迈尔（Susan Stocklmayer）

如何使用本书

本书面向对当下的科学传播议题及其发展怀有兴趣和关切的读者，它的目标读者还包括在大学里攻读下列专业的学生：

● 自然科学、工程技术、医学科学方向的本科生；

● 科学传播专业的本科生和研究生；

● 教育专业的职前培训或在职进修人员；

● 教育专业的研究生。

从上面的概述中，你可以看到本书的每一章针对的都是科学传播的一个不同方面。如果你是自用的话，那么，你显然需要找到本书中你特别感兴趣的主题。正如第四篇所呈现的那样，最有效的学习发生情境应该是，你积极地参与到那些你看到、读到或听到的观点中去。如果你可以对本书最后一部分提出的"深入探索"中的相关活动进行实践的话，那么这将对你有所助益。

你也可以把本书作为有组织的课程的一部分，那么，这些章节就可以用来备课，或者作为课后读物，这也许能启发你对所考虑的议题提出重要的问题。有些章节可以作为研讨会前的阅读资料，以及作为研讨会讨论的准备材料。因为这种讨论涉及你自己、你的同学及你的老师之间的互动，所以很有可能，你的学习将受惠于那些超出你个人思考范围的更广泛的观点。

有时间的话，本书的编辑欢迎你就本书未来的发展以及相关的活动提出建议。他们的联系方式在本书后面的"关于作者"页上。

致　　谢

　　非常感谢米克·戈尔（Mick Gore）教授对本书的章节进行的批判性阅读，感谢那些出现于本书中的图表的原始来源（标注于所有的相关章节内）的作者。

目　录

第一篇　科学传播模式——理论进入实践

第三篇　科学传播的重大主题

第四篇　非正式学习

第五篇　科学与社会中的当代议题传播

第六篇　深　入　探　索

第一篇　科学传播模式——理论进入实践

第一章

为科学传播制订『设计方案』

小川正行（Masakata Ogawa）

第一节 引　言

在全球范围内，各行各业对科学传播活动的需求日益增加，而针对科学传播所进行的研究正在取得超越以往任何时候的显著进展。与此同时，科学传播的重点正在发生演变，从公众理解科学向公众参与科学等更深入的领域演变。一大批不同"口味"的科学传播专著也在近年问世（例如，Bauer & Bucchi，2007；Bennett & Jennings，2011；Cheng et al.，2008；Kahlor & Stout，2010；Russell，2010）。然而，我们依然难以掌握科学传播的整体图景。科学传播的"声名鹊起"是由众多不同的利益相关主体和不同的政策所推动的，其中包括国家和地方政府、大学、博物馆和科学中心、媒体、公民团体、非营利组织和非政府组织，以及关注此问题的个人。这些进展是彼此独立地不断涌现的，而不是以一种系统性的方式发生的。

特伦奇和布奇（Trench & Bucchi，2010）对科学传播研究的现状及其学科性质进行了非常简短却富有见地的评论。对于科学传播研究的现状，他们认为：①科学传播能够发展为一个教学和研究的主题，主要是对外部需求进行回应的结果；②政治关切和制度关切对科学传播的影响同智识兴趣对它的影响一样多；③ 2008～2010 年出版的众多该领域的出版物，包括特伦奇和布奇自己的出版物，体现了人们对建立科学传播研究的规范模式及推动科学传播进一步发展的愿望，但同时也体现了在这一领域建立统一理论的难度；④据他们所知，还没有一部大型著作能够为科学传播的关键议题勾勒出连贯框架。对于科学传播的学科性质，他们认为科学传播

"还不能形成一个跨学科性质的独立学科，也不能成为传播学这一发展中学科的下属二级学科"（Trench & Bucchi，2010，p.4）。

因而从某种意义上说，我们还没能看到科学传播"拼图游戏"的壮丽图景，也没能看到其中可能缺失的部分。

这一领域的理论研究包括对科学传播本身的恰当定义（例如，Bryant，2003；Burns，O'Connor & Stockmayer，2003）及其学科性质（Trench & Bucchi，2010）的探索：通过这些探索对科学传播进行清晰而通用的界定，将有助于这个领域的发展走向成熟，帮助它成为一门真正的学科。

对科学传播进行准确定义的困难不仅来源于这个领域本身的复杂性，还来源于科学传播共同体内存在的多元愿景和期望。这个共同体中的个体、群体和机构对于科学与社会关系的未来图景有着各自不同的期望，但他们通常不能清楚地表达这些期望，甚至可能连他们自己都不能准确地理解自己的期望。更不用说，他们期望中的每一种未来图景都只是由其自身价值观[1]所决定的。迄今，科学传播共同体内价值观和价值取向的差异还没有得到过认真的研究和探讨。

第二节　科学传播框架相关的既有研究

过去几年中，科学传播研究者一直在努力尝试对那些以科学传播名义举办的活动进行研究，并试图建立起能够用于分析这些活动的模型和框架。比如，利用科学传播的"自动扶梯"模型，范·德·奥瓦尔特（van Der Auweraert，2005）提出了科学传播的四个维度——公众理解科学（public understanding of science，PUS）、公众认知科学（public awareness of science，PAS）、公众参与科学（public engagement with science，PES）以及公众加入科学（public participation of science，PPS）——每一个维度都由科学知识和科学传播相关的具体特征所界定。特伦奇（Trench，2008）对科学传播模型提出了一个分析性框架，并在这个框架内确立了三种占主导地位的模式（缺失模式、对话模式和参与模式）以及三种模式各自的特征。为了对已有和将要举办的科学传播活动进行分类，麦科利等（McCallie et al.，2009）提出了一个用于对正规科学教育中公众理解科学和公众参与科学活动进行区分的框架。该框架由三个维度组成：①公众在活动中扮演的角色（受众参与）；②科学、技术、工程和数学（STEM）专家在活动中扮演的角色（专家参与）；③活动内容的焦点。布罗萨德和莱文斯坦（Brossard & Lewenstein，2010）则对目前的主流理论模式进行了重新审视，研究这些模式与科学传播实践的对应程度究竟如何。结果发现，传统的理论模式在实践中经常彼此重叠（Brossard & Lewenstein，2010，p.32）。因而他们认为，在处理实际科学传播活动时，主流理论模式之间的差异并不明显。

本书第二章将对各个科学传播模式进行详尽论述。本章将集中论述如何从这些模式出发，为科学传播建立起一个统一的框架。

第三节 反思：科学传播的本质

近期，对科学传播的探索主要基于对科学传播活动和事件现状（即科学传播的现有形态）的分析，但还没能面向总体目标提出一个令人满意的科学传播的未来图景（科学传播应该是或者将会是怎样的）。所以对我们来说，现在正是一个对科学传播进行整体"健康检查"（Jenkins，2000）的好时机。在本章中，我将尽量不局限于科学传播的现状，而是去考虑一种理想的状态：科学传播的理想目标是什么。斯巴克斯（Sparkes，1993，p. 293）曾说："科学的目标是对'现状'进行探索和理论化，而工程学的目标则是对'应该怎样'进行创造和理论化。"按照这种说法，我在这里所做的工作更接近于一种工程学上的努力。

当前的科学传播活动通常是孤立开展的，并且完全依组织者（科学家、科学传播者等）的自身信念、兴趣和关注点进行。这些活动很少，甚至几乎从来不会在系统性的计划之下开展。因而，仅对某个特定时间段内的科学传播活动进行简单的采样和评估，可能无法帮助我们勾勒出科学传播应该是怎样、将会是怎样的完整图景。为了获得，或者说，恰当地设计这样一种理想的图景，必须发展出另外一种分析方法。这要求我们对整个领域进行考察，但在过去20年中，科学传播领域已经分化为贴有"公众理解科学""公众认知科学""公众参与科学""公众加入科学"等不同标签的子领域。既有研究的重点在于对不同活动进行区分，所以大多数的已有分析都着眼于活动之间的区别和差异。要想确认出适用于科学传播整体的通用基础目标，寻找这些相互区别的子领域中的共性就显得十分重要。不同类型的科学传播活动的共性何在？有哪些关键点是从科学传播活动还没有发生分化的时候开始就从未改变过的？要回答这些问题，我们可以想到两种可能的方法：①对差异产生之前的情况进行考察（历史性反思）；②对所有子领域的共有基本前提进行考察。要使用第一种方法，我们需要找到科学传播活动的"原型"或基准；而第二种方法则有些困难：我们之前的主要关注点在于这些子领域各自的独特性质，而它们之间的共同特征却难以得到清晰而直接的表达。

对历史的反思可以把我们带回到1799年英国皇家研究院（Royal Institution）及1831年英国科学促进会（British Association for the Advancement of Science，BAAS）成立的时候。对这些机构最初使命或目标的考察，可能在科学传播的总体目标上给我们提供一些暗示。在有关英国皇家研究院历史的官方网站（n.d.）中，我们看到"英国皇家研究院成立于1799年3月，旨在向一般公众介绍新型技术、讲授科学知识"。琼斯在论著中（Jones，1871，p.121）引述了英国皇家研究院的创立者朗福德伯爵（Count Rumford）在英国皇家研究院创办提案中的论述：

> 该研究院肩负两大使命：对来源于世界上每一个角落的所有实用新知进行快速而广泛的传播；传授可以改善国家艺术水平和制造水平的科学发现的应用方法，以此提高家庭生活的舒适性和便捷性。

在当前的英国科学促进会官方网站（n.d.）中，我们看到该机构的目标如下：

> 在全英不同城镇和城市举办的年度会议中，该机构的最初使命表述为："为科学探索提供更强的推动力和更系统的方向；推动英国不同地域的科学研究者之间的交流，以及他们与外国科学家之间的交流；使公众更广泛地关注科学进展，并清除可能存在于公众中的任何阻碍科学发展的不利因素。"

这两个科学史早期案例表明，这些机构都拥有向科学圈之外传播科学知识的明确意图，这可以被认为是"科学共同体对科学和公众之间关系进行干预的意图"。当我们意识到，人们从一开始就在有目的地进行某些特定类型的干预，那么我们就可以把这些最初的目标看作现代科学传播运动的"原型"目标。

在第二种方法（对目前科学传播的各领域的共有前提进行考察）中，"科学与社会之间的关系"有望成为各领域的一个统一概念。英国上议院科学技术特别委员会（House of Lords Select Committee on Science and Technology，2000）出版的有关公众与科技之间关系的报告的题目就是"科学与社会"（Science and Society）。有说法认为，该报告是把当前科学传播运动从"公众理解科学"转向"公众参与科学"的真正起点。该篇报告展现了干预科学和社会之间关系的强烈意图，但采用了与英国皇家研究院和英国科学促进会不同的表述。从 2000 年开始，"科学与社会"这个短语成了一个兼容科学传播各个领域的涵盖性术语。比如，英国创新、大学与技能部（UK Department for Innovation, Universities & Skills, 2008）的咨询文件就以"愿景：科学与社会"（A Vision for Science and Society）为题。该文件封底上对"科学与社会"的描述如下：

> 我们在最广义的程度上将社会参与纳入考量，包含从科学中心到科学节的各种场合，以及通过咨询、与其他媒体积极对话等方式来向公众提供信息，从而赋予公众在科学领域中参与权和决策权的尝试。我们考虑了科学在社会中的应用，以及出于社会福祉考虑而为决策制定者提供的科学咨询。我们还考虑了涉及教育体系内外的科学技能使用场景的范围，以及使参与者能真正代表其所服务的社会的多元化的重要性。

在这份咨询文件中，科学与社会的关系依旧是作者或政府干预的目标。

无论从两种方法中的哪一种出发，我们都可以将科学传播最广泛意义上的共同特征之一总结为"对科学与社会（或科学家与公众）之间的关系进行干预的意图"。可以说，这一意图是所有科学传播子领域的活动所共有的。因而，对科学与社会的关系进行干预似乎可以构成对科学传播领域进行研究的一个起点。

而进一步研究的关键步骤在于确定这种干预背后的目的（intent）。如果我们允许科学传播共同体内存在不同的价值取向，就可以接下来在充分考虑这种价值取向差异性的前提下，探讨如何对科学传播进行概念化，与现有的以分析科学传播活动为基础但不考虑价值观的研究方式相比，这样的尝试有着很大的不同。我们首先要做的是，对科学传播共同体内不同的价值取向进行更加直观和明确的认识，这需要我们使用一个框架来发现、揭露及描绘出那些心照不宣的、隐藏的或无意识的价值观。这种新的研究方式让科学传播未完成的"拼图游戏"浮出水面，并能够帮助我们找到拼图中那些缺失（或尚未发现）的碎片。

第四节　新框架：政策化的科学传播

基于现状分析给科学传播所下的定义是有问题的，因为这种定义既不能展示科学传播的整体图景，也无法提供一个被共同体所认可的科学传播未来图景。人们期望，有一种新的方法可以呈现出这两种图景。可行的方法有哪些？在此，我提出一个用于对科学传播的本质进行概念化的"设计方案"。这一方案的关键点之一在于，要着眼于每一种科学传播干预措施的目标、方法和利益相关者（通常被称为"行动者"），以及利益相关者的行动意图。诚然，一些既有的相关文献也强调了科学传播中目标和结果的重要性（Department of Innovation, Universities & Skills, 2008；Jones, 2011；Powell & Colin, 2008；Stocklmayer, 2005），但是我现在的讨论将更加关注不同因素之间的互动。

在以设计为中心的方案中，当前的、未来的及潜在的利益相关者〔我更喜欢使用"驱动者"（driving actor）这个术语〕在特定共同体内预先设定了他们关于科学传播的理想目标。他们有意地对干预加以设计，利用恰当的手段来改变共同体内科学传播的现状。如果他们能够在行动中实践这些设计中的改变，那么这些变化将帮助共同体接近其科学传播的目标。

这一设计方案要求驱动者的价值取向和他们对共同体理想未来的愿景能够被明确且直观地表达，这一点不同于许多不对这些目标进行框架性描述的现有科学传播实践。

为了构建这样一个框架，请允许我先从政治科学和政策研究的视角来介绍一下"政策"这个概念，因为在科学传播领域中，"政策"一词似乎总会与"目标""手段""行动者""意图""未来"等名词高度相关。在科学传播领域，"政策"不是一个外来的概念：基于相关的政策审议研究（Orpwood，1981），正规教育部门曾经推行过一个类似的概念［政策化的学校课程（school curriculum as policy）］。在这一案例中，"课程政策"被定义为"为决定在特定情境下应该教授哪些课程而制定的规则、计划或指南"（Orpwood，1981，p.23）。

在政治科学中，布鲁尔和德利翁（Brewer & deLeon，1983，p.30）把"政策"定义为"为实现目标而刻意制定的一系列战略性声明"。安德森（Anderson，2000，p.4）认为政策是"在处理某类问题的过程中，被一个或多个行动者遵循的相对稳定且目标明确的行动方案"。萨普鲁（Sapru，2004，p.5）采用了一个类似的定义：政策是"追求特定目标或宗旨的当权者所采用或接受的目标明确的行动方案"。这些定义的重点在于"目标明确的""目标或宗旨""行动者"。克拉克和凯勒特（Clark & Kellert，1988，p.7）提出了另外一个定义：政策是"旨在实现期望的结果而采用的具体行动方案"，这里强调的重点是"旨在""期望的结果"。梅（May，2003，p.228）认为政策的意图决定了应当被付诸实施的政策的目标和类型。兰道（Landau，1977，p.425）则对政策的本质做出了更加细致的描述：

> 政策提出干预措施来改变某些现有情况或行为模式。一项精心设计的政策需要包含对理想状态的描述，以及可能促使理想状态实现（达到目标）的一系列途径。因此应该明确，政策提案与未来状态相关，其文字使用将来时态。任何政策提案的目标都是对未来行动的约束和指导——事实上，也只有未来的行动能够被政策所约束……我们

知道，现有政策的真实价值总是尚待确定的。

将上述对政策本质的描述与前一节对科学传播本质的描述进行对比，我们发现"政策化的科学传播"理念似乎是值得认可的。因而，在将科学传播看作政策的新框架中，科学传播可以被定义为"由一个或一组驱动者所施行的，为改变科学和社会之间关系的现状，并达到预期状态的目标明确的干预措施"。这个定义意味着驱动者需要：①在提出任何干预措施之前表达出自己的价值取向；②明确并表达出他们自己的目标和对未来理想图景的看法；③明确他们所提出干预措施的具体目标；④设计出能够反映他们的价值取向、目标和宗旨的具体干预措施。重要的一点是，这个框架强烈要求他们提出的干预措施（无论这些措施是什么）是为了实现他们自己的"目标"而使用的一种"手段"。有不同价值取向与理想的驱动者将会设计和提出类型完全不同的干预措施。

一旦我们能够识别出不同类型的驱动者（包括还没有介入科学传播之中的潜在的驱动者）及他们对科学和社会之间关系的各自愿景，我们就可以将他们在科学传播中的整体图景（假设我们确实需要设计这个图景）刻画出来。在这之后，我们就可以找到这个"拼图游戏"中某些缺失的碎片（尚未被科学传播领域认为是挑战的问题）。

第五节　框架中的核心问题

如前所述，在理论上，这个框架需要科学传播中现有的、预期中的及潜在的驱动者都能明确找到自己的价值取向、共同体目标和目标群体，并设计出相应的干预措施。最终的框架必须能够反映所有上述因素。下面，我们对与这几个因素相关的重要问题进行简要讨论。

一、驱动者的价值取向

很多研究者都对公众科学素养或者公众对科学的理解程度进行过调查，而几乎所有此类调查都显示，"公众"是由科学素养水平不同、对科学理解程度不同，以及对科学持有不同态度的多个群体所组成的。因而，科学传播的"目标行动者"将是非常多元化的。比如，米勒（Miller，1983）就在他的经典著作中区分了"决策制定者""政策领袖""关注的公众""非关注的公众"，在后来的著作（Miller，1986）中，他又提出了"感兴趣的公众"。在英国，由维康信托基金会和科学技术办公室共同开展的一项调查（Wellcome Trust & Office of Science and Technology，2000）将英国公众区分为 6 个态度集群（attitude clusters）：自信的信仰者（17%）、技术偏好者（20%）、支持者（17%）、关注者（13%）、不确定者（13%）与不关心者（15%）。虽然这些调查之间存在轻微的差异，许多人还致力于对已有的分类进行改进，但毫无疑问的是，公众中的此种类别差异确实存在。因而，只是简单地提及"公众"（the public）是不恰当的。现在，很多科学传播研究者会倾向于使用"公众"的复数形式，即"异质公众"（publics）。同样地，我们也没有任何根据认为，这种科学知识和科学态度上的多元性在科学政策制定者、科学传播者乃至科学家群体内部是不存在的。比如，在对科学家和科学教育工作者进行的调查中，肖沃斯（Showers，1993）发现他们并不必然：①在他们自己的专业领域之外拥有高水平的学科知识；②从科学角度出发对公共议题做出判断；③不会轻易相信迷信和伪科学；④在做出个人或社会选择时，以对具体情境的科学性判断为依据。在科学家的知识储备方面，斯多克迈尔和布莱恩特也得到了类似的研究结果（Stocklmayer & Bryant，2012）。

特伦奇和布奇（Trench & Bucchi，2010，p.1）对这一问题进行了更深入的阐释：

它（科学传播）涉及科学家共同体、利益群体、决策者和不同公众群体之间的互动。但如果要想得更深，我们就会想到，科学传播是否也应当包含不同科学机构和不同科学家群体之间及其内部的交流。相比于科学家共同体与一般公众之间的跨界交流，科学家共同体内部交流所获得的关注明显更少。而更少获得关注的是在科学家共同体之外、不同类别公众之间在科学议题上的交流。

如果我们已经察觉到这种在科学素养及对科学的态度方面的差异，那么当我们制定目标以及描述这些目标背后的价值取向时，为什么不能将这些问题涵盖其中呢？我们该如何在实践中对多种群体的价值取向差异进行揭示、确认和形象化描述呢？我曾经针对一般公众群体，对这一问题进行过讨论（Ogawa，1998，pp.108-110）。而现在，我提出以下三个彼此独立的维度，来识别人们的科学立场：①有科学素养与无科学素养（知识层次）；②亲科学与反科学（态度层次）；③亲科学主义与反科学主义（价值层次）。这些维度之间的组合对应于一般公众的6种可能类型：①科学信仰者（有科学素养、亲科学、亲科学主义）；②科学情境主义者（有科学素养、亲科学、反科学主义）；③科学狂热分子（无科学素养、亲科学、亲科学主义）；④科学警惕者（无科学素养、亲科学、反科学主义）；⑤真正的反科学分子（有科学素养、反科学、反科学主义）；⑥新反科学分子（无科学素养、反科学、反科学主义）。另外，我还建议在态度层次上纳入"漠不关心者"这个类别（即亲科学、漠不关心、反科学三个类别）（Ogawa，2006）。近期在日本开展的一项针对科学咖啡馆活动参与者的实证研究（Yoshida，2011）表明，参与热门话题讨论的积极性也是一个重要的区分标准。如果这项研究可信，就需要再加上第四个维度，即科学议题的参与度（积极参与、不参与、消极参与等）。

值得指出的是，在理论上，这种分类标准也适用于科学家、科学传播者、科学教师、科学政策制定者等群体，而不同群体中各类型所占的相对比例可能会有非常大的不同。价值取向与工作类型之间并不必然相关。

针对每一个类别，我们还需要从价值取向的角度出发，对其中的不同成员进行描述。但是无论如何，这种分类是可以实现和值得进行的。

二、"科学素养"指什么？

在各类驱动者的心中，一个理想中的未来共同体内的"科学与社会的关系"是怎样的呢？这个问题的答案与科学传播的各种终极目标都高度相关，但是包括科学传播者在内的各类驱动者都很少直接谈到这个问题。然而另一个问题却是常常被人们谈起的，那就是在理想中的未来共同体内，共同体成员的"科学素养水平"将会是怎样的。

对于科学素养，存在两种可能的极端性期望：①具备科学素养的共同体完全由具备高度科学素养的个体组成，这些个体可以成为具有科学素养的决策者；②共同体由科学素养水平参差不齐的个体组成。当然，这二者之间还存在很多可能的过渡形态。

通常，前一种期望更接近主流观点［比如，美国科学促进会（American Association for the Advancement of Science，AAAS）的《面向全体美国人的科学：2061 计划》（*Science for All Americans*：*Project 2061*）中就采用了这种观点］。然而，这种期望是存在问题的。我们是否应该继续努力，以实现所有人都具备高度科学素养并高度参与科学的终极目标，构建一个可以让科学家共同体感到满意的未来社会？这确实可能是一种理想状态，但遗憾的是，我们不能忽略如下事实：如前所述，尽管人们采取了目的性明确的大量举措，但现实共同体内的科学素养水平差异仍然稳定存在且难以改变。因而，这种理想确实是一种"理想"。目前，一些群体将这一理想看作自己的终极目标，但是这些群体也需要接受如下事实，即共同体中"科学素养"水平的多元化程度并未降低。这些群体可能需要在实现终极目标的沿途设立一些更"实际"的目标，并尝试为不同类别的目标群体设计出与之匹配的"行动方法"。

后一种期望则更加贴近现实和实践。如果我们接受科学素养是多元化的这一事实，就可以对"具备科学素养的共同体"的含义进行另外一种解读。比如，沙莫斯（Shamos，1995）理想中的未来共同体就并不是一个完全由具备高度科学素养的公民所组成的。他认为，如果共同体中有20%的公民具备可靠的科学素养，那么这个共同体就有能力对科学技术议题做出科学上合理的共同体决策。我也在另外一篇文章（Ogawa，2006）中指出，一个在整体上展示出"完美"科学素养和科学参与度的共同体，并不需要完全由具备完美科学素养和科学参与度的个体成员组成。这两例论述都认为，科学传播的主要任务之一是开发并维护一个知识和信息流动的新型体系，并在共同体内建立一个网络，使共同体内的每个个体都能及时获取正确的知识和信息。我主张建立一个知识和信息的"解读"体系（Ogawa，2001），在这个体系中，共同体中的每个个体都扮演着知识和信息流动的"多重代理"（每个个体在不同情境下充当接受者、发送者、阐释者、生产者等角色）。

第一种期望是理想主义的，第二种期望是现实主义的，第二种期望并不能否认第一种期望所做出的努力。我们为实现这两种期望所进行的努力是可以同时进行的。

三、干预措施的目标群体

截至目前，我们已经对科学传播活动等干预措施中的目标群体进行过模糊的界定。通常，目标群体被称为"受众"或"一般公众"。这表明，驱动者还没能明确"目标"二字的特别含义。他们更关心"开展活动"本身，而并不太关注"这些活动针对的是哪些类型的具体目标群体"。然而，既然我们承认在各个群体（不仅是公众群体，也包括科学家和科学传播者群体）内部存在价值取向的多元性，我们也可以对干预措施的目标群体进行类似的多元化分类。比如，我曾经以"谁为谁开展了特定干预活动？"为标准（Ogawa，2006），对各类干预措施进行了系统描述（表 1-1）。

表1-1　科学传播活动的分类

参与者	驱动者			
	专家、政策制定者	亲科学公众	不关心的公众	消极的公众
专家、政策制定者	政府协商会议、官方促进会	共识会议*、科学商店、公共演讲		抵制运动、公共听证会
亲科学公众	共识会议*、公民咨询团**、科学咖啡馆	科学咖啡馆、实地考察		抵制运动
不关心的公众 消极的公众				
一般公众	协商性民意测验***、公民咨询团**、科学商店、公共演讲、科学节、实地考察、科学博物馆、科学中心	科学咖啡馆、实地考察		抵制运动、科学咖啡馆

（左侧纵向合并单元格标注：目标群体）

资料来源：Ogwam，2006，p.204，经原作者同意进行了改编。

*共识会议：按照约定，共识会议由16名无经验的志愿者组成，志愿者的选择依据是他们的社会经济特征和人口学特征。这些成员首先私下见面，就一个议题展开讨论并决定他们希望提出的关键问题。之后进入公开会议阶段，该阶段持续大约3天，在此期间，这些成员倾听专家意见，与专家进行讨论，并最终形成书面报告。

**公民咨询团：一小群（12～20人）无经验的参与者组成公民评审团（或讨论会），在3～4天的时间里，多名专家就特定议题进行观点陈述，而该团体听取专家意见，并进行质询、讨论和评估。最后，这个团体将受邀提出建议。

***协商性民意测验：一个可能由几百人组成的在人口统计学上具有代表性的大型群体就某个议题开展辩论，通常包括对关键人员进行的盘问。在辩论前后，组织者分别对这一群体进行民意测验（Parliamentary Office of Science and Technology，2001，p.6）。

如果驱动者希望干预活动的目标能够实现，那么对目标群体的区分一定是必要的。本书第二章将对这种观点进行扩充，苏珊·斯多克迈尔（Susan Stocklmayer）将从"参与者"和"方法"的更广泛含义出发，对科学传播的目标进行讨论。

四、干预措施的设计：寻找缺失的碎片

读者应该还记得科学传播的"拼图游戏"比喻，我们可以把表 1-1 作为这个"拼图游戏"的开端，而这个表格中还有很多"缺失的碎片"。为什么表 1-1 中有些地方还是空白的？我们还能设计出哪些新的干预措施？

随着目标群体的改变，干预方法需要被如何调整？不同驱动者设计的干预措施又会有哪些不同？这些问题会依次浮现在科学传播者和科学家的脑海中。每一个驱动者（个体、群体、机构、倡议等）都可以提出自己对于未来共同体整体图景的期望，并且在对干预目标、方法和目标群体慎重考虑的基础上，设计出一系列不同类型的干预措施。目前，人们通常认为不关心的公众不会成为科学传播活动的驱动者。但我们可以打破固有观念，做一个有趣的思想实验：如果组织者和发起人能够邀请不关心的公众扮演活动驱动者，那么我们将会看到怎样的干预措施呢？

在干预措施的设计中，另一个有趣但还没有得到充分研究的问题是，在一项特定的干预活动中，不同参与者分别扮演着怎样的角色。让我们来对一类特定的科学传播活动——科学咖啡馆进行讨论。科学咖啡馆为一名客座科学家和一小群外行人提供了一个在非正式场合（比如酒吧或咖啡馆）进行公开对话的空间（Russell，2010，pp.92-93）。假设一个个体、群体或机构想开展一场科学咖啡馆活动，通常它需要一个项目设计团队来仔细进行设计和策划，以满足并反映组织者的需求或意图（在小型的科学咖啡馆活动中，组织者和项目设计者常常是同一个人，或者来自同一个机构或群体）。在筹备阶段，项目设计者需要对"参与者"（组织者、发起者、项目设计者、编剧、演讲人、员工、主动的受众、被动的受众等）进行恰当的鉴别和配置。在活动当天，"参与者"将按照设计和策划来履行自己的角色。这是科学传播活动的一个典型范例。在这些活动中，议题是驱动者价值取向的反映。通常，活动参与者会认为他们在科学与社会的关系方面有着共同的价值取向，但是果真如此吗？在每一个驱动者心中，他们对于未来的完美科学与社会关系有着怎样的设想？某一次科学咖啡馆活动的终极目标具体是什么？对个体价值取向的讨论还很少见，但是这种讨论将帮助人们设计出更以活动目标和目标群体为导向的干预活动。

第六节　进入公共政策领域（CODA）

原则上，驱动者对未来共同体的期待（也就是他们的目标）会根据他们各自价值取向的不同而有很大的差异。他们有追求各自梦想的自由，但却没有正当的理由来要求其目标群体也拥有同样的梦想。这些目标群体（包括不关心的公众）有追求他们自身梦想的权利。这里的重点在于，这种梦想，无论是目标群体的梦想还是驱动者的梦想，都只是私人的梦想：在这种情境下，对未来共同体的期望仍属于私人领域。在一个同时包含目标群体和驱动者的共同体内，一旦各种不同的想法开始公开传播，为确立一个共同的未来共同体图景而进行的协商和讨论就将成为当务之急。于是，这个议题将从私人领域（个人决策）转向公共领域（公共决策）。关于如何将科学建议转变成政策的问题，将在第四章进行深入的讨论。

于是，科学传播者可以为了达成关于共同体对未来期望的共识而提出新型的干预措施，从而在公共领域中发挥关键作用。当然，这并不容易实现。为了在共同体成员之间达成共识，科学传播者有时可能需要部分放弃自身的想法，而这一定是很痛苦的。然而，在一个民主的共同体中，共同体成员必须就各自不同的价值观进行协商，并最终达成妥协。科学传播者不得不遵循这些原则。

著名公共政策研究者伊斯顿（Easton，1971，p.130）曾经认为，公共政策可以隐性地被定义为"对社会进行的一种权威性的价值分配"。当伊斯顿提出这一观点时，公共政策被认为是完全由政府控制的。但是如今，由于政策领域中的公共参与越来越普遍，这个定义的含义也随之发生了改变。权威并不必然地只来自政府机构，还可以来源于公众达成的共识，如协商式民主的结果。

在科学与社会的关系方面，共同体有权决定它所期望的未来。科学传播者能够以推动者的身份而非权威者的身份对共识达成的过程或者价值分配的过程有所贡献。一旦共同体对未来图景的期望得到确认，科学传播者就可以为了支持和实现共同体的梦想而设计出恰当的干预措施。

注　释

1. 在一个复杂但却综合的定义中，"价值观"可以被界定为"一种能够反映特定个人或群体的选择倾向（在不同的模式、方法和目标选项中，本人或他人更愿意选择哪一种）的，内隐或外显的特征性理念"（Kluckhohn，1951，p.395）。

参 考 文 献

Anderson, J. E. (2000). *Public policymaking: An introduction.* 4th ed. Boston: Houghton-Mifflin Company.

Bauer, M. W., & Bucchi, M. (2007). *Journalism, Science and Society: Science Communication between News and Public Relations.* New York, NY: Routledge.

Bennett, D. J., & Jennings, R. C. (2011). *Successful Science Communication: Telling It Like It Is.* New York, NY: Cambridge University Press.

Brewer, G., & deLeon, P. (1983). *The Foundations of Policy Analysis.* Homewood, Illinois: Dorsey Press.

British Science Association (n.d.). History of the British Science Association. Retrieved from http://www.britishscienceassociation.org/web/AboutUs/OurHistory/.

Brossard, D., & Lewenstein, B. V. (2010). A critical appraisal of models of public understanding of science: Using practice to inform theory. In L. A. Kahlor and P. A. Stout (eds) *Communicating Science: New Agendas in Communication.* (pp.11-39). New York, NY: Routledge.

Burns, T. W., O'Connor, D. J., & Stocklmayer, S. M. (2003). Science communication: A contemporary definition. *Public Understanding of Science, 12,* 183-202.

Bryant, C. (2003). Does Australia need a more effective policy of science communication? *International Journal for Parasitology, 33,* 357-361.

Cheng, D., Claessens, M., Gascoigne, T., Metcalfe, J., Schiele, B. & Shi, S. (2008). *Communicating Science in Social Contexts: New Models, New Practices.* Springer Science.

Clark, T. W., & Kellert, S. R. (1988). Toward a policy paradigm of the wildlife sciences.

Renewable Resources Journal, 7, 7-16.

Department of Innovation, Universities & Skills (2008). *A Vision for Science and Society: A Consultation on Developing a New Strategy for the UK.* Retrieved from http://www. bis.gov.uk/assets/biscore/corporate/migratedD/ec_group/49-08-S_b.

Easton, D. (1971). *The Political System.* 2nd ed., New York, NY: Alfred A. Knopf.

House of Lords Select Committee on Science and Technology (2000). *Science and Society.* London: House of Lords.

Jenkins, E. (2000). Research in science education: Time for a health check? *Studies in Science Education, 35,* 1-25.

Jones, B. (1871). *The Royal Institution: Its Founder and its first professors.* London: Longmans, Green, and Co. (Reprinted by Cambridge University Press in 2011.).

Jones, R. A. (2011). Public engagement in an evolving science policy landscape. In D. J. Bennett, & R. C. Jennings (eds) *Successful Science Communication: Telling It Like It Is.* (pp.1-13). New York, NY: Cambridge University Press.

Kahlor, L. A., & Stout, P. A. (2010). *Communicating Science:New Agendas in Communication.* New York, NY: Routledge.

Kluckhohn, C. K. (1951). Values and Value Orientations in the Theory of Action. In T. Parsons and E. A. Shils (eds) *Toward a General Theory of Action.* (pp.388-433). Cambridge, MA: Harvard University Press.

Landau, M. (1977). The proper domain of policy analysis. In D. Bobraw, H. Eulau, M. Landau, C. O. Jones and R. Axelrod (eds) The place of policy analysis in political science: Five perspectives. *American Journal of Political Science, 21,* 415-433.

May, P. J. (2003). Policy design and implementation. In B. G. Peters & J. Pierre (eds) *Handbook of Public Administration* (pp.223-233), London, UK: Sage Publications.

McCallie, E., Bell, L., Lohwater, T., Falk, J. H., Lehr, J. L., Lewenstein, B. V., Needham, C., & Wiehe, B. (2009). *Many experts, many audiences: Public engagement with science and informal science education.* A CAISE Inquiry Group Report. Washington, D.C.: Center for Advancement of Informal Science Education (CAISE). Retrieved from http://caise.insci.org/uploads/docs/public_engagement_with_science.pdf.

Miller, D. (1983). Scientific literacy: A conceptual and empirical review. *Daedalus, 112,* 29-48.

——(1986). Reaching the attentive and interested publics for science. In S.M. Friedman, S. Dunwoody and C. L. Rogers (eds) *Scientists and journalists: Reporting science as news,* (pp.55-69). New York: Free Press.

Ogawa, M. (1998). Under the noble flag of "developing scientific and technological literacy." *Studies in Science Education, 31,* 102 –111.

——(2001). Kagaku gijutsu kei jinzai ikusei haichi ron: Gendai shakai wo kaidokusuru hohoron to naruka? [Techno-scientific human resource development and allocation: A new research methodology to decipher contemporary society?]. *Journal of Science Education in Japan, 25,* 230-242. (In Japanese with English abstract).

——(2006). Exploring the possibility of developing indifferent public-driven science communication activities. *Journal of Science Education in Japan, 30,* 201-209.

Orpwood, G. W. F. (1981). *The logic of curriculum policy deliberation: An analytic study from science education.* Unpublished doctoral thesis, University of Toronto. (ED 211 372).

Parliamentary Office of Science and Technology (2001). *Open Channels: Public dialogue in science and technology (Report No.153).* Retrieved from http://www.parliament.uk/documents/post/pr153.pdf.

Powell, M. C., & Colin, M. (2008). Meaningful citizen engagement in science and technology: What would it really take? *Science Communication, 30,* 126-136.

Russell, N. J. (2010). *Communicating Science : Professional, Popular, Literacy.* New York, NY: Cambridge University Press.

Sapru, R .K. (2004). *Public policy: Formulation, implementation, and evaluation* (2nd revised edition). New Delhi, India: Sterling Publishers Private Limited.

Shamos, M. H. (1995). *The myth of scientific literacy.* New Brunswick, NJ: Rutgers University Press.

Showers, D. (1993). *An examination of the science literacy of scientists and science educators.* Paper presented at the Annual Meeting of the National Association for Research in Science Teaching, Atlanta, GA, April 15-19. (ERIC ED362393).

Sparkes, J. J. (1993). The nature of engineering and the physics it needs. *Physics Education, 28,* 293-298.

Stocklmayer, S. M. (2005). Public awareness of science and informal learning: A perspective on the role of science museums. *The Informal Learning Review, 72,* 14-19.

Stocklmayer, S. M., & Bryant, C. (2012). Science and the public: What should people know? *International Journal of Science Education: Science Communication and Engagement, 2,* 81-101.

The Royal Institution (n.d.). *R I History.* Retrieved from http://www.rigb.org/content Control?action=displayContent&id=00000002894.

Trench, B. (2008). Towards an analytical framework of science communication models. In D. Cheng et al. (eds) *Communicating Science in Social Contexts.* (pp.119-135). Springer Science.

Trench, B., & Bucchi, M. (2010). Science communication, an emerging discipline. *Journal of Science Communication, 9,* 1-5.

Van Der Auweraert, A. (2005). The science communication escalator. *Proceedings of 2nd Living Knowledge Conference.* February 3-5, Seville, Spain, 237-241.

Wellcome Trust and Office of Science and Technology. (2000). *Science and the public: A review of Science Communication and public attitudes to science in Britain.* Retrieved from http://www.wellcome.ac.uk/assets/wtd003419.pdf .

Yoshida, M. (2011). The learning experiences of participants of science cafés in Japan. *Conference Proceedings of EASE International Conference,* October 25-29, Gwangju, Korea, 164-165.

第二章

参与科学：科学传播模式

苏珊·斯多克迈尔（Susan Stocklmayer）

第一节 引 言

到 20 世纪末为止，科学传播的主要模式都是简单地传播信息。而现在，这一模式已经发生改变，从单向的传播转变为某种形式的双向和参与性的活动。单向的模式起源于电信行业（Shannon & Weaver，1949）。单向传播的目标是将信息从"信源"传递给"接收者"而不失真，但在实践中，"噪声"总是存在。

在传递前，信息会被编码为电子信号，在被接收后，再将其解码为接收者可以理解的信息。而在传递过程中，需要把"噪声"的影响降到最低（图 2-1）。

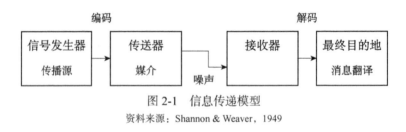

图 2-1 信息传递模型

资料来源：Shannon & Weaver，1949

尚不清楚这个电信行业模式是如何被应用于人际交流领域的。但可以肯定的是，在人际传播领域，这一模式漏洞百出：当人们试图对科学信息进行编码时，总是无法避免地会对科学内容本身做出某种程度的改变。此外，编码者永远不能默认接收者可以正确解码出信息的原意，因为接收者会根据自己的理解、想法和经验来进行解码，其间存在巨大的"噪声"。一些外来的信息"噪声"，比如针对气候变化议题的反对声音，可能会混入信息流中。媒体或媒介会对传播过程产生强烈而复杂的影响。文化、环境和个人境况同样可能带来不合时宜的影响。

即使在最简单的模式中，持续的反馈也是编码和解码过程中的必要一环。因而，当前的科学传播实践常常是双向的交流。在一次成功的传播活动中，对于由文化差异、环境差异等差异因素产生的噪声的关注必不可少。

传输模式假设"信源"和"接收者"都是单一的，但在科学传播中，信息是由多个"利益相关者"以不同方式共同产生的。在本章中，我将对不同作者对这种复杂情况所做的描述进行讨论：一条关于环境可持续性的简单信息的影响力，可以遍及国家、当地政府、科学界、商业界、产业界，农民、特定地区的居民——为取得积极的结果，数量庞大的所有行动者，必须达成一致意见。

单向模式还因为另一个原因而饱受批判：这一模式的潜台词是，信息是由"专家"向"外行"传递的——暗示着公众在理解科学方面低人一等。这种所谓的"缺失模式"（Layton, Jenkins, McGill & Davey, 1993；Wynne, 1991；Ziman, 1993）的根本假设是，一般公众对科学的了解和理解都非常少，因而需要对他们进行更多的教育。现在，这种单向模式已经全面被参与模式所取代。在参与模式中，公众的认知和科学家的认知同样受到尊重，公众和科学家被视为科学传播中同等重要的贡献者（House of Lords Report, 2000；Lewenstein, 2003）。用来描述这种更平等关系的术语包括"公众参与""对话""知识共享""知识建构"等（Research Councils UK, 2002；Welp, de la Vega-Leinert, Stoll-Kleeman & Jaeger, 2006）。

在近代，"权威"一词本身的含义发生了改变，许多观念的内在含义也随之改变，比如科学的不确定性，以及把科学视为绝对权威或一种既定的知识体系的观点等。英国《科学与社会报告》（*Science and Society*

Report，2000，Section 2.42）明确指出：

> 专家与社会上其他人之间的关系正在变化……在所有领域中，权威者的论断都经常受到质疑。当决策者说"相信我"，得到的回应通常是"拿出证据来"。在这个角度上，科学权威与父母的权威、老师的权威、警察的权威，或者议会的权威没有区别。

早在 2002 年，英国研究理事会就为科学家出版了一个"怎么做"的小册子，以促进他们与公众的互动，这种互动在小册子中被称为"对话"。这本小册子还明确指出了正在发生的变化（*Science and Society Report 2000*，p.3）：

> ……我们认为，能够驱动个人和机构开展科学传播活动的主要目标有以下 6 种。它们是：①将科学看作"社会组织的一部分"，并推动公众的科学认知；②推动特定机构的发展；③公共责任；④招聘下一代科学家和工程师；⑤使公众接纳科学和新技术；⑥为明智且有效的决策提供支持。

传统观念通常认为，单向灌输式方法（monologue approach）可以达成前五种目标，而非专家的意见无法为第六种目标的达成提供帮助。然而，随着人们越来越认识到对话和多元输入是科学领域中明智决策的关键性因素，人们已经接受，双向传播是达到所有这些目标的更加有力的方式。

然而，情况真的已经改变了吗？在其他一些论文中（Bauer，Allum & Miller，2007；Trench，2006；Wynne，2006），缺失模式的消亡受到了质疑。特伦奇（Trench，2006，p.1）认为，"在许多参与公共科学传播活动的科学家和公职人员心中，缺失模式依然是他们的默认立场"。金（Kim，2007，p.288）认为，"它是占统治地位的传播策略，也是起支配作用的行动理论"。在最极端的情况下，缺失模式转化为"防守"模式（Trench，

2006，转引自 Johnson，2005，p.2），在这种模式中，科学家觉察到科学的贬值，并因此认为受到了威胁，因而"比以前更执着地倡导科学、科学家职业以及科学研究的价值"。韦恩（Wynne，2006，p.218）考察了与公众信任科学相关的观点的演变历程，并得出结论认为缺失模式依然和以往一样普遍：

> 这种整体且黑箱式的决定性框架难以给人们启示性和民主的感觉。然而，值得注意的是，事实上它是由所有国际创新和监管过程中普遍的体制文化，并非刻意却依旧严格地强加给社会的。但不幸的是，与此同时，这是以公然的后缺失模式的名义而发生的，启发公众参与科学。

对于更广泛的科学传播而言，特伦奇（Trench，2006，p.8）得出以下结论："强化了……多元性和参与的观念，科学传播可以为公众真正地参与提供可能性。"因而，在科学传播这个学科的一个新兴框架方面，相应地考察这些"多元性和参与的观念"。

在我看来，单向传播毫无疑问是大多数当前现状的真实反映。如果我们将科学传播者的活动认为是一个连续的过程，那么简单的单向"科学推广"位于这一过程的一端。有很多自称为"科学传播者"的人参与到上述这些活动中。科学推广构成了大量政府思维（和资助）的基础，"科学素养"是这种基础的一部分。科学推广还强调需要更多大专学生从事科学职业，同时也需要对大量学校里缺乏科学表现的学生进行改善。

撇开这些更明显的隐蔽缺失模式不说，我们可以把下面这些情况归类为"科学推广"，例如在媒体中加入内容翔实的科学文章，播放一档电视纪录片，将科学放在互联网上，或者在科学中心展示一个新的展品。因而，在这些传播方式的设计及意图方面，它们当然是单向的。作家、设计者和生产者显然不期望参与到双向传播中，而是把信息以受众愿意听、愿意玩、愿意读或愿意看的任何形式"传送"给他们。尽管如此，所有这些案例都有助于让很大一部分人将科学知识视为值得拥有的、有趣的或者重要的知识来看待。

有效的单向传播过程中的重要障碍包括传播者本身缺乏对明确目标的认同（Rennie & Stocklmayer，2003；Stocklmayer，2005）。然而，当触达受众成为首要的考虑因素时，单向传播就不那么有争议了。当然，应该强调的是，这种知识的缺失并不限于一般公众或"非科学家"：它适用于所有的参与群体，包括"专家"（Stocklmayer & Bryant，2012）。

特伦奇（Trench，2006，p.3）指出，"科学家和他们的专业机构可以利用一系列传播模式"，这些模式从"通过陈述参与科学的道德责任感来对公众进行科学方面的教育并说服他们相信科学的益处，延伸到通过其他人的真知灼见来主张可能的学习科学"。他给出了传播的三个重要类别（Trench，2006，p.5）："缺失"（deficit），区分为两种类型——对科学的"营销"和"捍卫"；"对话"（dialogue），划分为两个环节——对"义务"的传播响应，以及面向公众需求的传播；"加入"（participation），划分为两个环节——"审议"，即公众与科学家联合设定的议程，以及"遵从"，即公众与科学家群体对意义的协商。特伦奇巧妙地把这些活动归类为向他们传播科学（缺失），与他们一起传播科学（对话）及在他们之中传播科学（加入）。对传播的这些分类意味着传播者对选定的传播方法抱有既定的目的或预期。这些预期可能是对公众的说服、吸引参与或协作学习。

特伦奇（Trench，2008，p.131）后来拓展了其对话的外延，纳入了"参与"（engagement）这一环节。他还为自己的三个主要分类增加了"科学家对公众的倾向"这一维度。首先在缺失模式（deficit model）下，科学家倾向于认为公众"不友好"、"愚昧无知"或"可以被说服"。其次在咨询式对话（consultative dialogue）中，科学家的倾向是"我们了解他们的多元需求""我们理解他们的看法";而在参与式对话（dialogue through engagement）中，"他们会反驳""他们接过了这个议题"。最后在加入模式（participatory model）下，科学家的倾向是"他们和我们形塑议题""他们和我们设定议程""他们和我们对意义进行协商"。

因此，从科学传播活动的目的出发可以界定出一个模式谱系。一个极端是仅着眼于告知的单向传输，即把信息传到对方"那里"。这种传输并非科学家的专利，它可能发起自任何源头；另外一个极端是知识建构，一个力图结合多重要素来建构新意义的过程（图 2-2）。

"推广"科学   对话   建构知识

单向   双向

图 2-2 科学传播的连续谱

2006 年，在美国科学促进会发表的讲话中，马修·尼斯比特（Matthew Nisbet）描述了两种"科学传播的主要方法"："以卡尔·萨根为代表的科学普及模型，以及以市政协商会议为代表的公众参与模型"（Nisbet，2006，p.1）。然而，这两种极端中间存在着大量的科学传播活动，包括"对话活动"（dialogue events）[1]、知识共享运动、以研究为的目的科学传播活动。

本章从目的或预期效果出发，对科学传播活动进行考察，因为不同的传播方法就存在于这些活动中。总而言之，这不是一种观察传播的新方式：确实，公共关系专家格鲁尼希和亨特（Grunig & Hunt，1984）早就把"目标"作为公共关系模型的一个主要方面。在科学传播的领域中，英国科学技术办公室和维康信托基金会（Office of Science and Technology & Wellcome Trust，2000，pp.15-17）共同发表的一份报告也用"目标"来对"科学传播的范围"进行分类，当时科学传播被视为"提供关于科学的信息"。

第二节　科学传播的模式

香农和韦弗（Shannon & Weaver，1949）的风格在本质上是一种"管道"模型，其最简单的形式仍然反映在信息"传递"和课程"教授"这些术语中。即使增加一个额外反馈回路（Schramm，1954），也无法从本质上改变直线式信息输出的预期效果。认识到这种方法的局限性后，人们描述了很多更复杂的模型。比如，从传播学领域的研究说，这些模型包括上面提及的格鲁尼希和亨特（Grunig & Hunt，1984）的模型、螺旋式模型（Dance，1967）以及分形模型（Wheatley，1992）。所有这些模型都旨在描述一般传播过程的巨大复杂性，但是应该要指出，它们很大程度上构建在"信源"这个设定框架下。基本上，它们试图归纳所有影响传播活动的因素，建立起一种几乎不可能的影响模型，因为传播作为人类主导的活动，是由多种维度和分形子过程构成的一个过程。

科学传播当然也具备同样的复杂性，也可以被同样地描述出来。比如，丹德烈亚和德克里奇（D'Andrea & Declich，2005）从一个科学机构中的研究人员的视角，描述了"科学传播的一个基本模式"。他们总结了成功传播的 8 个要素，包括传播愿景、传播的政治策略、同行互动和跨学科互动、人际网络关系等。埃斯特班（Esteban，1994）把在科学家之间的科学传播总结为类似于灌溉方式的一个复杂模型，在这个模型中，"信源"类似于河流，传播通过一条条灌溉渠来实现。这两种模型都与具体的传播者——科学家相关，还有从他们到其他利害关系人的单向信息流动。

它们描述了外流的信息是如何被传播和使用的。

然而，人们还从不同角度描述了科学传播的模式，他们注重传播者而非科学家的作用，并且更强调"目标和可能性"（Lewenstein，2003）。莱文斯坦归纳出四种模式，反映了上文描述的特伦奇指出的范围（Lewenstein，2006）。它们分别是缺失模式、情境模式、外行专业知识模式、公众加入模式。根据对主要传播者的框架设定，这些模式的复杂性依次增加。情境模式把传播置于真实情境下，"认识到社会力量的存在，但却只关注个体对信息的反应"（p.4）。莱文斯坦把健康卫生传播放在这个类别中。外行专业知识模式是"以真实共同体的生活和历史为基础的知识，比如精细农业和农业实践"。这个模式解决了这样一个问题，即"科学家往往对自身的知识水平抱有过度的甚至是傲慢的自信，而忽略了在现实世界进行个人或政策决策要面对的偶发因素或额外信息"（p.4）。因此，这个模式认可了地方知识的价值，但是莱文斯坦也承认，他还不清楚这种模式如何能"指导实践活动，从而提高公众对特定议题的理解能力"（p.5）。最后，公众加入模式试图通过协商会议或类似活动，以"促使公众加入，由此加强科学政策的信用"（p.5）。

格雷科（Greco，2004）引入了一个"略有差别"的"地中海模式"，该模式有四个显著特征："跨学科，承认知识的内在价值，尊重历史，以及多模态性"。（Greco，2004，p.4）格雷科的模型的重要意义更清晰地陈述了下面的观点（Greco，2004，p.5）：

> 第一个重要意义是真实的传播并不只是意味着以线性、自上而下的方式，由专家向外行传递科学的"观点"，而且意味着对科学的"理念"的传播；这是一项重要且必要的使命。

第二个重要意义是没有可以遵循的准则。"科学传播的领域极其宽泛且变化多端，'噪声'十分频繁，干扰效果明显，以致几乎没有任何行动就可以通过线性的方式奏效。"

在很多方面，地中海模式可以被视为莱文斯坦（Lewenstein，2003，p.7）的"英国模式"和"北美模式"的巧妙组合，他在自己文章的结尾呼吁人们开展更多的研究，敦促我们努力去理解他提出的观点：哪些模式"在所有公众传播项目中有效"，以及"哪些公众传播活动完全不适合任何一种模式"。他认为这种研究有助于我们理解科学在社会中的运行机制。然而，考虑到各种不同传播模式存在的可能性、不同的传播者，以及"公众"与"科学"互动的多种方式，人们可能会得出结论，认为科学传播中的研究可能和格雷科所描述的世界一样：庞大、多变且顽劣不堪。

第三节　劣性问题

劣性问题并不是邪恶的，只是复杂而已。Wicked problem（劣性问题）[里特尔（Rittel）和韦伯（Webber）在 1973 年杜撰的一个术语] 的特征是：它们通常有很多间接原因，并且没有清晰的解决方案。它们独一无二。里特尔和韦伯指出，劣性问题模糊不定，所以也给不出解决方案，它们不分对错，必须实验性地尝试每个解决方案，因为它的进展无法预测。此外，它们还有以下特征：

> ……含混不清，且与强烈的道德、政治和专业议题相关。因为它们过度依赖利益相关者，所以通常鲜能就问题本身达成共识，更不要说如何解决了。此外，劣性问题不会一成不变：它们处在社会的动态情境中，不断演化，最终变得复杂且相互牵连。通常，若试图理解并解决若干劣性问题中的某一个，最终结果往往反而制造出一些新的问题形式。
>
> （Swedish Morphological Society，2011，p.1）

一些典型的劣性问题可能是："我们如何应对气候变化？""我们应该如何管理科学技术的发展？"有时候，解决这些问题会带来始料未及的后果，因为它们具有社会复杂性，且变化非常快。通常，它们涉及人们行为的变化。像气候变化、公共政策、药物滥用等这样的问题通常被称为"劣性问题"，因为它们没有简单的解决方案，而且本质上非常复杂。截至目前，在帮助解决这些问题方面，我们几乎没有相关研究。

> 然而，劣性问题困扰着公开、复杂且不完善的理解系统，并且超出单纯的技术知识和传统的管理形式之外。
>
> （Hulme，2009，p.334）

在图 2-2 的右端，传播科学要求深刻理解传播过程中所有的参与者，包括复杂的社会互动，这可能涉及很多人和机构，他们会影响科学的成果。绘制出这些社交和政府网络关系图本身就是一项艰巨的任务，但对于清晰地表述问题而言非常重要。而问题的解决方案则是另一回事：

> 利益相关者之间的分歧通常反映了他们对不同原因的重视程度……劣性问题的解决方案不是通过对错来验证的，而是更好或更坏或足够好……
>
> 举一个明显的例子，环境问题……要求各个层面——从国际到国内层面，从私营和社区部门措施到个人行动。
>
> （Australian Public Service Commission，2007，p.1）

因而，在科学传播这个连续活动中，最困难的模式涉及高度复杂的互动和一定程度的时间与耐心。每个案例都要求独立的分析，以及互动网络中行动者之间的不同信息。

总而言之，我希望建立一个简单模型，能够将前文描述的各方面传播特征都囊括进来。在这个模型的制定过程中，我试图让这种多元性更连贯。如果我们想理解哪种传播模式是恰当的，以及哪种活动"不适合"

（Lewenstein，2003），那么对这个领域进行概述是有用的。本书提出的模型提供了一个简单的框架，其中映射到所有的科学传播模式，并且分析它与贯穿整个连续活动的传播者的关系，也包括公众。

第四节　模型的建构

在日内瓦曾召开过一次会议（Report of a meeting，Geneva，1979），旨在为联合国大学的项目确定科学发展的目标、过程和指标，会议上就传播任何科学素材的"基本问题"分为以下三方面："来自谁？""为了谁或/和谁？""结果如何？"我挑出这三个要素，将科学传播描述为一个传播"空间"，不同的人/机构在其中进行传播。如果这个空间可以被定义，那么其中的活动也可以放到语境中进行观察。

一、谁在传播科学？

表2-1列出了当今传播科学的角色清单。清单上提到的角色非常广泛，为了方便模型的建构，我承认其中几类重要角色还可细分，但此处不做详述（具体可见第一章中有关"一般公众"的一些分类）。

表2-1　传播科学的角色

科学传播者
科学家
科学传播中介（政府及推广人员、知识代理人等）
历史学家、科学哲学家、艺术/科学从业者
从事科学的社会研究者
科学教育者
科学普及人员，比如大众科普作家

科学传播者
科学中心、科学节等活动中的科学传播者
科学媒体（纸媒和电子媒体）的科学工作者
科学传播研究者
政府，包括国家政府和地方政府；行政管理机构、国家和国际科学组织
受影响的公众
漠不关心的（"外行"或"一般"）公众

为实现建模目标，我武断地把"科学家"置于这个表格的开头，而把"一般公众"置于这个表格的底端，并没有任何尺度或重要性上的区分。因而，表2-1中没有必要提"连续体"的概念，但可能需要注意以下几点：①"科学家"包括产业科学家、政府科学家和研究学者。②"科学传播中介"包括那些受聘于科研机构、有责任向相关公众和一般公众传播科学的人，也包括医疗卫生专家。③"从事科学的社会研究者"包括在公共场合从事科学实践的人、风险问题和伦理问题专家等。④"科学教育者"包括大中小学及其他院校教师。⑤"科学媒体"包括大众报纸、杂志、电视、电影和广播。⑥"科学传播研究者"包括独立的研究人员、受委托开展研究或相关组织资助的人。⑦"行政管理机构"是有规律或断断续续地传播科学的人，包括像世界卫生组织、维康信托基金会等在内的机构。⑧"受影响的公众"包括游说团体、社区组织、农民和渔民、采矿业和林木业人员、所有的直接"利益相关者"、科学领域中的业余爱好者。非政府组织通常属于这个群体，所有学习科学的学生也是如此，因为他们学习的成功与否与科学存在着利害关系。⑨"漠不关心的公众"包括那些根据他们自己的认知，与科学实践以及科学基础知识没有直接利害关系，或不介入其中的所有人，也包括对科学感到好奇的人，以及对科学没兴趣的人。

所有这些人可能是以不同方式、在不同情境下传播科学的。因而，共有12类传播科学的角色，以及12类不同的人，他们或被传播科学信息，或与传播者合作，或相互之间传播科学。在某些情况下，比如在单向媒体传播活动中，后者可能被描述为"目标受众"。而在其他情况下，他们会是参与传播过程中平等的交流伙伴。

二、科学传播的效果

用最简单的观点来看，科学传播可分为单项信息传播和参与劣性问题。如我在前文所述，总存在一个瞩目的空间，可以对信息进行简单的传播，关注目标受众并满足科学需求。这种传播方式包括日报和著名的科学期刊。此类信息输出的目的是告知（而非"教育"），或者可能是影响态度或行为（Research Councils UK，2002，Annex 1，p.42）。因此，我把这种传播称为"单向信息"。在传播设计和精神方面与此相近的是另外一种单向传播模式，包括媒体运动或为政府意见书，其明显的目的就是影响态度或行为，影响政治决策等。在这个连续谱的另外一端，则是劣性的双向参与过程（"一对一"或"一对多"），其预期效果（对于任何的参与者，包括专家而言）是互相尊重地分享来自科学正式学科之内和之外的专业知识，从而建构知识并解决问题。

在两端之间的是传播过程意图的很多变体。比如，英国研究理事会在实践指南（Research Councils UK，2002，Annex 1）中提到了"传播、咨询、参与和对话"。根据这份文件，"传播"是"发布信息，且不期待回应"（Research Councils UK，2002，p.42）；"咨询"是"一种沟通方式，指任何机构，无论是公共机构还是私人机构，当地机构还是全国机构，与公众交换观点和信息之后，将公众意见考虑进决策中"（Research Councils UK，2002，p.43）；"参与"是"激发公众对科学的兴趣，普遍地提升他们对科学以及科学议题的关注"（Research Councils UK，2002，p.43）。

英国研究理事会将"对话"定义为"个体之间和群体之间的辩论和互动……（也许）其结果必然是，科学仅仅成为生活的一个侧面，而不是与之相区别或更困难之事"（Research Councils UK，2002，p.43）。最后一个案例中的预期结果可能是态度的改善和意识的提高。在这些指南的定义中，难以看到"参与"和"对话"的意图之间的巨大差异。在 21 世纪，"对话活动"的理念也似乎用这种方式来定义"对话"，因为这种活动涉及专家科学家要就某一当前利益相关的议题进行陈述，或者与某一问题感兴趣的公众展开辩论和评论（参见 Lehr，McCallie，Davies，Caron，Gammon & Duensing，2007）。

从提到"参与"和"对话"等术语的文献中可以清晰地看到不同的阐释。比如威尔普等（Welp et al.，2006，p.172）提到，文献中有关"利益相关者对话"和"公众加入"术语存在模糊性。"基于科学的利益相关者对话被定义为一种结构分明的传播过程，将科学家和与眼前问题研究相关的行动者联系在一起，当然这些行动者都是精挑细选出来的……另一方面，公众加入指的是一般公众加入争议性议题的辩论。"

为了实现构建一个简单的模型，我把科学传播的预期结果（或目标）分成三个主要类别（表 2-2），这些类别旨在满足这些不同的定义。

表2-2　科学传播的预期结果

1. 单向信息传播
   典型案例：
   　　告知读者、听众或观众（没有其他效果）
   　　告知科学传播中的研究
   　　告知政策
   　　影响态度（以及有可能影响行为）
   　　以专家证人的身份告知
   　　推动理论模型的设立
   　　"教育"（被解为"缺失模式"）

2. 知识共享
   典型案例：
   　　辅助政策的形成
   　　通过知识交换协调不同观点
   　　推动并整合跨学科方法

3. 知识建构
   典型案例：
   　　创造来自不同知识体系的新意义或理解
   　　为了建构新意义，通过知识整合而让复杂环境中的行动成为可能虽然"参与"这个词通常暗含平等的意义，但英国研究理事会（Research Councils UK，2002）对"扩散"和"参与"的定义都属于类别1。特伦奇（Trench，2006）对传播的"捍卫""市场营销""义务"的定义，以及可能还包括"根据公众需求的情境"进行传播也都在此类别中。莱文斯坦（Lewenstein，2003）的"缺失模式"和"情境模式"（它将传播置于真实情境下，但着眼于个体对信息的反馈，这个信息可能由专家提供）也是如此。然而，后者可能也适合类别2，但取决于具体场合。

类别2是关于知识分享的，有时候除了获得对他人看法的见解之外，没有其他的目的。莱文斯坦的"外行专业知识"模式（即科学家深入了解了外行的视角），也许还有他的"公众加入"模式也可放在类别2中，虽然后者还可以分到类别3中。对于英国研究理事会定义的"咨询"和"对话"也能做这样的归类。威尔普等有关"公众加入"的定义属于类别2（即一般公民对争议性议题辩论的参与）。特伦奇的"对话"类别也可以划入此类。格雷科（Greco，2004）的"地中海模式"可以属于类别2或类别3，取决于具体场合。

特伦奇的"参与"则属于类别3，威尔普的"利益相关者对话"也是如此。在这个类别中，传播各方之间的平等是知识建构的关键。此外，这种对平等的尊重要求的不仅是倾听和注意其他的观点，像很多公共参与的过程那样，而且是把跨学科的知识整合到后续的科学事业中。也就是说，它是科学成果的基础，也是这些成果的一部分。

总之，在这个模型中必须考虑三个方面：①谁传播科学；②向谁传播科学或者和谁一起传播科学；③有什么目的？了解这些方面需要建立一个三维的模型。

三、三维空间

为了描述科学传播的范围和深度，需要一个同时包含上述三方面的恰当模型，要求这个模型能够展示出这三种非线性属性。因此，可以是一个简单的多单元立方体模型（Zwicky，1969）。按照里奇（Richey，2006， p.2）的说法，兹维基的方法对于解决劣性问题特别有用，因为他的模型"鼓励调查"复杂系统内"各个边界的情况"，并且提供了"解决空间"。就复杂问题而言，这些空间能够识别其中的关系，并得出可能的解决方案。

这些观点给了我建模的灵感。这个立方体的每个单元都是一个活动领域，我们从中可以"考察所有的基本设定……以确立哪些有可能、切实可行、有意义……"（Richey，2006，p.5）图 2-3 展示了这个三维模型。其中横轴和纵轴上都能看到传播者的 12 个类别，而第三个轴上则列出了传播的三个主要预期效果，因此，这个空间中总共有 432 个"单元"。这只是最小值，因为每一种预期效果都可以进一步细分，并且我对传播者的分类可能也不是无所不包的。然而，化繁为简，我把这 432 个单元组成的模型作为一种有用的概述。

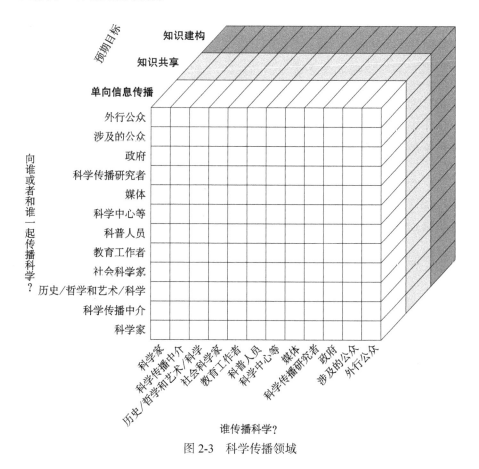

图 2-3　科学传播领域

第五节　应用模型：找到传播的解决方案

一个模型只有包含了具体的使用方法才是有用的。兹维基模型盒（Zwicky box）的想法是每个单元都包含信息。在这个模型中，每个单元内的信息提供了传播可能发生的恰当模式，如正面所有的单元格所示，传播的预期效果或目的是单向的。这可能通过一系列的播送模式（transmission mode）产生，比如电视、网络、演讲或大众媒体。

第二层单元则包含共享知识的模式。举例来说，只针对某一类传播者——科学家——的共享知识的很多模式会在下文进行分类讨论。第三组包括知识建构的模式。

比如，如果科学普及人员希望就近期的一项发现向外行公众传播信息的话，他们可能会看一下相关单元的内容，并发现最恰当的模式可能是播放一部电视纪录片、出版一本科普图书等。这些模式看上去非常明显，但是你越接近这个立方体的后部，模型就变得越复杂。因而，这个模型结合了传播的目标（即第三轴上的三重原则）和传播的过程——每个单元内的模式。

只考虑一个传播者群体（科学家）和一种预期效果（知识共享），就已经会涉及 12 个单元的内容了，其中每个单元代表了科学家意愿的传播对象。这些人涵盖的范围从其他科学家到一般公众。英国研究理事会（Research Councils UK，2002）为科学家提供了一份资料性文件《与公众对话：实用指南》（*Dialogue with the Public: Practical Guidelines*），其中描述了科学家可能有意愿与人交流的人群的相似设定。这群人包括一般人群（外行公众）、压力/利益集团（受影响的公众）、决策者（政府和行政机构），以及科学家。

对这些群体中的每一种角色而言，（这个模型）描述了科学家与这些小组进行互动时的知识共享模式。这些模式包括剧场型会议（大规模受众，以演讲为基础）、焦点小组、公民陪审团、共识会议、德尔菲技术（连续咨询的一个过程）、网络讨论和书面咨询。所有这些模式都涉及知识共享，科学家提出这些科学知识，然后努力获取他人对相关内容的看法。在英国研究理事会的文件中，每个模式都做了分类，依据的是当科学家让不同的人，比如决策者、其他科学家或压力集团参与时，该模式所展示的适用性。比如，剧场型会议适用于每个人，但是共识会议只适合用来与一般公众进行传播交流。

图 2-4 展示了具体到相关单元中的某一系列模式（在图中好像是"炸裂开来"）。结果可以作为一个快速索引，尤其是当科学家希望找到其他群体来共享知识，或者不确定哪种技术最好用的时候，这就相当有用了。单元内各种模式的相对位置表明，那个模式在多大程度上具有单向传播或者知识建构属性（为了实现这种方式，我根据这些属性对每个模式做了近似的排序，而我的一个同事也独立地对它们进行了排序，以便进行对比）。在图 2-4 中最接近正面的那些高层面有着单向传播的特征，即使他们的意图是融入某些知识共享。而真正地实现知识共享的则可能是那些更复杂的模型，往往是那些相对接近正面的单元格。

比如，剧场型会议提供的公开发表意见和共享知识的机会有限。尽管它明确阐释了双向传播才是这种模式偏好的结果，但是英国研究理事会（Research Councils UK，2002，p.24）的手册直截了当地指出，剧场型会议不太可能具有很强的互动性。正如这份文件提到的，参与者的最大理想人数是 500 人，并且提供了下面的信息：

一场直面公众的演说可能会是一场独角戏，而设有提问环节的演讲才是建立对话的开始。沿着对话的思路继续往下走，就是不仅要有问题，还要有评论。

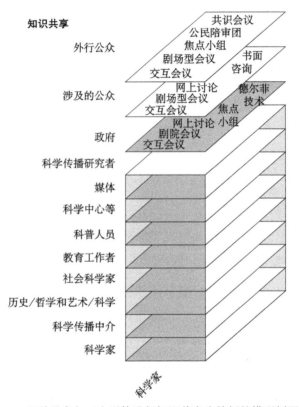

图2-4　以科学家与三个群体进行知识共享为特征的模型剖面图

这几乎不算是双向传播，更不用说是严格意义上的知识共享了。这份文件继续描述了一个更具互动性的会议模式，也把人数限定在500人以内：

更进一步，可以安排一场由一个或者多个发言人介绍一个话题和相关议题或观点的活动。然后，"受众"被分成若干小组，展开话题讨论，并列出一张评论和问题清单，与所有人分享，并交由发言人给出回应。原本是一次讲话的活动现在产生了大量的对话。

另一方面，并不提倡把德尔菲技术作为面向一般公众的一种传播技术，但是这对于相关利益群体、其他科学家和决策者来说是有用的（Research Council UK，2002，pp.32-33）。在德尔菲技术中，被选中的参与者包括要

> ……做一系列问卷。第一份问卷让每一个参与者都单独进行头脑风暴，来确定议题，并且针对议题的处理想出尽可能多的观点。第二份问卷则包含第一份问卷中被试者提出的所有观点，并让他们进一步提炼自己的观点，评论针对议题的每种观点的优缺点，从而发现新的观点。

因此，这个模型为任何传播者群体提供了一个既快速又简易的参考，从而让某一特定利益集团确认各自的预期效果。显然，在图 2-3 中可能以类似的方式填充所有的单元，对于不同的传播者群体而言，这意味着因对象而异的传播技术的多元性和恰当性。然后，对于那些旨在向其他人传播科学的人来说，这个立方体可以与适当的模式或工具进行快速的参照。

我应该强调这些解决空间提供了其他选择方案，因而，它们需要被深入考察以找到任何特定议程的最佳模式。对焦点小组、剧场型会议或公民陪审团的选择进行对比，并不意味着只是找到它们可能的互动结果。被选择的模式还将取决于相对成本、预期参与者、时间尺度、资源的易得性、文化因素等。如果单独绘制的话，这些模型将需要一个多维度的盒子，从而无限地增加这个立方体的复杂性。当谈及真正的劣性问题时，虽然它位于这个模型的正后面，但其复杂性是巨大的。然而，未来的研究可能对这些单元的有用内容提供进一步的线索。

利用兹维基盒子模型的一个目的在于找到可能的组合。就科学传播而言，所有的单元都是有可能的，但是显然其中有些不太可能发生。

第六节　结　论

我提出的模型描述了科学传播的各个方面：行动者、他们的传播目标与传播模式。当莱文斯坦（Lewenstein，2003，p.7）敦促我们努力去理解哪种模式"在任何公众传播项目中有效""哪些公众传播活动不适合任何一个模型"时，本书提出的模型推进了他的模式研究。

该模型还承认，很多传播科学的人不一定自称为科学传播者。这个群体包括特伦奇（Trench，2006，p.5）所描述的在"老牌学科"中开展实践的人，这些学科包括"科学史、科学哲学、科学教育、科学社会学、大众传播、新闻和文化研究"。

随着更多知识共享和知识建构的相关信息的不断累积，通过参与实践的报告，这个模型中的单元内容能够被继续充实。即使在单向传播的情况下，更多有关有效（相对于明显的无效）模式的信息可能协助传播者决定在最合适的情景使用最恰当的模式。比如，受众人口统计学表明，英国公众中表态为"与我无关"和"不确定"群体不太可能会上网或收听广播，他们更有可能会收看商业电视（Research Councils，2002）。这种信息对于有效传播来说非常重要，并且能轻易地被归入合适的单元格中。因为掌握了最佳的实践信息，每组传播者都可以制定一套模式，以实现预期效果，并通过简单的方式把它们投射到单元格之中。然后，每种模式都可以与参与者数量、成本、所需人员等信息进行交叉参考，以便对科学传播上碰到的一些棘手且杂乱的问题进行梳理。

注　释

1. 对话活动被定义为："培养公民科学素养的教育场所，在这些场所中，科学技术专家、决策者和公众既受到复杂社会科学争议的挑战，又对决策做出贡献。"（引自 Lehr，McCallie，Davies，Caron，Gammon & Duensing，2007，他们对这种活动及其目标进行了密集的讨论。）

参 考 文 献

Australian Public Service Commission (2007). Tackling wicked problems: A public policy perspective. http://www.apsc.gov.au/publications07/wickedproblems2. htm. Retrieved 4.9. 2010.

Bauer, M. W., Allum. N., & Miller. S. (2007). What can we learn from 25 years of PUS survey research? Liberating and expanding the agenda. *Public Understanding of Science, 16,* 79-96.

D'Andrea, L., & Declich, A. (2005). The sociological nature of science communication. *Journal of Science Communication, 4.* http://jcom.sissa.it/. Retrieved 27.1.2007.

Dance, F. E. (1967). *Human Communication Theory: Original Essays.* New York: Holt.

Esteban, L. P. (1994). *Communication among scientists in the center and on the periphery.* www.citeulike.org/user/qaramazov/article/225177. Retrieved 15.2.2007.

Greco, P. (2004). Towards a "Mediterranean model" of science communication. *Journal of Science Communication, 3.* http://jcom.sissa.it/. Retrieved 27.1.2007.

Grunig, J. E., & Hunt, T. (1984). *Managing public relations.* New York: Holt, Reinhart and Winston.

House of Lords (2000). *Report of the Select Committee on Science and Society.* London: House of Lords.

Hulme, M. (2009). *Why we disagree about climate change.* Cambridge: Cambridge University Press.

Kim, H. (2007). PEP/IS: A new model for communicative effectiveness of science. *Science Communication, 28,* 287-313.

Layton, D., Jenkins, E., McGill, S., & Davey, A. (1993). *Inarticulate science? Perspectives on the public understanding of science and some implications for science education.* East Yorkshire: Studies in Education Ltd.

Lehr, J. L., McCallie, E., Davies, S. R., Caron, B. R., Gammon, B., & Duensing, S. (2007). The value of "dialogue events" as sites of learning: An exploration of research and evaluation frameworks. *International Journal of Science Education, 29,* 1467-1487.

Lewenstein, B. (2003). *Models of public communication of science and technology.* http://communityrisks.cornell.edu/BackgroundMaterials/Lewenstein2003.pdf. Retrieved 19.02.2007.

Nisbet, M. (2006). *Framing science: Understanding the battle over public opinion in policy debates*. Seminar presented to the AAAS, http://www.aaas.org/news/releases/2006/ 1018framing.shtml. Retrieved 22.1.2007.

Office of Science and Technology & The Wellcome Trust (2000) *Science and the Public: A review of science communication and public attitudes to science in Britain*. London: The Wellcome Trust.

Research Councils UK. (2002). *Dialogue with the public: Practical guidelines*. London: Research Councils UK.

Report of a meeting (Geneva, 1979) of the sub-project on Forms of Presentation (FoP) of the Goals, Processes and Indicators of Development (GPID) project of the United Nations University. http://www.laetusinpraesens.org/docs70s/79forms.php. Retrieved 15.2.2007.

Rennie, L. J., & Stocklmayer, S. M. (2003). The communication of science and technology: past, present and future agendas. *International Journal of Science Education, 25*, 759-773.

Richey, T. (2006). *General morphological analysis: A general method for non-quantified modelling*. Adapted from the paper: "Fritz Zwicky, morphologie and policy analysis", presented at the 16th EURO Conference on Operational Analysis, Brussels, 1998. ritchey@swemorph.com. Retrieved 5.1.2007.

Rittel, H. W. J., & Webber, M. M. (1973). Dilemmas in a general theory of planning. *Policy Sciences, 4*, 155-169.

Shannon, C. E., & Weaver, W. (1949). *A Mathematical Model of Communication*. Urbana, IL: University of Illinois Press.

Schramm, W. (1954). How communication works. In W. Schramm, (ed.), *The Process and Effects of Communication*. Urbana, IL: University of Illinois Press, pp. 3-26.

Stocklmayer, S. M. (2005). Public awareness of science and informal learning— A perspective on the role of science museums. *The Informal Learning Review, 72*, 14-19.

Stocklmayer, S. M., & Bryant, C. (2012). Science and the public: What should people know? *International Journal of Science Education Part B: Communication and Public Engagement, 2*, 81-101.

Swedish Morphological Society (2011). *Wicked problems*. http://www.swemorph.com/ wp.html. Retrieved 22.6.2011.

Trench, B. (2006). *Science communication and citizen science : How dead is the deficit model?* Unpublished manuscript, based on a paper presented to Scientific Culture and Global Citizenship, Ninth International Conference on Public Communication of Science and Technology (PCST-9), Seoul, Korea, May 17-19, 2006.

——(2008). Towards an analytical framework of science communication models. In D. Cheng, M. Claessens, T. Gascoigne, J. Matcalfe, B. Schiele and S. Shi (eds). *Communicating science in social contexts*. European Commisssion: Springer, pp.119-133.

The Danish Board of Technology (2011). *Methods*. http://www.tekno.dk/subpage. php3?survey=16&language=uk. Retrieved 21.6.2011.

Welp, M., de la Vega-Leinert, A., Stoll-Kleeman, S., & Jaeger, C.C. (2006). Science-based stakeholder dialogues: Theories and tools. *Global Environmental Change, 16,* 170-181.

Wheatley, M. J. (1992). *Leadership and the new science: Learning about organization from an orderly universe.* San Francisco: Berrett-Kohler.

Wynne, B. (1991). Knowledges in context. *Science, Technology and Human Values, 16,* 111-121.

——(2006). Public engagement as a means of restoring public trust in science—hitting the notes, but missing the music? *Community Genetics, 9,* 211-220.

Ziman, J. (1991). Public understanding of science. *Science, Technology and Human Values, 16,* 99-105.

Zwicky, F. (1969). Discovery, invention, research—through the morphological approach. Toronto: MacMillan.

第二篇　传播科学的挑战

第三章

科学家与公众结缘

叙泽特·D. 瑟尔（Suzette D. Searle）

第一节 修 辞

自 20 世纪 70 年代以来，像古德尔这样的评论家就注意到，"有关告知公众多少科学、何时告知及如何告知这样的问题，科学界的陈旧观点亟须更新"（Goodell，1977，p.6）。但这种更新的速度相当缓慢：1993 年，奈哈特就认为科学家和公众之间的交流做得很不理想（Neidhardt，1993，p.340）。但直到 2005 年，仍有报道称，"大家普遍感觉科学传播有待改善，并且公众想要了解有关科学和科学议题的更多信息"（MORI，2005，p.12）。

在创造、拯救和毁灭生命方面，我们见识了科学知识的重要性和科学技术发展的威力，许多社会改革者、政治领袖、专业科学协会的主席、哲学家和资深科学家也认可了这一点（Obama，2008；Pai，1999）。对于科学知识及其应用为自身乃至子孙的日常生活带来的影响，人们抱有关心、好奇心和知情权，这促使科学领袖和政治领袖呼吁科学家跳脱其同行评议科学期刊的传统方法，与一般公众进行更有效的传播。明确要求科学家改变其传播实践，意味着领导者认为科学家应该反省对于其自身和一般公众的预设（Searle，2011）。如扬克洛维奇所言，"以往，在科学圈里，人们总是认定公众和整个社会必须紧跟科学技术……但很少提到科学必须了解公众"（Yankelovich，1984）。不过近年来，领导者开始承认科学家需要倾听公众的观点和认知。人们经常使用"对话""参与"这类互换却含混的说法，来泛指那种双向的、远不限于科学家们向不加质疑的受众单向传输信息的传播方式。但是科学家们如何看待并应对这些公开的劝诫呢？正如詹森（Jensen，2011，p.26）的精辟观察："在官方语言中，研究人员和学术机构等承认了公众参与的重要性。但目前尚不清楚这些良好的意图是否得到落实：科学家个人是否开展了有效的科学普及行动，以及科研机构是否对这些行动给予了职业认可。"

为帮助改善面向同公众进行的科学和技术传播，不同的社会科学研究者组织了很多调查、采访和小组座谈，以考察并描述人们对科学、科学家、科学议题的观点和看法，以及他们如何获取或发现科学信息，由此得以更好地描述公众对科学研究方向、实施、监管和传播的认知与期望。他们通常会寻求公众对特定议题（比如气候变化）及新兴科学应用（比如转基因生物、克隆、干细胞研究和纳米技术）的看法。

与此同时，很多研究发现了有效的方式或流程，能把科学家和公众聚集起来，讨论他们共同关心的科学和技术议题。这些通常是以对话、公众参与或公众加入科学技术的名义进行的。很多这类参与式程序都是由政府发起的，咨询公众的看法和疑虑，并给他们提供发声的机会。然而，这些程序鲜少兑现对公众意见的承诺（Wilsdon & Willis，2004）。

那么，科学家对公众科学传播又有何看法呢？这方面的研究开展得还不多，虽然科学家在连接科学与社会之间的对话中是不可或缺的。有些研究人员认为科学家会在是否向公众传播科学方面做出选择。比如，特伦奇和容克尔（Trench & Junker，2001，p.1）认为，"是否参与公众传播的决定以及传播的方式和内容取决于每个科学家自身，因而这完全不同于专业传播"。这在某种程度上可能是事实，但是21世纪极为少见的针对科学家的研究表明，科学家们进行科学传播的自由程度并不如他们所愿（MORI，2001a；People Science and Policy Ltd.，2006b；Searle，2011）。

第二节 责　任

　　根据弗兰克尔的看法，任何专业的社会责任都属于一种协商过程，这个过程以"专业人士对自主性的追求和公众对公信力的需求之间"的矛盾为基础（Frankel，1989，p.110）。在过去的40年里，包括科学家们自己也撰写了有关进行公众科学传播的具体责任的文章。比如，1971年，布朗描述了政府和科学机构（estate）之间的"新型"关系，并且认为科学家有告知公众的责任："通过发起相关活动，向理应帮助的、感兴趣的、时而困惑的公众客观地传播专业知识和信息，科学机构必须成为公众的告知者和教育者。"（Brown，1971，p.228）但科学共同体日益增加的社会责任感中究竟有多少诚意？古德尔对此颇为怀疑，他认为这与"公众反科学的情绪、职位紧缺、经费限制和技术困境相关……批评者质疑这种新的社会责任感是否在科学共同体内根深蒂固"（Goodell，1977，pp.96-97）。阿西莫夫对科学共同体不认真对待这种责任的后果发出了警告："（如果）没有知情的公众，科学家不仅无法继续获得经费上的支持，还将受到频繁的迫害。"（Asimov，1983，p.119）

　　在英国，科学家向公众进行科学传播常被视为"义务"（duty）而非"责任"（responsibility）。比如，《博德默报告》（*Bodmer Report*）对科学共同体的指导意见着重地强调了同社会各个阶层进行传播是科学家的个人义务："……学会与公众进行交流，愿意这样做，并且确实把它视为你的义务。"（Bodmer，1985，p.24）这种进行传播的义务还把确保公众支持的需要包括在内，这毫无疑问地包括公共资助。当联合国教育、科学与文化组织的总干事马约尔（Mayor）于1999年在世界科学大会（World Conference on Science）上向众多政府代表致辞时，他对科学的公共支持及强大的科研政策的重要性并没有闪烁其词，他说"直接的公众支持是基础研究的生命线，也是各级科学教育的生命线。毫无疑问，科学需要政治决心"。作为"资助和结构性支持"的回报，他说科学界"必须响应社会的需求"（Mayor，1999，p.26）。

研究表明，大多数科学家确实认为他们有责任或义务向一般公众传播他们的研究发现（MORI，2001b；People Science and Policy Ltd.，2006b；Searle，2011）。近期，国内和国际有关科学传播的指南中清晰地表达了这种责任和义务，并且这些指南中纳入了这种责任和义务。发布这些指南的包括国际科学理事会开展科学研究的科学行为自由与责任委员会（International Council for Science Committee on Freedom and Responsibility in the Conduct of Science，2010），美国科学、工程与公共政策委员会（Committee on Science Engineering and Public Policy et al.，2009），英国政府科学办公室（Government Office for Science，2007），欧盟委员会（European Commission，2005）。

科学家们与一般公众进行交流还受到下列因素的激励，即对纳税人要有公信力，或者需要宣传他们的研究领域以保持或增加其公共资助。其他激励还包括教育和告知公众的愿望，分享和学习知识，获得公众的认可，以及招募新的科学家和科学学生（European Communities，2007；Gascoigne & Metcalfe，1997；Gregory & Miller，1998；Martin-Sempere，Garzon-Garcia & Rey-Rocha，2008；Pearson，Pringle & Thomas，1997）。然而仍然有大量的言论认为，公众不理解科学，也没有领会到科学想要和需要的信息。此外，科学家也不理解公众。根据默顿（Merton，1973，p.33）的观点，科学从根本上来说是一种传播文化。那为什么这种传播会失败呢？

第三节　规　　则

科学家们在自己的领域中与同行进行着非常有效的交流。他们必须这样做，因为交流，特别是通过学术论文进行交流，是科学学术生涯的基础，但这并不是唯一的方式。"在同行评议期刊中发表学术论文是唯一被接受的，且由科学共同体整体参与的研究结果的传播形式"（Suleski & Ibaraki，2010，p.117）。科学家与同行的交流对于职业认可、奖励及科学方法和知识的发展至关重要。

根据政府间气候变化专门委员会（IPCC）的国际科学院过程和程序委员会（InterAcademy Council of the Processes and Procedures）近期的一份综述，"科学家们一直致力于向更多受众有效地传播他们的研究成果"（InterAcademy Council，2010，p.47）。梅特卡夫和加斯科因（Metcalfe & Gascoigne，2009，p.41）认为，"对于很多科学家来说，公开地谈论他们工作的机会更多的是一种威胁，而非机遇……但是科学家开展传播的压力……在不断增加"。

这个问题可以部分地归因于科学共同体本身，因为多年来他们对于科学家面向公众的传播有着根深蒂固的准则。如特伦奇和容克尔（Trench & Junker，2001，p.1）所述，"在科学体系的边界之外进行传播受到隐性或显性的职业操守的监管，这种操守要求他们只在其受认可的专业领域发表意见，并且只在正式的科研论文发表之后才表达自己的看法"。

随着科学得到的公共资助更加有保障，这些隐性的和显性的职业操守在 20 世纪不断地发生演变，以保护和强化整个科学系统的地位与声望，这个系统里包括科学家、他们的雇主、学科、职业及科学知识（Marburger，2005，p.96）。在科学家作为学生或助手的工作训练期，这些规则作为科学文化的一部分被教授或吸收，并且由科学共同体内的同行严格施行。

古德尔（Goodell，1977）认为，告知公众的远大雄心与专注基础研究这一愈加迫切的需要存在冲突，他列举了科学共同体应对此冲突的 6 条规则。虽然这些规则是 40 多年前提出的，但是对如今的科学传播仍然有所影响。当然，现在的科学家们也可能是"她"。[1]

科学共同体面向一般公众的传播规则

规则 1：他应该尽可能地把活动局限于政府的咨询系统内。科学家作为受人尊敬的、优选的精英群体的一部分，每月评估技术项目的新研究提案正是在以被认可的方式完成着科学家的公共责任。

规则 2：科学家用于公共活动的时间应该只占一小部分，毕竟开展研究是他的目标，而其他的多半会让他分心。

规则 3：科学家应该设法将大多数的公共活动推迟到他最多产的时代结束之后。因为科学共同体信奉"科学是年轻人的游戏"，一位资深的科学家，特别是成功的科学家，会有更多的时间投入公共活动中。无论这是否为事实，但这个格言成了一种自我实现的预言：在典型科学家的生命历程中，花在研究中的时间总量在持续下降，而用在公共活动、行政职责和"把关"功能（比如对科研论文进行审稿或分配研究经费）方面的时间总量在上升。

规则 4：科学家应该把他的公众传播局限在"专业知识领域"内。无论他有多么了解其他领域，他只在与自己的博士学位相关的学科方面是专家。

规则 5：科学家应该把他的评论和活动局限在那些会提升科学的公

---

[1] 古德尔规则中的科学家用的都是他（he），当然，现在的科学家也包括她（she）。

众形象并易于获得经费的活动中。比起政治性事务，普及活动更加安全，而且颂扬了科学的美德。由此，科学家无论如何都不能触及和揭露那些在科学共同体背后肆虐的争议……无论争议是政治的还是科学的（如果有区别的话），它们都将损害科学和科学家客观、理性的形象。

规则6：如果科学家认为他必须表达政治观点，那他应该让自己位于政治派别的中间区域，避免走极端……一般而言，保护和强化科学机构的政治活动是可以被接受的；那些具有威胁性的自然不能被接受。因为科学机构同政府和产业有着至关重要的联系，对已建立的国家整体结构构成长远挑战的活动不被接受。

资料来源：Goodell，1977，pp.91-92

30年后，莱施勒（Leshner，2006）撰写了他的"科学共同体的教训"。虽然他重复了古德尔规则中的一些要素，但是他进一步阐述说，科学家"绝不要把他们个人的价值观加入与科学议题相关的公众讨论中"，并且他们应该帮助公众理解科学的本质。然而，他也鼓励科学家接触社会并倾听公众的意见。"最重要的——也最困难的——教训是公众参与需要实质性的对话，这意味着双方都必须倾听彼此的意见，并且愿意修正他们自己的立场。英国贸易工业部（Department of Trade and Industry）开展的研究表明，公众对所谓的公众参与活动持怀疑态度。我们必须正心实行。"（Leshner，2006，p.B20）

齐曼明确地描述了科学家在过去是如何传播他们的知识的："为追求完全的'客观性'——无可否认这是一个重要美德——规则要求所有的研究结果都应该被非常客观地实施、呈现和讨论，就好像它们是由仿真机器人或天使所生产出来的。"（Ziman，1998，p.1813）也许是因为担心来自同行的批判，很多科学家不会对他们研究结果的呈现形式进行调整以吸引一般公众（非常不同但可能具备批判性的受众），并让他们参与进来。此外，科学家也许还会担心，如果他们以追求研究那样的激情来呈现其研究结果的话，他们会在普通受众（或科研同行）中失去可信性。

科学家自身的公众形象与个人情感相互剥离早已为人所知，20 世纪 60 年代就有过这方面的心理学研究。例如，罗（Roe，1961，p.456）认为科学家"冷酷、冷漠和客观"的公众形象强化了其非个人化和非情绪化特质——默顿的又一科学规范，然而该形象"与现实大相径庭"。

科学家自己也相信，这种认为科学家是"完全客观而冷漠"的"幼稚"观点，只是"一般公众或者刚入门的学生"的刻板印象（Mitroff，1974，p.588）。然而，吉尔林（Gieryn，1983，p.793）指出，正是科学家们在持续地把科学的意识形态呈现为"明显地真实、有用、客观或理性"，因为这些"有益于科学家追求权威和物质资源"，"尤其当科学家面对公众或政界人物时，他们赋予了科学一些片面的特征，以推动职业利益"（Gieryn，1983，p.783）。

直到今天，在科学共同体对科学普及的态度或者让广大受众接近和理解科学知识方面，矛盾和冲突仍然存在。比如，有人引述莱文斯坦的观点称："在科学普及方面，这些对于恰当行为的规定可能出于某些自私的目的——这些规定被某些科学家所强调，他们想要批评或限制其他科学家的行为，但同时对自己的行为不加约束。"莱文斯坦还写到了那些不进行科学普及活动的科学家的观点的矛盾之处，他们"将科学普及视为可能毁灭他们个人事业的行为"，但是"也认为其他科学家可能通过科学普及来提升自己的职业"（引自 Gregory & Miller，1998，pp.82-83）。

可以说，这些传播规则抑制或阻止了科学家成为更有效的传播者。无意中，它们也把科学家塑造为糟糕的传播者而招致公众、媒体和他们自己的政治领袖与科学领袖的批判。现在，科学共同体认识到这些规则失去了实用性。为了回应科学家需要更多的公众支持（包括经费），他们未能有效地进行传播，以及公众越来越希望知道并影响前沿科学进展，这些规则也在变化当中。尽管如此，这些规则还是让科学家进退两难：一方面，建议他们只谈论自己专业领域的知识，并且要在科学期刊中发表了科研成果后才发表看法，最好不会让他们从自己的研究或者经费申请中分心；另一方面，人们越来越期望科学家找机会在更广泛且更相关的情境中向公众进行传播，并呈现研究结果（Leshner，2005，2006，2007）。这样做意味着，他们必须首先要理解更广泛的情境及他们研究本身的含义——这是他们通常没有时间、信心和专业知识从事的事情。

对大多数科学家来说，实际情况是向一般公众进行传播并没有正式地作为他们工作的一部分，并且他们也没有接受过相关的培训。然而，研究表明，雇主期望他们在需要的时候可以开展传播活动（Searle，2001）。人们还发现，大多数科学家每年都至少与一般公众进行一次以上的交流互动，但是这种频次会随着他们年龄和资历的变化而变化。拥有更资深职位的年长科学家更有可能把公众传播视为工作的一部分（Jensen，2011；Kreimer，Levin & Jensen，2011；People Science and Policy Ltd.，2006b；Searle，2011）。

第四节　风　　险

科学家与一般公众交流时面临风险，风险不仅源自机会成本或其同行、雇主和公众的批评。埃德梅德斯（Edmeades，2009，p.36）认为，科学家如果违反他们雇主或资助者的意愿而公开地发表意见，则会承担失去经费和/或工作上的风险。此外还有其他的个人风险，比如那些与其他科学家持不同看法，或者开展其他科学家不赞成的研究的科学家会失去升职的机会（Gascoigne & Metcalfe，1997）。一些有关科学家的媒体报道就是这些风险的证据，他们因为坚持有关气候变化、动物实验、转基因生物、干细胞研究或者大型强子对撞机（Large Hadron Collider）的看法，而受到不公正的对待，甚至被威胁。

然而，无论其研究领域为何，在哪个机构工作，大多数科学家进行公众传播时最常面对的是职业风险——或者是非难，或者是对其在科学界的声誉或信用的其他负面影响。科学家如何看待因参与公众传播而受到同行非议的行为？过去十年里，研究者采集了相关的定量数据。英国2006年的研究发现："1/5的受访者表示，参加公众参与活动会被他们的同行视为职业晋升的一种障碍。"（The Royal Society，2006，p.32）在西班牙开展的一项针对加入了公众科技传播网络马德里会议（PCST[1]-Madrid Fairs）的科学家的研究发现，"根据一些受访者的反馈，他们的有些同事认为参加这种公众科技传播网络活动的科学家'闲着也是闲着'，或者'水平够不上参加更重要的活动'"。作者认为，"这一看法针对除了从事受资助研究并且在著名国际刊物上发表成果之外的所有其他活动"（Martin-Sempere et al.，2008，p.357）。

一项调查显示，2008年研发投入位居前列的国家（美国、德国、法国、英国和日本）的科学家中，42%的受访者表示在与媒体接触时，"可能面临同行的批评性反应"是重要的考虑事项。然而，相近比例（39%）的受访者表示，"同行间的个人声誉提升是接触媒体的重要成果之一"（Peters et al.，2008，p.204）。

2009年，伯切尔（Burchell）、富兰克林（Franklin）和霍尔登（Holden）在他们的研究中报告说，一些科学家"不认可参与公众活动可能会带来职业耻辱感或责难的看法"（Burchell，Franklin & Holden，2009，p.61）。尽管如此，作者们得出结论说存在着一种"职业反常现象"，因为"虽然（公众参与）越来越被认为在整体上对科学有重要价值，并且对科学家个人是有益的"，他们写道，"但公众参与活动也被视为对专业的科学事业具有潜在的危害"（Burchell et al.，2009，p.7）。研究表明，保守且心存嫉妒的同行的批评源于一系列文化信仰，比如科学家不该"对外自揭家丑"、自我炫耀或相信媒体会精确地报道他们的科学研究。显然，严肃的研究人员不会把时间都用于公众传播上，也不想因为被视为"媒体明星"而让自己的职业声誉处于危险的境地。

第五节 约 束

科学家们的传播不仅仅受到他们逐渐变化的职业行为准则的限制。他们的雇主、资助者，以及抱着更多质疑和更少谦逊的公众也发挥了各自的作用。然而，在澳大利亚近期的一项研究中，我发现阻碍科学家进行传播的因素大都来自他们的工作环境，包括缺乏时间来组织、筹备和传播。一个典型的评论是：

> 时间——仅用于发表成果和完成研究项目就很紧张了，更不用说花时间来改善公众传播或者真正地做一些传播。如果这是或者曾经是我工作的一部分，我想我会对其进行改善，并且显然会更多地参与传播相关的活动。

相较于觅得时间或机会向一般公众进行传播，繁重的工作负担、腾出时间申请经费资助、真正地开展研究必然是科学家们更主要的工作。雇主的公众评论政策、批准程序或协议的要求及传播机会的缺乏，也阻碍了科学家开展传播。这些影响如图 3-1 所示。

工作环境控制之外的因素包括商业上的考虑、政府政策、媒体、国家安全、对公众缺乏兴趣或对公众有误解。还有科学家的个人特征，比如"某种外向型的人格特质"，缺乏信心、知识或动机，以及担心。只有一小部分把科学文化的某些方面——比如向那些没有科学知识的人进行传播的困难——视为一种障碍。

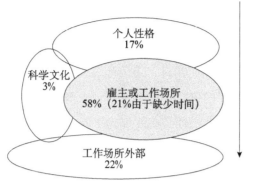

图 3-1　障碍——科学家评论涉及的广泛主题

对于大多数科学家来说，这些障碍也反映了同一般公众进行传播没有得到承认或者奖励。近年来，澳大利亚（Gascoigne & Metcalfe，1997）、英国（People Science and Policy Ltd.，2006b）和新西兰（Edmeades，2009）就科学家的传播开展的其他研究记述了这些情绪。即使在大家期望公众传播发生的工作场所中，缺乏机遇——特别是对年轻科学家来说，以及耗时的批准程序也阻碍了科学家进行传播。

研究表明，科学家的传播还受制于商业化和竞争所施加的保密原则；越来越多的短期雇佣合同；科学家认为公众无知、（对科学）不感兴趣、不值得信任或吹毛求疵。科学家和记者之间的关系通常也并不和谐，科学家担心或者预计记者在对他们的研究进行报道时会加入不准确的信息，错误地引用他们的研究结果，或者对其进行过分的渲染。

第六节　现　　实

尽管人们通常认为，科学家的传播必须得到改善，但是鲜有研究描述科学家实际的传播实践，不过英国（MORI，2001a；People Science and Policy Ltd.，2006b；Poliakoff & Webb，2007）、瑞典（Vetenskap & Allmanhet，2003）、丹麦（Nielsen，Kjaer & Dahlgaard，2007）、法国（Jensen，2011）和阿根廷（Kreimer，Levin & Jensen，2011）还是开展了一些全国性的研究，再加上我自己在澳大利亚开展的研究，结果表明，大多数科学家很少进行传播活动，那些开展了很多传播活动并将其视为工作成果的往往是资深或年长的科学家。

这似乎也表明，大多数科学家在远离麦克风或镜头的场合进行公众传播（The Pew Research Center for the People & the Press，2009；The Royal Society，2006）。比如，澳大利亚科学家表示，他们最常在正式和非正式混合的场合进行传播，而这些场合都不包括主流媒体。比如，他们通过邮件、信件或电话来回应公众的问询；同学生、教师进行交流，或者在专门进行公众传播的场合发表看法。与通过媒体或互联网进行传播相比，面对面交流的频率更高。在那些通过媒体进行传播的科学家当中，大多数每年只进行一到两次传播活动，并且很可能也是通过接受国内或当地报纸的采访来进行的。

第七节　回　　报

除了以上描述的动机——可能已被注意到了，也可能还没有——科学家为什么要进行传播呢？詹森（Jensen，2011）发现，几乎没有科学家把公众传播作为他们工作的正式组成部分并获得酬劳，通过其他方式得到认可或者奖励的科学家更少。后者来自詹森针对法国国家科学研究中心

（CNRS）的数千位研究人员的研究结论。这些研究包括科学家开展传播活动对他们职位晋升影响的统计分析，他的结论是"传播活动对科学家的职业没有坏处"，但"也没有很多好处"（Jensen，2011，p.34）。

然而，很多科学家认为，他们确实从向一般公众进行的传播中获得了一些职业和个人方面的益处。例如已经有研究发现，通过直接的公众参与或合作研究，以及与潜在的雇主和资助方建立人际关系网络，公众传播有助于科学家在事业上取得成功（Searle，2011）。这项对 1521 名澳大利亚科学家的研究也表明，近 1/5 的科学家把正面感受视为与一般公众进行传播的一种收获。很多科学家很看重与那些对他们的专业知识感兴趣、愿意应用这些知识，以及帮助他们改善研究的人之间的关系，因为这种关系有利于其认识自我和自己的研究工作。有研究表明，很多科学家——特别是女性科学家、应用科学家、年轻科学家及选择在公共部门就职的科学家——是受到为公共福祉做贡献的愿望激励而成为科学家的，考虑到这一点，这种感受不应该被忽视，因为它是很多人选择成为或者仍然作为科学家的核心原因。

英国研究人员伯切尔等（Burchell et al.，2009，p.52）开展的调查也描述了情感收益。这些作者提到了科学家口中的有利于公众参与的"意料之外的热情"，比如找到科学的焦点、积极地重新聚焦于科学目标以及改善临床实践。他们对 30 名英国科学家的采访表明，"很多受访者从直接的实践经验出发感受到了公众参与的价值，通常伴有各种各样的'叙事转换'，受访者通过叙事转换描述了这类活动带来的意料之外的热情，尽管其或有缺陷、较为费时、需要额外准备"。在澳大利亚的研究中还发现了经由媒体进行公众传播带来的"愉悦感"："有些科学家享受与媒体的接触，并且享受这种接触给他们的研究工作带来的公众曝光度。"（Metcalfe & Gascoigne，2009，p.42）

在我自己的研究中，我发现科学家在对自己的工作进行传播方面找到了很多内在的好处，包括满足感、由于为社会做贡献而产生的自尊和自豪，以及因与他人分享自己的知识并且帮助对方而产生的愉悦感。

然而，根据扬克洛维奇（Yankelovich，2003）的看法，"与社会变迁的议题相关的情感和信仰……通常不是科学家公众形象的组成部分"。这是因为科学家们把对于研究行为的公正无私且情感中立的需求——像默顿和其他人描述的那样——与客观且冷静地传播研究结果以维持他们及他们的知识的可信性相混淆了吗？这种传播风格被吹毛求疵的同行强化了吗？科学家们通过限制加入个人感受，来故意地降低他们与一般公众进行传播的效果吗？在受到质疑时，科学家们也许会适度修正他们的呈现风格以避开吹毛求疵的同行，而非吸引更多的公众参与。如果是这样的话，他们可能没有意识到成本，因为借用约翰·麦克斯威尔（John Maxwell）为优秀领导者经常提供的建议："优秀的（科学家）知道，人们不关心你知道多少，直到他们知道你有多关心他们。"（Maxwell，2007，p.304）

很少有研究考察科学家与一般公众的交流对科学家个人的重要性，但是有一项研究——在英国开展的影响科学家和工程人员开展科学传播的因素调查（Survey of Factors Affecting Science Communication by Scientists and Engineers）（People Science and Policy Ltd.，2006a，p.22）——揭示了学术科学家和工程师群体间的有趣趋势。受访者被要求回答他们认为在当前职位上直接与一些群体进行个人接触的重要性，这些群体包括记者、决策者、学校和学校教师以及非专家公众。这项研究的一个主要发现是，"科学家开展的传播活动次数和他们感受到的公众参与的重要性之间存在着很强的正相关关系"（The Royal Society，2006，p.10）。

研究结果还表明，与其同行相比，男性研究人员、资历越深或越年长的研究人员更认同直接参与的重要性。那些同时承担教学和研究任务的科学家，以及认为自己的工作具有社会意义的科学家更加积极，接受过传播技能培训的研究人员和那些认为很容易介入公众参与活动中的人也一样（The Royal Society，2006，p.16）。这些结果还表明，科学家直接参与公众传播会产生积极的影响。

第八节　举　　措

很多科学家认为向一般公众进行传播是他们的责任，并且这对他们个人很重要（People Science and Policy Ltd.，2006b；Searle，2011；The Royal Society，2006）。因此，研究还表明，科学家想要更多的时间、更多的机遇和更多的培训以帮助他们进行传播，也是合情合理的。他们需要的培训是帮助他们改善对科学的传播、与媒体的交流，以及总体的表达技巧。他们还需要人们对其传播活动给予更多的鼓励和认可。另外，许多科学家还需要来自专业科学传播者的帮助。

就培训而言，自1997年开始，澳大利亚国立大学就为科学专业的研究生提供资助，以供他们完成科学传播的大学研究奖。其他机构也为与一般公众进行传播的科学家提供大量的培训经费、激励和奖励，比如英国皇家学会、维康信托基金会、英国研究理事会、英国科学促进会以及美国科学促进会和国家科学院（National Academies of Science）。所有这些都旨在改善科学的生产和管理者与科学的使用者之间的关系。

对有多少经费被分配给哪些项目进行考察是很有意义的。比如，在英国，公众理解科学运动每年从议会科学技术办公室（Parliamentary Office of Science and Technology）的预算中获得450万英镑（House of Lords，2000），截至2006年，共从私人慈善基金维康信托基金会获得1亿多英镑（Turney，2006，p.3）。另外还有数个由国家彩票（National Lottery）创办的资金流也被用来为这些活动提供经费（House of Lords，2000，3.3）。

例如自 2006 年以来，为公众参与提供的经费包括一笔 800 万英镑的费用，这是由英格兰高等教育基金会（Higher Education Funding Council for England）、英国研究理事会和维康信托基金会为一项为期四年的活动联合提供的。该活动于 2006 年启动，以"促进公众参与的卓越性，以及英国大学中与公众参与相关的文化"，旨在协调在认可、奖励及建构公众参与方面做出的努力。高等教育机构（大学和研究院所）受邀竞争"公众参与灯塔项目"（Beacons for Public Engagement）以改变大学中的文化，协助员工和学生参与公众传播，并为此解决障碍（Higher Education Funding Council for England & Research Councils UK，2006）。

值得注意的是，这些大学和研究院所着眼于对年轻科学家的培训，从而为传播活动做更好的准备。米勒认为这种强调反映了一种变化，"与公众理解科学委员会（CoPUS）之前的观点——只有非常资深且（可能）在研究上不积极的科学家才有权利与一般公众进行交流——相反……尤其是，英国皇家学会的大学研究人员和博士后研究人员在他们学术生涯的开端就被鼓励去接受媒体培训课程，甚至是以记者或者播音员的身份在外工作一两个月。"（Miller，2001，p.116）"博德默（Bodmer）为科学普及正名，摘掉了科普活动只由不活跃或非一流研究者开展的帽子。"（Miller，2001，p.115）

在美国，对科学家进行传播培训的承诺在过去十年间进展相对迅速一些，考虑到国家科学基金会（National Science Foundation，NSF）的前主任尼尔·莱恩（Neal Lane）在 1997 年才写了《致科学家和工程师的公开信——让我们一起向世界阐明科学为何重要》。其目标是推广"公民科学"（civil science）和"公民科学家"（civic scientist）的概念，而莱恩只是"冒险地"建议将拓展（outreach）活动作为科学家和工程人员的一种职业责任，以及应该在大学里向他们教授传播技巧（Lane，1997）。

1998 年，美国国家科学基金会的国家科学基金会理事会（National Science Foundation Board）提到了莱恩对"公民科学"的呼吁，认为：

公众有理由期待科学家站出来阐明那些与其个人和职业休戚相关的事物背后的道理。国家科学基金会理事会前主任尼尔·莱恩提出的"公民科学"正是为了回应这一挑战：让科学家和工程师变得更平易近人，更承担责任；让他们清晰和明确地阐释自己的工作及其社会效益；并主动在从学校到媒体的各种公共论坛中引导或者参与公共信息的传播。

（National Science Foundation Board，1998，pp.15-16）

2006 年，美国国家科学院主席希塞隆（Cicierone）认为科学家通过媒体向一般公众进行传播（他似乎将其界定为教育和影响）正变得越来越困难。他建议科学家可以"直接地面向公众开展更好的传播"，并且"我们的目标将是就科学在世界中发挥的重要作用进行传播，以及加强和提高公众对科学与科学过程的积极态度"（Cicierone，2006，p.3）。

公众参与科学技术中心（Center for Public Engagement with Science and Technology）由美国科学促进会于 2004 年成立，它于 2009 年在线发表了《科学家和工程人员传播工具包》（*Communicating Tools for Scientists and Engineers*），为他们提供培训和建议。工具包中包括一份声明，强调虽然科学家接受的传统培训没有为他们在学术圈之外成为有效的传播者做准备，但是资助机构越来越鼓励研究人员直接面向大众传播他们的研究成果（AAAS，2009）。这要求科学家们改变传播方式，并且英国和美国为之提供了资助。

20 世纪的科学文化由男性规范所定义，颇有争议地鼓励并保持了科学家与恭顺的社会之间的距离，以维护其权威、地位和独立，它也许正让位于一种更年轻且性别平等的文化，后者认识到发表学术论文不是唯一的传播方式，科学家与社会的沟通对双方都有好处。科学家被敦促"不单是陈述事实和技术的复杂性，还要注重复杂话题"与各类受众的"个体联系"（Nisbet & Mooney，2007，p.56）。如克里布和萨里（Cribb & Sari，2010，p.12）所述，"真正的传播不仅是共享信息，更多的是共享其中的意义并达成共同的理解"。

在科学文化中，有证据表明，随着科学共同体认识到它不能再把支持的公众视为理所当然，与一般公众进行传播的规则开始逐渐发生变化。研究表明，很多科学家出于一系列内在原因和利他的原因而开展传播活动，并且大多数科学家都认为向为他们提供经费的公众进行传播是一种责任。他们从这种传播中还找到了很多个人的或者职业上的益处。

因此，当务之急是科学家的雇主和资助方要为科学家赋能，助其回应源自科学和政治领袖的呼吁以及公众的需求，在科学和社会之间开展更有效的传播。为此，在绩效评估与晋升方面，科学家与公众进行的传播应被评为与开展研究、发表成果和获取经费同等重要。这样将满足很多科学家的心愿：更多的时间、更多的机会，以及更多的传播培训。科学家和公众都将从中获益。

注　释

1. 公众科技传播。

参 考 文 献

AAAS. (2009). Communicating science tools for scientists and engineers. Centre for Public Engagement with Science and Technology. Retrieved 17 Jan 2009 from http://communicatingscience.aaas.org/Pages/newmain.aspx.

Asimov, I. (1983). Popularising science. *Nature, 306*(5939), 119.

Bodmer, W. (1985). *The Public Understanding of Science.* Retrieved from http://royalsociety.org/displaypagedoc.asp?id=26406 (accessed 14/7/2009).

Brown, W. T. (1971). The scientist's responsibility to the public. *Psychiatric Quarterly, 45*(2), 227-233.

Burchell, K., Franklin, S., & Holden, K. (2009). Public culture as professional science: final report of the ScoPE project—Scientists on public engagement: from communication to deliberation? London: London School of Economics and Political Science.

Cicerone, R. J. (2006). Celebrating and Rethinking Science Communication. *The National Academies IN FOCUS magazine, 2009.*

Committee on Science Engineering and Public Policy, National Academy of Sciences, National Academy of Engineering & Institute of Medicine. (2009). *On being a scientist: A guide to responsible conduct in research* (Third ed.). Washington, D.C.: The National Academies Press.

Cribb, J., & Sari, T. (2010). *Open science:Sharing knowledge in the global century*. Melbourne: CSIRO Publishing.

Edmeades, D. C. (2009). Science is under threat. [Opinion]. *Australasian Science Magazine, 30* (No. 8 September 2009).

European Commission (2005). The European Charter for Researchers and the Code of Conduct for the Recruitment of Researchers. from http://ec.europa.eu/euraxess/index.cfm/rights/index.

European Communities. (2007). European research in the media: The researchers point of view. Report December 2007.

Frankel, M. S. (1989). Professional codes: Why, how, and with what impact? *Journal of Business Ethics, 8*(2), 109-115.

Gascoigne, T., & Metcalfe, J. (1997). Incentives and Impediments to Scientists Communicating Through the Media. *Science Communication, 18*(3), 265-282.

Gieryn, T. F. (1983). Boundary-Work and the Demarcation of Science from Non-Science: Strains and Interests in Professional Ideologies of Scientists. *American Sociological Review, 48*(6), 781-795.

Goodell, R. (1977). *The Visible Scientists*. Boston, United States of America: Little, Brown and Company.

Government Office for Science United Kingdom. (2007). *A Universal Ethical Code for Scientists*.

Gregory, J., & Miller, S. (1998). *Science in public: Communication, culture, and credibility*. New York: Plenum Press.

Higher Education Funding Council for England & Research Councils UK. (2006). £8M for new initiative to boost public engagement. Retrieved 9 February 2009, from http://www.hefce.ac.uk/NEWS/HEFCE/2006/beacons.htm.

House of Lords. (2000). *Science and Society—Third Report of the Science and Technology Committee, Session 1999–2000*. Retrieved from http://www.publications.parliament. uk/pa/ld199900/ldselect/ldsctech/38/3805.htm#a26.

InterAcademy Council. (2010). InterAcademy Council (IAC) Review of the processes and procedures of the IPCC—Full report.

International Council for Science Committee on Freedom and Responsibility in the Conduct of Science. (2010). Advisory note on science communication. Retrieved 28 January 2011, from http://www.icsu.org/publications/cfrs-statements/science-communication/.

Jensen, P. (2011). A statistical picture of popularization activities and their evolutions in France. *Public Understanding of Science, 20*(1), 26-36.

Kreimer, P., Levin, L., & Jensen, P. (2011). Popularization by Argentine researchers: the activities and motivations of CONICET scientists. *Public Understanding of Science, 20*(1), 37-47.

Lane, N. (1997). An open letter to scientists and engineers: "Let's get the word out together about why science matters". Retrieved 12 March 2009, from http://www.nsf.gov/od/lpa/news/media/nlaaultr.htm.

Leshner, A. I. (2005). Where Science Meets Society. *Science, 307,* 815.

——(2006). Science and public engagement. [Opinion]. *The Chronicle Review The Chronicle of Higher Education, 53*(8), B 20.

——(2007). Outreach Training Needed. *Science, 315*(5809), 161.

Marburger, J. (2005). Science and Technology Policy in the Real World. *Distinguished Series on Science Policy,* from http://www.ostp.gov./cs/issues/education.

Martin-Sempere, M. J., Garzon-Garcia, B., & Rey-Rocha, J. (2008). Scientists' motivation to communicate science and technology to the public: Surveying participants at the Madrid Science Fair. *Public Understanding of Science, 17*(3), 349-367.

Maxwell, J. C. (2007). *The 21 irrefutable laws of leadership* [10 , revised, annotated (1st ed. was 1998) ed.]: Thomas Nelson Inc, 2007.

Mayor, F. (1999). *Opening address.* Paper presented at the World Conference on Science. Science for the 21st century. A new commitment, Budapest, Hungary.

Merton, R. K. (1973). *The Sociology of Science: Theoretical and Empirical Investigations* (Illustrated ed.): University of Chicago Press.

Metcalfe, J., & Gascoigne, T. (2009). Teaching scientists to interact with the media. *Issues, 87* 41-44.

Miller, S. (2001). Public understanding of science at the crossroads. [CRITIQUES AND CONTENTIONS]. *Public Understanding of Science, 10,* 115–120.

Mitroff, I. I. (1974). Norms and Counter-Norms in a Select Group of the Apollo Moon Scientists: A Case Study of the Ambivalence of Scientists. *American Sociological Review, 39*(4), 579-595.

MORI. (2001a). The Role of Scientists in Public Debate. Executive Summary. Retrieved 23 January 2011, 2011, from http://www.wellcome.ac.uk/About-us/Publications/Reports/Public-engagement/wtd003429.htm.

——(2001b). The Role of Scientists in Public Debate. Retrieved 9 April 2009, from http://www.wellcome.ac.uk/About-us/Publications/Reports/Public-engagement/wtd003429.htm.

——(2005). *Science in Society. Findings from qualitative and quantitative research.* Retrieved from http://www.ipsos-mori.com/content/uk-public-is-largely-positive-about-science.ashx.

National Science Foundation Board. (1998). Toward the 21st Century: The Age of Science and Engineering, National Science Board, Strategic Plan NSB-98-215, November 19, 1998. from http://www.nsf.gov/publications/pub_summ.jsp?ods_key=nsb98215.

Neidhardt, F. (1993). The public as a communication system. *Public Understanding of Science, 2*(4), 339-350.

Nielsen, K., Kjaer, C. R., & Dahlgaard, J. (2007). Scientists and science communication: A Danish survey. *Journal of Science Communication, 6*(1), 1-12.

Nisbet, M. C., & Mooney, C. (2007). Framing Science. *Science, 316,* 56.

Obama, B. (2008). Search for knowledge. *Barack Obama Weekly Address – 20 December 2008* Retrieved 01:46, January 26, 2009, from http://en.wikisource.org/w/index.php?title=Barack_Obama_Weekly_Address_-_20_December_2008&oldid=951158.

Pai, P. (1999). *Opening address*. Paper presented at the World Conference on Science. Science for the 21st century. A new commitment., Budapest Hungary.

Pearson, G., Pringle, S. M., & Thomas, J. N. (1997). Scientists and the public understanding of science. *Public Understanding of Science, 6*(3), 279-289.

People Science and Policy Ltd. (2006a). Factors Affecting Science Communication: A survey of scientists and engineers. Report on quantitative research prepared for The Royal Society. London: People Science and Policy Ltd.

——(2006b). Factors Affecting Science Communication: A survey of scientists and engineers. Retrieved 12 February 2011, from http://www.peoplescienceandpolicy.com/projects/survey_scientists.php.

Peters, H. P., Brossard, D., De Cheveigne, S., Dunwoody, S., Kallfass, M., Miller, S., et al. (2008). Interactions with the mass media. [policy forum]. *Science, 321*, 204-205.

Poliakoff, E., & Webb, T. L. (2007). What Factors Predict Scientists' Intentions to Participate in Public Engagement of Science Activities? *Science Communication, 29*(2), 242-263.

Roe, A. (1961). The Psychology of the Scientist. *Science, 134*(18 August 1961), 456-459.

Searle, S. D. (2011). *Scientists' communication with the general public—an Australian survey.* Canberra: The Australian National University.

Suleski, J., & Ibaraki, M. (2010). Scientists are talking, but mostly to each other: A quantitative analysis of research represented in mass media. *Public Understanding of Science, 19*(1), 115-125.

The Pew Research Center for the People & the Press. (2009). Scientific Achievements Less Prominent Than a Decade Ago. Public praises science; scientists fault public, media.

The Royal Society. (2006). Survey of factors affecting science communication by scientists and engineers. Final report on The Royal Society website.

Trench, B., & Junker, K. (2001). *How Scientists View Their Public Communication*. Paper presented at the Sixth International Conference on Public Communication of Science and Technology. Trends in Science Communication Today: Bridging the Gap between Theory and Practice. Proceedings of the PCST2001.1-3 February 2001, CERN Geneva.

Turney, J. (2006). Engaging science. Thoughts, deeds, analysis and action. In J. Turney (ed.) Available from http://www.wellcome.ac.uk/About-us/Publications/Books/WTX032706.htm.

Vetenskap & Allmanhet. (2003). VA Report 2003:4 How researchers view public and science. Retrieved 25 March 2009, from http://www.v-a.se/downloads/varapport2003_4_eng.pdf.

Wilsdon, J., & Willis, R. (2004). See-through Science: Why public engagement needs to move upstream. In DEMOS (Ed.). London: DEMOS.

Yankelovich, D. (1984). Science and the public process: Why the Gap Must Close. *Issues in Science and Technology* Jul 9, 2003 Summer. from http://www.issues.org/19.4/updated/yankelovich.html.

——(2003). Winning Greater Influence for Science. *Issues in Science and Technology,* (July 9 Summer 2003). Retrieved from http://www.issues.org/19.4/yankelovich.html.

Ziman, J. (1998). Essays on science and society: Why must scientists become more ethically sensitive than they used to be? *Science, 282*(5395), 1813-1814.

第四章

科学技术在公共政策中的角色：知识何为？

威尔·J. 格兰特（Will J. Grant）

第一节　概　述

现代政治讨论受到理性决策观念的深刻影响。该种观念认为，社会行动——政府、组织和机构的决策——应该以理性和逻辑为准则，佐以最好的可用科学知识。

在很大程度上，这是一种令人信服且明智的观念。就像我们都希望我们的桥梁是利用最好的数学来设计建造的一样，我们也希望我们的医院是在最佳证据的基础上进行监管的；就像我们可能希望我们的政府在制定环保法律时对污染所产生影响的科学证据进行考虑一样，我们可能也希望他们在决定处理暴力罪犯的最佳方式时会考虑心理学的证据。

实际上，全球的政治家和科学家一直在呼吁科学与我们的决策过程之间的关系要尽可能地密切（Banks，2009；McNie，2007，p.17）。在19世纪的英格兰，弗罗伦斯·南丁格尔（Florence Nightingale）如此责备英国下议院（House of Commons）："如此快速地改变你们的法律且不质询过去或现在的结果，以至于所有的改变都成了试验、摇摆不定和空谈主义"。[引自（Banks，2009，p.2）]而作为2008年美国总统候选人，贝拉克·奥巴马（Barack Obama）向选民们承诺说他的政策将以"证据和事实"为基础（Bhattacharjee，2008）。

也许除了理性决策的观念外，事物究竟为何及其可以如何，是同样无法回避的问题。我们生活在这样一个世界，即便是最好的科学知识也鲜能回答决策者的全部问题，更无法如其所愿地提供这些问题的确定答案。虽然在直观上，把我们所有的公共政策决定建立在最佳科学的基础上似乎是明智的，但在执行过程中存在着很多（障碍）。实际上，科学和政策之间存在着巨大的差距，这种差距——以及科学家、科学传播者和决策者如何工作以对它进行弥补——是本章的焦点。

第二节　什么是决策？

什么是决策？决策者需要什么？在下面的讨论中，"政策"可被看作为了社会和物质世界的治理而正式设定的政府意志。[1] 比如，有关污染的政策可能界定了什么样的和在哪里的污染是被容许的，同时制定了违反限制须受到的惩罚措施。"决策者"可被视为那些能够界定并制定政策的人——组成政府机关的民选官员、职业官僚和公务员（Garvin，2001，p.444）。

根据上述界定，决策在根本上是规范性的（Payne，2007）。与所有的政策联系在一起的——无论是明确的还是含蓄的——是对特定的法治社会和物质世界应有形式的假设与愿望。制定一项政策就是主张"我们的社会应该像这样""我们的世界应该更那样"。制定一项政策来规定什么样的污染和在哪里的污染是被容许的，就是主张污染应该由政府监管，就污染而言，有限制的世界要好过没有限制的世界。

但某个特定的社会和物质世界应该是什么样的？这种问题总是存在争论，所以这意味着决策在本质上是政治性的。有人可能认为在污染方面有所限制的世界要比没有限制的世界好很多，有人则可能持相反的观点。这样的争论是民主社会的一个关键组成部分。

然而，如果我们认同规范性的愿望，那么我们就会在科学与决策的关系中发现另外一个关键问题：我们如何达到目标？即便我们就最终结果达成一致，但是如何确保我们制定的政策能够达成这些结果？为制定好的政策，决策者需要什么？

　　为实现特定的规范性结果，决策者需要以下两点：行动的能力，对手头的问题有用的信息及其行动对问题的影响。行动的能力在很大程度上是一种能力问题，这不是本章讨论的焦点。这里关注的是有用的信息这个问题。

　　那么什么是有用的信息呢？伊丽莎白·迈克奈（Elizabeth McNie）认为决策者需要显著、可信且合法的信息（McNie，2007，pp.19-20；另见Jones，Fischhoff & Lach，1999，p.583）。有用的信息必须显著，因为它必须与它被使用的具体情境相关。它必须回应与决策者手边的问题相关的具体需求，并且必须与问题所处的情境相关。再次以污染的问题为例，一个决策者可能需要有关当前环境中的物质的信息：这些物质如何影响特定的社会和环境，以及限制这些物质的排放会带来怎样的影响。

　　有用的信息必须可信，因为它必须被决策者认为是精确、有效且高质量的，它为决策者手边的问题提供的画面必须越真实越好。释放到环境中的物质到底是什么？它们的影响如何？我们是否了解这种污染的所有必要的因素？这个信息是否提供了对当前情况的真实表征？

　　最后，有用的信息必须合法：它必须以无政治偏见的方式产生。如上所述，决策在本质上是规范性的。我们不能在没有假设污染的后果很坏的情况下制定限制污染的政策。然而如迈克奈所认为的那样，合法的信息必须在对决策的规范性目标没有偏见的情况下产生。在我们列举的污染的案例中，这意味着相关的信息——环境中的物质和它们的影响——必须在不带有任何偏见的情况下产生，也就是决策不取决于我们是否觉得应该限制污染以及这些影响是好还是坏。

　　从表面上来看，科学似乎是决策过程的良伴。科学知识——通过系统发展出的理论与对物理世界的细致观察之间的有序互动而产生的知识——为了实现尽可能清晰且精确地阐释现象这一明确目标而产生的知识。无论这种知识是有关物理的、生物的、化学的还是社会现象的，科学方法在积累大量信息方面起着很大的作用，而这些信息对于很多人来说都是有用的。

然而，全球的决策者一直呼吁要有能更好地服务于其需求的信息（见Garvin，2001；Jacobs；2002；McNie，2007）。科学家们也相应地呼吁决策者更多地关注他们的见解（比如见 Clement，2011；Risbey，2011）。尽管科学界做出了诸多努力，但是决策者仍然有悬而未决的问题，并仍然在没有完全理解手边的问题以及他们的解决方案带来的影响的情况下制定政策。尽管我们的决策机构力量和规模都很大，但是仍然有一些科学家对于政府对他们的研究工作所揭示的问题给予的回应感到不满，因而认为决策是"非理性的和政治驱动的"，并且"更多的是一种权宜之计而非以科学证据为基础"（Garvin，2001，p.445）。

为何如此呢？科学为何无法即刻为我们提供好的政策呢？为什么——在扭转事态方面——决策者不按照科学家的建议去做呢？

第三节　有用的信息？科学–政策鸿沟

决策者一直呼吁信息要有用：与他们的问题相关，且其解决方案所产生的效果显著、可信且合法。尽管有这些呼吁，但在知识生产和决策的关键过程之间仍然存在着明显的差距。出于很多方面的原因，我们的科学家和决策者之间并非总是很容易展开对话；我们的科学并不能立刻变成完美的政策。

本节讨论了导致这种差距的一些关键议题，进而考察科学界和决策者因时间跨度、语言、注意力标度、对证据的理解以及目标的不同而存在的差异。决策者和科学家拥有完全不同的世界观，对知识如何产生作用具有完全不同的理解，这些是以上所有差异的根源。

一、时间跨度

科学家和决策者开展工作的时间跨度很不相同，在现实上和原则上都是如此。这种差异不仅体现在双方从事各自工作所需的时间上，也体现在各自思考的时间跨度。

科学家们通常会花费很多年来开展自己的工作。以气候科学为例，从 19 世纪约瑟夫·傅里叶（Joseph Fourier）、约翰·丁铎尔（John Tyndall）和斯凡特·阿伦尼乌斯（Svante Arrhenius）对大气中的二氧化碳在让我们的地球变暖方面的看法（Hulme，2009，chapter 2；Jones，2011）发展到今天我们对全球气候系统的认识和理解，科学家们用了几十年的时间。即使现在，有关这个系统的动力学机制仍然存在很多未解的问题（见 Steffen，转引自 Grant，2011）。这种在科学方面长期的知识孕育的部分原因在于被考察的议题的复杂性。仍然以气候科学为例，在第四次评估报告中，在把视野转向各种人为的和自然的气候作用力组成要素（包括温室气体、气溶胶、地面反照率的变化、飞机尾迹、太阳变化和火山活动）在复杂的全球气候系统中的非线性相互作用之前，政府间气候变化专门委员会首先讨论了这些要素的作用（IPCC，2007，WG-I chapter 2）。对这些不同要素及其相互作用建立稳健的理解就是一项需要时间的复杂工作。除此之外，一些科学研究根本不可能以较快的速度开展。我们不能完全理解任何具体的儿童干预措施的终生影响，直到这些孩子度过他们的一生。最后，与需要用很多年的时间来充分理解他们研究的课题一样，很多科学家的研究通常着眼于上千年、上万年，甚至上亿年的时间跨度。

尽管科学家一般认为对于知识的逐渐积累而言，许多年的时间是一个合理的跨度，但是大多数决策者着眼于更短的时间跨度。有些决策者会着眼于 24 小时的新闻周期；有些决策者则会关注一年的预算；还有些决策者会着眼于几年一次的选举（Jacobs，2002，p.8）。即使很多人会尽力把更长远的战略思维纳入他们的政策发展规划中——也许是关注未来十年他们希望自己的国家走向何方，但是决策环境的压力通常不可抗拒地要求"越快越好"。很多决策者都没有充足的时间去寻找那些被认为是最科学的信息（Tribbia & Moser，2008. p.317）。通常，对决策者而言，"现在很充分"要远比"将来很完美"有用得多。

这种时间跨度上的重要差异意味着对于很多问题而言，充分的科学评估在决策者看来太慢了。我们可以假设一个问题——某位医生也许注意到一些儿童的血液中铅的浓度要高于全国平均水平。在将这个直觉转变成一个充分了解的问题的过程中，科学家需要对更多的儿童（不同的街道、郊区、城镇或者是行政区）进行检查，以确定这个问题是否更加普遍。如果它更加普遍，那是什么原因引起的？是自然地理因素，上一代人使用的建筑用漆发生分解，清洁保养不充分，还是因为城镇里的工厂和矿山？儿童接触这些可能来源的渠道是什么？为降低这种毒害需要采取什么样的措施和方案？沿着这条脉络进行充分的调查需要花费数月或数年的时间，但是决策者会受到更紧迫的时间跨度的限制。他们应该采取什么措施来解决公民的迫切需求，或者说 24 小时新闻周期的要求？

二、语　　言

所有领域的专业工作都有各自的专业术语、短语和表达方式。这些"行话"有利于本领域内的传播交流，但是这对于在本领域之外的传播来说会是一种严重的障碍。这在科学和决策之间的差距上尤为明显。一方面，这些差异表明双方都没有能力理解对方究竟在说什么（Tribba & Moser，2008，p.317）。我们可以用政府间气候变化专门委员会第四次评估报告中讨论海平面上升的部分来举一个实例：

> 在接下来的几十年里，海平面预计会持续上升。在全部海气耦合模式（AOGCMs）的 SRES A1B 情形下，2000～2020 年，热膨胀率预计将达到每年 1.3±0.7 毫米，与 A2 或 B1 情形下的情况没有显著差异。这些预测结果处于 1993～2003 年的热膨胀观测值（年增1.6+0.6 毫米）的不确定范围内。

（IPCC，2007，WG-I TS.5.1）

与其他大多数报告相比，该科学报告是一份面向公众的文件——然而，它仍然含有很多对于决策者来说难以理解的内容。

反过来也是如此。很多政府用语是管理和法律层面上的，与科学写作的标准相比是不精确并且模糊的，对于外行而言也是非常不明确的。参考下面来自英国公平交易局（Office of Fair Trading，OFT）的一个例子：

> 公平交易局有很多优势，并且持续地应对其能力需求。但它在当前和未来的领导力与管理技能方面还有些重要的技能缺口，这将阻碍它有效地应对领导力本身所发现的挑战。许多进展源自个体对特定情况的回应，例如受到了来自首席行政官、国家审计署报告和国际资讯局报告的鼓励，还需要发展更具整体性的能力。

（http://www.weaselwords.com.an/Government1.htm）

除此之外，语言方面的差异还通过更细微的方式体现出来，看似相同的词语却有着不同的理解。我们很多人会使用"不确定"这个词：对于很多决策者来说，它表示"某些我们知之甚少的事情"；而对科学家而言，它意味着合理的——以及非常不同的——认知：知识永远不会是完全确定的。

三、标　度

决策者和科学家的工作标度很少是整齐划一的，这几乎是必然的。决策者的工作标度通常由其管辖范围所界定：当地政府管辖区、其所在城市、其所在国家或其关注的各项事务。而科学家可能着眼于任何可能的标度，从亚原子到宇宙。实际上，科学关注的很多自然体系——细胞功能、水系、生态系统、板块运动、海洋环流系统——很少与任何特定的政府视野相对位（Cash et al.，2006）。

这种注意力标度上的差异可能导致科学图像与决策者的关注区之间缺乏对位。气候科学家可能对全球气候系统提供了一种理解，然而地方政府官员在对海岸线延伸的管理方面却看不到这种理解的任何用处。政府间气候变化专门委员会第四次评估报告中提到的"热膨胀率预计将达到每年 1.3 ± 0.7 毫米"（IPCC，2007，WG-I TS5.1）是有用的信息吗？这些信息如何映射到地方政府官员关心的各种海岸线管理问题（包括内陆水体水质、沿海水质、物种/栖息地保护、内陆洪水、海岸侵蚀、公众知情权、盐水入侵、岩壁破坏和湿地丧失）（Tribbia & Moser，2008，p.319）？

除了大多数科学和决策制定在标度上错位之外，同样值得注意的是决策者通常会从不同的学科和不同的注意力标度听到相反的科学建议（McNie，2007，p.24）。这方面一个引人注目的例子是针对自行车头盔的立法。对于神经科学家和外伤专家来说，他们的重心在于个体，因此政策要求使用头盔有显而易见的好处：极大地降低自行车事故的严重性（Oliver，2011）。然而，着眼于更大规模人口健康的科学家可能为决策者提供不同的建议，他们会认为这种要求可能会给人口健康带来负面效果，因为它让人们骑行的可能性降低，转而倾向于选择那些不太健康的交通工具（Rissel，2011）。

四、证　据

科学家和决策者都习惯性地与证据打交道，但是他们对证据这个概念的理解存在很大差异。对科学家而言，证据的目的是为研究中的现象提供尽可能清晰的理解。重要的是，他们采集证据的方法对证据的理解来说是不可或缺的。这里我们可以看一下医学研究中所谓的证据"黄金标准"：对随机控制实验的系统性审查。以随机（移除任何参与者选择偏见）和对照组（移除任何干预所产生的安慰剂效应）为基础的工作方法确实提供了证据上的稳健性，系统性的荟萃分析（meta-reviews）甚至让研究人员得以去除每个实验的特殊性。通过适当数量研究中适当数量的参与者，研究人员可以清楚地了解他们的治疗方案相较于其他可能的干预措施的效能。这在他们的干预措施与目标问题的关系方面提供了一种抽象的观点。这种标准在其他科学探索领域也是类似的（或是被追求的）。关键是，科学研究工作是累积性的——因为未被修正的错误会浪费数年的后续工作——科学家寻求尽可能高质量的证据。

相反，决策者必须采用非常不同的标准；他们通常没有能力获得类似的证据性工具。在高度复杂的社会世界中，他们面临的问题的情境性意味着干预措施不能通过与对等的对照组比较来进行评估。比如，考虑一下公共自行车共享项目的试验。比如将试点乡镇在设定一定标准前后的情况进行对比（比如见 Pucher，Dill &Handy，2010），虽然确实可以获得一些结果，却不太可能把这个试验的实施情况和对等的控制组进行对比。试点乡镇和任何可能的控制组之间必然的人力和基础设施动力学——网络、领导力、社会资本、城市环境和其他基础设施间错综复杂的关系——使得任何对比都缺乏说服力，顶多成为轶事证据。这被称为"反事实问题"（counterfactual problem）：无法确知在缺乏某种政策的情况下会发生什么（Leigh，2009，p.3）。同样值得记住的是即使颁布了某项政策，干预措施的试验也难以进行，因为探索的对象（由人组成的社会群体）拥有自我意识并且受到探索过程本身的影响。最后还有一个伦理问题：如果一个决策者有某种正当理由认为一项政策会取得成功，那么谁将获得这项试验的益处？谁又应该承担风险？（Leigh，2009，p.5）

所以，决策者该采用什么样的证据呢？当然，这个问题没有详尽的答案。我们只能说一般而言，决策者会采用他们手边的最佳证据，这很少（如果有的话）能够满足系统的一系列随机对照实验的"黄金标准"。相反，决策者通常会努力把所有真正存在的证据都结合起来，以对问题建立尽可能清晰的图景（Payne，2007）。根据议题的不同，这可能会牵涉用物理类科学、自然类科学、社会科学或者人文科学的方法论原则采集到的证据。它还会涉及轶事证据，比如与手头问题最相关的故事。它也可能涉及来自媒体报道的社会证据。对此，至关重要的总会是决策者强烈地试图理解任何行动——或缺乏行动——对其所影响的社会或环境（包括对问题的直接影响以及对该问题所处的经济、社会、环境等情境所产生的间接影响）带来的启示和可接受性。

决策者和科学家都在寻找可能的最佳证据，这取决于他们的时间表和手头问题的特殊性。然而科学家和决策者理解问题的方式迥异——科学家试图从世界中抽取出他们的问题，而决策者试图在具体情境下观察问题——这一事实意味着，他们各自领域里的重要因素是截然不同的。我们下面转而讨论这种世界观的差异。

五、取向：一个抽象世界观，一个情境性世界观

科学界与政策界的分歧可以概括为世界观的分歧（Garvin，2001，p.446；Jones，Fischhoff & Lach，1999，p.582；McNie，2007，p.24）。这两个不同世界的"居民"把自己定位在什么目标上？他们在考虑什么？他们打算怎么做？

科学的世界观可以被描述为在根本上与抽象有关——从世间万物中分离并测量特定的反应、事件、分子、粒子、细胞和网络，以更好地理解它们的本质。实际上，所有的科学实验和调查都是在不影响周围环境的情况下对研究对象进行的审查。我们的实验室和工具，从调查和焦点小组到大型强子对撞机，都致力于达到这种抽象的目标。在科学家的世界里，最好

的证据可以说是对正在考虑的现象的最好抽象。

　　然而，政策形成领域的世界观在本质上是由混乱且复杂的情境所界定的，是由法治社会和物质世界中问题的"有底性"（groundedness）所界定的。从本质上来说，这意味着决策者着眼的问题和议题——问题和议题本身可能与科学家所观测到的并非截然不同——不能从世间万物中抽象出来。例如，疟疾既可以被看作一种由真核寄生虫引发的疾病，同时也被视为一个公共卫生问题。这里的关键点在于，虽然它可以被科学家以抽象的方式作为一种由疟原虫感染所致的传染病来研究（或者实际上作为一个公共卫生问题），但是公共卫生决策者必须意识到这个问题内生于生物世界。由于缺乏疟疾作为真核寄生虫病的机能、真核寄生虫在人体中和蚊子体内的行为、蚊子在人类环境中的行为以及人类行为本身的知识我们不能期盼在应对疟疾方面有合乎需要的政策。这些因素中的每一个都很重要，然而反过来每个因素都以复杂的方式依赖于其所处环境的各种其他因素。诚然，不同因素之间互动的复杂性表明，很多（也可能是绝大多数）社会问题在某种程度上都是难以一致性定义的"劣性问题"（Rittel & Webber，1973）。科学家总是试图抽象并阐明他们的问题，而决策者一直在处理混乱且复杂的现实世界中的问题。这种方法上的根本差异是导致科学–政策分歧的主要原因。

　　当然，这些世界观只是基本类型，在某种程度上已经从决策者和科学家的真实日常实践中剔除。很多科学家对决策者的需求有着清醒的理解；很多决策者对科学如何产生知识也有全面的认识。很多科学家自己就是决策者，并且在很多领域（下文将讨论到）科学被引入了决策阵营。然而这些宽泛的概念确实表明了这两个群体最重要的倾向，确实指出了科学界和政策界的分歧为何如此巨大。从本质上来说，如果一个群体（政策界）努力地排除一切干扰来看待一个议题——而另外一个群体（科学界）努力地在各种干扰下理解这个议题——他们就可以轻松地展开对话。

第四节　解决方案：弥合鸿沟

我们如何弥合科学与政策之间的这种分歧呢？我们又如何确保影响我们生活的政策是以最佳证据为基础，并且科学家们所发现的问题被恰当地整合到政策制定之中呢？

认识到科学－政策分歧中所固有的这些问题后，社会各界已经开始就增进科学界与政策界的紧密联系提出建议了。本章接下来描述科学家、决策者以及二者之间关系的某些更有趣的可能性。

一、科学家弥合鸿沟

如果科学家想参与决策，那么，是什么因素会影响他们的行动呢？他们应该发挥什么作用呢？小罗杰·A.皮尔克（Roger A. Pielke Jr）认为，科学家在与政策界互动时可以扮演下列四种角色："纯科学家""科学仲裁者""议题倡导者""政策选择的公正调节者"（Pielke，2007，chapter 1）。他说，我们来思考一个外来游客在村镇里寻找晚餐地点的问题。人们如何为他提供相关信息以供他决策呢？对游客的决策过程或者目标不感兴趣的"纯科学家"只是简单地提供一些基本信息，也许是有关营养的。他们可能会为他提供一份有关膳食指南的科学报告，仅此而已。相反，"科学仲裁者"可能充当游客的信息来源，为他可能提出的问题提供科学信息。他们可能会为一些问题提供事实性的答案，比如"最近的泰国餐馆是哪家？"或者"哪家印度餐馆可以刷美国运通卡？""议题倡导者"可能会为某个特定的结果而争辩——某一特定的餐馆或区域——也许他们认为那个结果真的很好，或者他们充分了解游客的兴趣并为他们做决定。最后，"政策选择的公正调节者"可能会努力为游客提供相关的信息，以向他表明他有哪些选择。在餐馆选择的问题上，这可能意味着要把整体上有关食物的一系列观点、经历和知识以及当地用餐地点综合在一起——以便游客根据自己的目标或价值观做出选择。

虽然这些角色是理想类型，但也反映了科学家参与政策制定过程的常见方式，并且在科学家和科学机构思考其参与行为方面非常有用。皮尔克认为，议题倡导者（显性地）、纯科学家以及科学仲裁者（暗中或偶然地）往往强求特定的决策结果，因而损害了决策者的合法角色。虽然纯科学家和科学仲裁者可能并不打算这样做，但通过对什么信息是相关的——比如，认定营养信息要比口感方面的信息更重要——进行无意识的决策，他们成了以某种特定方式理解某个问题（进而给出特定解决方案）的倡导者。只有政策选择的公正调节者会有意识地捍卫决策者做出决定的权利，他们通过提供相关且有用的信息来展示并阐明各种选择（Pielke，2007，p.3）。也只有政策选择的公正调节者会真正地努力解决迈克奈论点的所有方面，即提供显著、可信且合法的有用信息。

这个观点回应了沙勒维兹（Sarewitz）和皮尔克的建议，即我们需要的是科学知识供给与用户需求间的调和（Sarewitz & Pielke，2007；另见Reid，2004）。其核心在于，知识的科学供给应该不断地与政策制定的需求进行沟通，共同理解什么样的信息对于决策是有用的。这意味着——借用公正调节者的概念——密切关注具体需求以及决策者所处的情境，参与决策者需求的"策略性倾听"（strategic listening）（Pidgeon & Fischhoff，2011）。那么决策者面临的议题是什么？他们何时需要做出决定？该问题所处的地理区域是哪里？他们会认为还有哪些信息是相关的？还有哪些利益相关者及其利益是相关的？决策者曾经阐述的更广泛决策目标是什么？如果提供的信息考虑了这些因素，那么这些信息就更可能会是有用的。

这种观点的核心警示在于：在要求社会关注具体问题方面，科学家仍然发挥着关键的作用。有时候科学家必须参与问题和目标的讨论，毕竟是科学家经过艰苦卓绝的长期努力才把气候变化置于国际政治议程之中的。然而重要的是，这是皮尔克公正调节者论点的一个限定条件，而非一种排斥。不管科学家是在倾听决策者的意见还是试图在把某个议题提上议程，他们都必须努力让他们的信息显著、可信且合法——而这只会出现在同决策者和更广泛的社会进行的对话中。

二、决策者采信科学

总体而言，决策者想制定最好的公共政策。他们可能就规范性目标——甚至就手头现有问题的本质或其存在与否——彼此争论，但是一旦达成一致意见，大多数人就希望获得最佳的解决方案。为此，他们需要有关这一问题的有用信息。在过去，呼吁更有用的信息可能会着眼于"更"和"信息"这两个词，决策者也只是对科学信息供给的增加提供经费资助。这种策略注定是要失败的。如果一味地增加供给而不顾什么才是有用的，就很可能会造成浪费并且适得其反（Sarewitz & Pielke，2007）。

为了在决策一方解决这个问题，评论家们主张干预措施要着眼于强化科学家和决策者之间的沟通交流，并且在决策界强化对科学的过程、能力和局限性的理解。

为强化科学和政策之间的沟通交流，评论家们提出了一系列干预措施。首先，开放获取社区普遍主张的一项干预措施（见Willinsky，2006），是确保所有决策者可以畅通无阻地获取已发表的科学成果。目前，大多数成果仍被收藏在出版商的付费墙内。虽然每篇期刊论文的收费不高，但是这可能仍会妨碍充满好奇心的决策者仔细查看这些文献。所谓的Gov2或者维基政府（WikiGovernment）运动提出了一个类似的干预措施，它们建议在政策形成过程中，决策者在线上模式中更加开放（见Dunleavy，Margetts，Bastow & Tinkler，2008；Noveck，2009）。这可以让科学家们更清晰地理解决策者需要什么。最后，有组织的社会网络，比如澳大利亚发起的"科学遇见议会"（Science Meet Parliament），可以为科学界和政策界提供更好的交流互动。在这个年度活动中，科学家们同议会成员会面，讨论他们的研究并了解决策过程。[2] 虽然这个活动不能解决决策者可能面临的所有议题，但它主要是为双方更好地理解彼此提供了机会。

为了加强决策圈对科学的过程的理解，研究人员建议让科学家实际地加入决策圈中，为其他决策者提供科学证据如何发挥作用的即时检验标准（Pouyat et al.，2010）。[3] 其他人则建议进行随机的政策试验，在全面铺开之前于随机的区域进行小规模的干预（比如赞助学校的午餐）试验（Leigh，2009）。这种试验不太可能达到上述的科学工作的"黄金标准"［很多区域也确实不应该开展这种试验（Smith & Pell，2003）］，但是它们确实可以就某项干预措施是否奏效以及如何检验该措施而为决策者提供更清醒的理解。还有人建议决策者和科学家开展协同工作，让决策者积极地参与到科学研究的数据采集工作中来。

面向科学界与决策界的多项干预措施都很有希望，然而改善科学与决策之关系的若干最有意义的行动着眼于二者的中间地带——着眼于政策形成空间的开放运动，从而让社会各界包括科学界都能有所贡献。

三、在科学与政策之间

在确保科学家与决策者之间更紧密的关系方面，科学家和决策者各自都可以做出很多努力，但重要的是大家最后必须认识到在社会中还有很多其他的行动者，他们也会促进科学和决策之间更好的关系。毕竟，如果处于社会中的我们想要更好的政策结果，难道我们应该把这个任务仅仅留给科学家和决策者来完成吗？还是我们应该促使决策者以最好的证据为基础来制定政策？

实际上，很多人认为公民社会——处于政府或市场之外的个体和机构形成的广泛且复杂的集合[4]——才最能促进科学与政策之间更紧密的关系。过去几十年里，科学民主化运动（Gallopin, Funtowicz, O'Connor &

Ravetz，2001；World Conference on Science，1999）以及对传统决策领域之外的行动者开放公共政策讨论的运动（Walzer，1998）使得政策形成过程中公民社会行动者的角色合法化。比如，环保群体和社会正义群体开始为政府提供政策建议。被这些群体恰当地民主化且接纳的科学，在这个过程中可以发挥关键作用。科学传播者和其他边界机构也至关重要，他们向科学家传播决策者的需求，也向决策者传播最前沿的科学。把政策传播能力带入最高科学群体，无论是高校院所、学术团体还是学科机构也都可以协助这种传播。对于很多人来说，这意味着要聘请专门的政策官员或者游说人员。

这些运动表明，虽然存在很多问题，但是在科学与政策的连接处我们正处于一场革命的风口浪尖。得到科学传播者、公民社会和更加开放的政府形式的适当支持的科学的民主化进程，有望为决策过程带来更相关、更有用的信息。这将涉及除科学的进程之外，社会中很多其他重要的声音和利益相关者——以及其他知识形式——的认可。这不代表科学的重要性降低了。充分参与并嵌入情境的科学才是有用的，将带来更好的政策结果。最后，这指向了科学传播和科学传播者的关键作用：倾听科学－政策鸿沟两侧的观点并与之交流，促进科学与决策的更紧密联系，以更好地解决关键社会问题。因为这一至关重要的角色，科学传播会成为即将到来的新世纪里的一种关键社会运动。

注　释

1. 当然，机构而非政府（和个体）也可以制定政策。比如，一个机构可能正式地指定其成员必须遵守的政策。然而，鉴于政策在社会中的重要性，本章的大部分讨论着眼于政府制定的政策。

2. 见：http://scienceandtechnologyaustralia.org.au/what-we-are-doing/science-meets-parliament/。

3. 案例参见：New Science Policy Fellowships of Health Canada，网址为

http://www.youtube.com/watch?v=jX6Uil_6hg4。

4. 在大多数情况下，"公民社会"是一个不易准确定义的术语。迈克尔·沃尔泽（Michael Walzer）提供了一种有用的界定，他认为"公民社会这个词语指的是非强制的人际交往这个空间，以及填补这个空间的——为家庭、信仰、兴趣和意识形态而形成的——一种关系网络"（Walzer，1998，pp.291-292）。

参 考 文 献

Banks, G. (2009). *Challenges of Evidence-Based Policy-Making. Challenges.* Canberra: Australian Government Productivity Commission, Australian Public Service Commission. Retrieved from http://www.apsc.gov.au/publications09/evidence basedpolicy.pdf.

Bhattacharjee, Y. (2008). Barack Obama. *Science, 319*(5859), 28-29. doi:10.1126/science.319.5859.28a.

Campbell, S., Benita, S., Coates, E., Davies, P., & Penn, G. (2007). *Analysis for policy: Evidence-based policy in practice.* London: Government Social Research Unit. Retrieved from http://www.civilservice.gov.uk/wp-content/uploads/2011/09/Analysis-for-Policy-report_tcm6-4148.pdf.

Cash, D. W., Adger, W. N., Berkes, F., Garden, P., Lebel, L., Olsson, P., & Young, O. (2006). Scale and Cross-Scale Dynamics: Governance and Information in a Multilevel World. *Ecology and Society, 11*(2). Retrieved from http://www.ecologyandsociety.org/vol11/iss2/art8/.

Clement, M. (2011). Climate change is real: an open letter from the scientific community. *The Conversation.* Retrieved from https://theconversation.edu.au/climate-change-is-real-an-open-letter-from-the-scientific-community-1808.

Dunleavy, P., Margetts, H., Bastow, S., & Tinkler, J. (2008). Australian e-Government in comparative perspective. *Australian Journal of Political Science, 43*(1), 13-26. doi:10.1080/10361140701842540.

Gallopin, G. C., Funtowicz, S., O'Connor, M., & Ravetz, J. (2001). Science for the Twenty-First Century: From Social Contract to the Scientific Core. *International Social Science Journal, 53*(168), 219-229. doi:10.1111/1468-2451.00311.

Garvin, T. (2001). Analytical paradigms: the epistemological distances between scientists, policy makers, and the public. *Risk analysis: an official publication of the Society for Risk Analysis, 21*(3), 443-55. Retrieved from http://www.ncbi.nlm.nih.gov/pubmed/11572425.

Grant, W. J. (2011). Will Steffen: phoney debate is over, now for the carbon policy. *The Conversation.* Retrieved from https://theconversation.edu.au/will-steffen-phoney-debate-is-over-now-for-the-carbon-policy-2015.

Hulme, M. (2009). *Why we disagree about climate change*. Cambridge: Cambridge University Press.

IPCC. (2007). *Intergovernmental Panel on Climate Change Fourth Assessment Report: Climate Change 2007*. Retrieved from http://www.ipcc.ch/publications_and_data/publications_ipcc_fourth_assessment_report_synthesis_report.htm.

Jacobs, K. L. (2002). *Connecting science, policy, and decision-making: a handbook for researchers and science agencies. Water Resources*. NOAA Office of Global Programs. Retrieved from http://www.isse.ucar.edu/water_conference/CD_files/Additional_Materials/Science%20and%20Decision%20Making,%20Jacobs.pdf.

Jones, B. (2011). In climate change, everything old is new again. *The Conversation*. Retrieved from https://theconversation.edu.au/barry-jones-in-climate-change-everything-old-is-new-again-1914.

Jones, S. A., Fischhoff, B., & Lach, D. (1999). Evaluating the science-policy interface for climate change research. *Climatic Change, 43*(3), 581–599. Retrieved from http://www.springerlink.com/index/ng60835839642511.pdf.

Leigh, A. (2009). Evidence-Based Policy: Summon the Randomistas. *Submission to the Productivity Commission, Strengthening Evidence Based Policy in the Australian Federation*, (August), 1-12. Retrieved from http://andrewleigh.org/pdf/PC_Randomistas.pdf

McNie, E. (2007). Reconciling the supply of scientific information with user demands: an analysis of the problem and review of the literature. *Environmental Science & Policy, 10*(1), 17-38. doi:10.1016/j.envsci.2006.10.004.

Noveck, B. S. (2009). *Wiki Government: How Technology Can Make Government Better, Democracy Stronger, and Citizens More Powerful*. Washington DC: Brookings Institution Press.

Olivier, J. (2011). Putting a lid on the debate: Mandatory helmet laws reduce head injuries. *The Conversation*. Retrieved from https://theconversation.edu.au/putting-a-lid-on-the-debate-mandatory-helmet-laws-reduce-head-injuries-1979.

Payne, J. (2007). The Function of Public Policy. *International Journal of Diversity, 6*(6).

Pidgeon, N., & Fischhoff, B. (2011). The role of social and decision sciences in communicating uncertain climate risks. *Nature Climate Change, 1*(April). doi:10.1038/NCLIMATE1080.

Pielke, R. A. Jr. (2007). *The Honest Broker: Making Sense of Science in Policy and Politics*. Cambridge: Cambridge University Press.

Pouyat, R. V., Weathers, K. C., Hauber, R., Lovett, G. M., Bartuska, A., Christenson, L., Davis, J. L., et al. (2010). The role of federal agencies in the application of scientific knowledge. *Frontiers in Ecology and the Environment, 8*(6), 322-328. doi:10.1890/090180

Pucher, J., Dill, J., & Handy, S. (2010). Infrastructure, Programs, and Policies to Increase Bicycling: An International Review. *Preventative Medicine, 48*(2).

Reid, W. V. (2004). Bridging the science-policy divide. *PLoS biology, 2*(2), E27. doi:10.1371/journal.pbio.0020027.

Risbey, J. (2011). Speaking Science to Climate Policy. *The Conversation*. Retrieved from http://theconversation.edu.au/speaking-science-to-climate-policy-1548.

Rissel, C. (2011). Ditching bike helmet laws better for health. *The Conversation*. Retrieved from https://theconversation.edu.au/ditching-bike-helmets-laws-better-for-health-42.

Rittel, H. W. J., & Webber, M. M. (1973). Dilemmas in a general theory of planning. *Policy Sciences, 4*(2), 155-169. doi:10.1007/BF01405730.

Sarewitz, D., & Pielke, R. A. J. (2007). The neglected heart of science policy: reconciling supply of and demand for science. *Environmental Science & Policy, 10*(1), 5-16. doi:10.1016/j.envsci.2006.10.001.

Smith, G., & Pell, J. P. (2003). Parachute use to prevent death and major trauma related to gravitational challenge: systematic review of randomised controlled trials. *British Medical Journal, 327*(7429), 1459. Retrieved from http://www.bmj.com/content/327/7429/1459.short.

Tribbia, J., & Moser, S. C. (2008). More than information: what coastal managers need to plan for climate change. *Environmental Science & Policy, 11*(4), 315-328. doi:10.1016/j.envsci.2008.01.003.

Walzer, M. (1998). The Civil Society Argument. In G. Shafir (Ed.), *The Citizenship Debates*. University of Minnesota Press.

Willinsky, J. (2006). The Access Principle. *Bulletin of the World Health Organization 85*. Retrieved from http://mitpress.mit.edu/catalog/item/default.asp?tid=10611&ttype=2.

World Conference on Science. (1999). Declaration on Science and the Use of Scientific Knowledge. *World Conference on Science: Budapest 1999*. Retrieved from http://www.unesco.org/science/wcs/eng/declaration_e.htm.

第五章

化解公众参与科学技术的阻力

林迪·A.奥西亚（Lindy A. Orthia）

第一节 引 言

　　科学家和科学传播者之所以向公众传播科学，是因为他们认为科学是鼓舞人的、重要的和有用的。然而并非所有人都对科学持有完全积极的态度，有些人可能会受到某些科学理论的冒犯，或者感到某些特定的技术既骇人又危险。对于来自各行各业的人来说，向科学追求和技术发展提出异议已是司空见惯的事了，他们有一种根深蒂固的信念，认为开展科学研究的方法或者科学被使用的方式存在问题。同时，还有一些人对抗议科学以及捍卫科学的人漠不关心，他们认为科学乏味无趣，且本身也没有能力参与探讨科学思想和科学议题。

　　无论是被视为科学的捍卫者，还是抗议者，抑或是对科学缺乏兴趣的旁观者，通常这些对科学持有不同观点的人彼此并不相互理解。这会让传播陷入僵局，意见相左的双方虽然彼此陈述各自的观点，但是缺少真正的对话交流，令毫无兴趣的旁观者愈发疏远科学。

　　本章旨在处理这种僵持状况。第二节考察人们对科学怀有敌意的原因。第三节列举一些近期使科学共同体产生分歧的争议案例，以阐述争议产生的原因。第四节进行总结，就当前人们参与有关科学争议的社会辩论提出总结性的思考。第五节讨论实践的方法，即通过合理的科学传播实践让正反双方加深对彼此的了解。

第二节　攻击还是捍卫科学：我们谈的是同一件事吗？

在不同的情境下，科学意味着不同的事情。要理解科学争议，一部分会涉及对科学不同内涵的梳理。科学可以是：

第一，一套世俗的、理性的信仰体系。科学是看待世界的一种方式，它强调对现象给出可测量、符合自然物理规律的解释，而非超自然、神秘或者宗教性质的解释。这种看待世界的方式通常被称为世俗方式，意味着非宗教及理性，即以逻辑和理性而非感觉和信仰为基础。

第二，一种经验主义、以统计数据为基础的探究方法。用来回答问题的科学方法涉及特定且严谨的假设验证过程，它是经验主义的，这意味着它需要在真实的世界里验证理论观点。同时，它还以统计数据为基础，这表明只有对观点进行多次验证，才能得出结论，仅一次验证是远远不够的。

第三，一种像艺术或者音乐一样的文化建构。科学为我们认识宇宙奇观提供见解，从最遥远的星系到最小的亚原子粒子，从深海生物的奇异生命形式到人类大脑神秘的工作机制。科学还有助于创造让我们的生活变得更有趣的技术——从电脑游戏、太阳镜到口香糖、摩托艇。

第四，医学技术、环境技术、农业技术和工业技术的来源。科学研究可以催生出能够显著改变我们生活方式的技术，保障健康和安全，改善生活和工作环境。这种影响既可能是非常积极的，也可能是极其消极的。

科学内涵的四种范畴各不相同。人们有可能为科学的研究方法辩护，但是却抨击科学给环境带来的影响；反之亦然。个人对每种范畴的感受取决于对科学技术的个人体验，以及这些体验所处的社会和文化背景。

探索科学的方式没有对错之分，科学有其长处和短处、优势和劣势。在一个充满竞争性观念和责任义务的世界中，有些人对科学根本没有兴趣也不足为奇。表5-1列出了人们看待科学不同方式的一些主要原因。

表5-1　科学内涵四大范畴的积极方面与消极方面

科学内涵的四大范畴	喜欢科学的原因	不喜欢科学的原因	对科学不感兴趣的原因
一套世俗的、理性的信仰体系	它力图解释世界，而不诉诸神灵或魔法 它旨在消除依靠神灵塑造世界这一观念而产生的不确定性以及无力感	它否认宗教信仰或者精神信仰中根深蒂固的重要意义和价值 它消除了生命的神秘感，并且使得生命的奇迹堕落成为机械论的解释	它不会影响个人信仰
一种经验主义、以统计数据为基础的探究方法	它是客观的，因其结论是由真实世界而非概念来推动的 它的结论可以归纳为定律和原理，因为它们以广泛的实验和大量样本为基础，并且将例外平均化以表明主要趋势	它自居的客观性通常是不成功的，因为人类的观念和意识形态总会影响研究的结论 它是一种估算，忽视了重要的例外情况、离群值，以及主观经验的影响	它只是看待世界的多种有效方式之一
一种像艺术或者音乐一样的文化建构	它丰富了生活，在帮助我们思考我们在宇宙中的位置时增加了有意思的见解 科学上有意思的小玩意儿和发明为我们的日常生活增加了趣味	用于探索科学有意思见解的经费最好用在其他地方 它的高科技玩意儿和发明会让人们无心追求更有意义的事情	个人并不认为科学有意思或充满乐趣

科学内涵的 四大范畴	喜欢科学的原因	不喜欢科学的原因	对科学不感兴趣 的原因
医学技术、环境技术、农业技术和工业技术的来源	它有助于提升生活质量，改善健康状况，延长寿命，确保安全，提高效率，并且保持环境的可持续发展	它产生了会导致死亡、疾病和残疾的危险药物和外科手术方法，以及污染环境的工业和毁灭性技术	它对普通的日常生活没有影响
	它加强了我们对社会问题以及如何管理这些问题的理解	它被用于论述种族灭绝政策和其他毁灭性社会政策的正当性	

第三节　科学和技术的缺点及危险

科学内涵的每一个范畴都有争议。但是针对第四范畴的争议通常极具感情色彩，因为无论好坏，科学对我们的健康、环境，甚至是生死都有直接影响。本节将展示三个争议案例，这些案例对近年来的科学技术引发了激烈的回应。

一、案例 1：失聪人士社会和人工耳蜗

在由听力正常的人所主导的社会中，失聪人士会发现他们孤立无援，沟通困难。像为热门电视节目添加字幕这样的技术能够使他们更投入地观赏这些节目。20 世纪 80 年代，科学家们制造出了人工耳蜗，这是一种可以让失聪人士听到声音的技术工具，因而能够帮助他们听到家庭成员和社会团体的声音，以便参与以语音为基础的交流活动。有些失聪人士十分珍视人工耳蜗为他们带来的帮助。

然而，人工耳蜗也受到了来自失聪人士社会内部的极力反对（Gonsoulin，2001；Seelman，2001；Stern，2004）。虽然听觉正常的人会认为，失聪是一种能够被治愈的缺陷，但一般而言，失聪人士自己却不是这么看的。在通过手势语言沟通交流氛围中成长起来的人，通常对用手势语言的共同体及其文化有着极大的认同。他们认为自己只是与众不同，而不是存在缺陷，显然不需要"修正"。对于这些人而言，人工耳蜗相当于文化灭绝。是具有听觉的共同体——更重要的是，来自这个共同体的科学家——把他们的价值观和语言强加给了手语共同体，因而消灭了整个文化。正如一名美国失聪男性所言，人工耳蜗的作用"就好像把黑人变成白人，或者把白人变成黑人"（Stern，2004，online）。

二、案例 2：核能、核事故与气候变化

围绕着核能安全性和必要性的辩论已经激烈地持续了几十年。核能反对者担心的是堆芯熔毁或者核事故的风险、核废料的处置问题，以及为制造核燃料开采铀矿所导致的环境破坏和社会危害。也有人担心核能与不断增加的核武器之间的关系。对于那些仍然记得日本广岛和长崎的原子弹爆炸，或者 20 世纪在澳大利亚和太平洋进行的核试验的人来说，胡乱玩弄核能的风险巨大，因为它的后果沉重不堪，上述事件导致当地人或丧命黄泉，或身体严重损伤，疾病缠身（Brown & Sowerwine，2004；Clague，2009；Prosise，1998）。

南澳大利亚库伯佩地高级土著妇女理事会（Kupa Piti Kungka Tjuta）是一个来自澳大利亚中部的土著妇女组织，该组织多年来一直反对澳大利亚政府在她们的土地上开采新的铀矿以及处置核废料。20 世纪 50 年代，英国人在她们的土地上开展的核试验让她们记忆深刻，深深影响了她们的反对立场，如下面这段话所示：

在政府将我们的土地用于核试验之前，我们都还活得好好的。有些人就住在库伯佩地镇（Coober Pedy）外一个叫作十二英里（Twelve

Mile）的地方。现场的浓烟非常滑稽，一切看上去都朦朦胧胧。然后每个人都生病了……政府那时认为知道自己在干什么。如今，他们再次走过来，并且告诉我们这些穷困的土著人"不会发生什么事情，没有人想杀死你们"。

（Brown & Sowerwine，2004，online）

对于那些记得1979年美国三里岛核反应堆的核事故，或者1986年乌克兰切尔诺贝利核事故的人来说，情况可能也是如此。

近期有关气候变化的威胁重新激发了公众对核能的风险和收益的讨论，因为核能本身并不会产生温室气体。对于那些在担忧气候变化超过核事故的环境下长大的人来说，核能似乎是一个非常明智的选择（Bickerstaff，Lorenzoni，Pidgeon，Poortinga & Simmons，2008）。然而，核技术仍然会带来潜在的威胁，2011年日本福岛核反应堆事故让这一切变得更加明显，科学传播者需要监测未来几十年里人们对核能的态度是如何变化的。

三、案例3：动物同性恋行为以及反同性恋科学

2004～2005年，美国的科学家启动一项研究，旨在改变农业羊群中公羊的性行为（Roselli & Stormshak，2009）。很多公羊偏好同其他公羊而非母羊发生性行为。这个研究的目标是重新调整公羊与母羊的性关系，通过公羊的性活动增加生下羊羔的可能性。

这项研究面临着来自同性恋人权运动人士及动物保护者的激烈反对，包括来自美国本土之外的人。在某种程度上，他们捍卫动物在各自群体中行为自由的权利，同时谴责科学为满足人类需求而不择手段。

这种愤怒也和科学粗暴地对待"同性相吸"的人有关。比如，多年来，心理学家一直用残忍的技术来改正女同性恋人士和男同性恋人士的行为及性吸引力（Grace，2008）。这些手段包括：每当人们感到被同性所吸引时，就对他们进行电击，或者进行脑白质切除术等。对于同性恋人士来说，在20世纪50～70年代，这种"治疗"在西方国家相当普遍，而且在

纳粹统治下的 20 世纪 30～40 年代的德国也很盛行。一名英国的男同性恋运动人士这样谈论公羊实验：

> 这些实验重复了纳粹分子在 20 世纪 40 年代早期根除同性恋的研究。他们散发着优生学的"恶臭"。更危险的是，极端"恐同"政权可能试图利用这些实验结果，来改变男同性恋人群的性取向。
>
> （Oakeshott & Gourlay，2006，online）

在近代，心理学正式把同性恋视为人类性征正常表达的一部分。但是一直到今天，把同性恋视为一种"反常的"畸变，亟须矫正的观念持续存在，既出现在一些个体心理学家的临床实践中（Bartlett，Smith & King，2009），也存在于部分演化生物学和行为生物学之中（Bagemihl，1999）。对同性恋的文化信仰过度地影响了科学家看待人类和动物同性行为的方式，尽管科学以追求客观性为理想。

在所有这些案例中，正是人们的个人经历、需求和环境影响了他们对特定技术与科学方法的态度，这会彻底改变公众对科学研究的态度。如果科学家与人们不共有一套相同的价值观和信仰，科学家的行为即使表现得违反了人们的最大利益，或者忽视他们的顾虑，也会导致他们对科学家群体的反对。

鉴于我们生活的复杂性，以及我们每天遇到大量的科学技术，这些效果被放大成对科学家、科学方法和科学世界观的整体怀疑与不信任。如果科学家或者科学捍卫者做出了把人们直接置于险境的决定，那么人们对科学的信任度就会急剧下降。无论科学技术会带来什么益处，只要一有可怕的风险，人们就会变得小心翼翼。

在 20 世纪 80 年代末和 90 年代初，英国出现了有关牛海绵状脑病（Bovine Spongiform Encephalopathy，BSE）的争论，这是在牛身上发现的一种致命综合征，通常被称为"疯牛病"。英国科学家和政客们荒唐地向公众保证说，吃英国牛肉是没有危险的，尽管英国的牛普遍患有牛海绵状脑病。这最终被证明是错误的建议，英国有超过 150 人因为食用了被牛海绵状脑病污染的牛肉而染病致死。自此数百万头牛被屠宰。人们把这个事故与英国公众对科学的低信任水平关联起来（House of Lords Select Committee on Science and Technology，2000；Jasanoff，1997）。

由这些案例而引发的问题是，这些争议如何避免，或者如何尽量降低对科学的敌意？科学传播者通常认为这个问题取决于公众，因为其不理性又愚昧无知，从而对科学发展的风险得出了偏执的结论。这并非事实，因为随着人们更多地了解争议性科技发展背后的科学，他们会更加反对这些科技发展，比如生物技术（Purdue，1999；Sjöberg，2004）。此外，责备公众的无知和非理性并不会促进有效的传播。而把这种情况视为需要传播者、科学家和公众共同管理的一系列问题，则是非常有帮助的。

这些问题包括：

第一，挫败感和无力感。在现代西方社会，民众的顾虑通常不会被当权者听到。此外，绝大多数人无法掌控科学研究开展的方式，或者哪种技术受到资助而进行开发。具有讽刺意味的是，科学家本人也会有这种感觉。尽管如此，科学是一个强大的社会机构，因为它为政府和企业产生了大量的经济收益。这意味着当与科学相关的某些事情引发不满或者愤怒时，人们对解决问题会感到非常无力。

第二，造成一种愚蠢和愚昧无知的感觉。科学知识本质上是复杂的，并且很多人认为他们永远也不能理解科学知识。当科学家用艰深的行业术语讨论科学时，就把普通人排除在外了，从而划分出了明确的权力等级，强调理解科学知识和不理解科学知识的人之间的差异。有时候，科学捍卫者会滥用这种情况以赢得争论，通过告诉人们"你不懂科学而我懂"，来阻止非科学专业人士参与争议性议题的辩论。但是这种方法并没有承认人们确实知道什么，包括这个议题为什么与他们自己的生活相关。让人们感觉到愚昧无知，对于传播过程来说很不利，因为这会让他们依赖"专家"，同时也憎恨"专家"。这会强化不信任的情形，并且让他们对这个议题完全失去兴趣（McKechnie，1996）。

第三，质疑科学家的动机。如果人们感觉遭到了科学的攻击，那么他们就会对科学的所有事情产生怀疑。虽然科学家可能自认为心系他人，开展工作以造福社会，但是公众并不总是这么认为的。科学通常和人们根本不信任的社会制度相关。历史上，西方科学经由中东地区传到了欧洲，并且在最近几个世纪成了欧洲国家殖民星球、奴役他人的利器之一（Harding，1993；Smedley，1999）。例如，生物学家把人类分成不同的人种类别，并且认为某些人种优于其他人种，帮助证明了奴隶制度的正当性。虽然这种种族理论被证明是错误的，包括越来越多的近期科研结论，但是作为一种体系的生物科学仍然带有灭绝种族的污点（Lee，2009；Morning，2008；Relethford，2009）。这种问题理所当然地会导致全世界对科学家和科学的怀疑。类似的是，如果科学家为不受欢迎的企业工作（比如烟草公司），或者为人们不喜欢的腐败政府或者智库工作，那么人们就会质疑科学家的日常工作内容。在生活中的任何领域都难以确定该信任谁，这在科学上并无二致。研究表明，我们倾向于信任那些看上去和我们类似的人（Cvetkovich & Nakayachi，2007；Street，O'Malley，Cooper & Haidet，2008；Twyman，Harvey & Harries，2008）。这意味着如果我在一个问题上与你有一致的看法，那么我更有可能在一个完全无关的问题上信任你的观点。如果科学家因为具有完全不同的社会或者政治价值观，而同受众互不相容的话，那么他们会发现，让受众接受他们的科学是非常困难的。

这三个问题适用于社会中的很多领域。在某一个领域内，无论是科学、经济学、法律，甚至是艺术，非专业人士通常感到未被倾听，未被知会，以及不确定其他人想从他们那里获得什么。情况确实如此，尽管事实上所有这些领域对我们的日常生活都具有重要影响，并且我们对这些事情都有自己的看法和感受。一般来说，我们都想赚更多的钱，我们都想避免牢狱之灾，我们也许对艺术所知不多，却也知道自己喜欢什么，但是，我们通常不想被经济学家、律师以及艺术策展人说教，他们认为我们应该对他们的专业领域有更多的了解，他们的领域比其他任何领域都更重要，或者他们的思维方式是最好的。如果我们认为我们为贷款付出的利息过多，或者法律对待我们不公正，或者我们邻居家的壁饰很难看，我们才不希望这些"专家"告诉我们说，他们所做的决定对我们有好处，并且我们只需要接受它们。

在科学领域也是如此。在生活的各个方面，我们需要感到我们的声音会被倾听到，并且被纳入决策中。我们需要知道，我们的意见得到重视，并且我们的智慧得到尊重。我们还需要知道，相对于同我们进行沟通交流的人的动机，我们的立场是什么。

认识到人类需求的这种更宽泛的情况，并因而了解让人们参与影响他们生活决策制定的重要性，这些都是让科学传播过程变得更顺畅、让各方面达成一致的一个关键步骤。

第四节　公众参与决策的重要性

几十年来，就公众参与有关科学争议决策的重要性，科学传播者一直争论不休，同样热门的问题是公众参与的最恰当方式。他们共提出了三种公众参与科学的主要方式。

一是，把公众排除在外。有些科学传播者认为，除了"使决策过程变得效率低下，决策内容逻辑不清且毫无理性"之外，公众成员对有关科学争议的辩论贡献不大（Fischer，2008，section 2.3）。这种方法在过去导致了劣质的沟通交流决策，因为它让公众感到自己被剥夺了权力，并且瓦解了科学家、传播者与公众之间的信任。

二是，邀请科学家和公众都表达他们对科技发展的观点。有些科学传播者对忽视公众的问题进行了思考，并且倡议为受到科学风险和争议影响的公众提供正当的发言权（Collins & Evans，2002，2007；Funtowicz & Ravetz；1993）。根据这种观点，公众舆论应该与科学家所提供的技术评估一起被倾听到，后者评价了技术发展所带来的风险水平。这将确保在做决策时，在科学观点和公众观点之间达到平衡，从而在实现民主参与这个需求的同时，避免公众因愚昧无知或者非理性的信仰而做出愚蠢的决策。

三是，从一开始就确保该议题的公共框架。其他科学传播者认为，仅仅在对公众产生影响的具体科学发展方面给他们提供表达自己观点的机会，并不能达到公众参与的足够水平（Jasanoff，2003；Wynne，2003，2008）。在某些情况下，欢迎就一个科学争议表达公共意见，会导致敷衍了事的结果，因为决策者会忽视人们说了什么（Irwin，2006）。此外，对公众来说，在辩论的基本规则已被决策者设定好之后，再对某个议题发表评论并不会特别地增加他们的自主权。更加意义深远的做法是授权人们自己来设定辩论规则，换句话说，就是为议题设置框架。这里再以科学与艺术的对比为例，就是说，人们不仅仅要受邀对他们邻居家难看的壁饰表达观点，还将参与邻居设计壁饰的早期策划阶段，因而有助于决定街道应该如何设计，什么样的艺术表现对于整个街区来说是恰当的，甚至建筑物是否应该画上装饰。

第三种方案其实试图修正第二种方案，我们可以考虑有关转基因作物的争议，来具体了解第二种方案如何阐述科学争议。转基因作物备受争议的原因多种多样且极度复杂，不仅仅局限于科技方面的因素。它们包括：可持续资源的利用；对环境的威胁；消费者的健康；农民的生活方式、文化和传承；金钱、收益和经济因素；国际政治和全球化；大型企业的公信力；小农场自给自足的自由；消费者对食品的知情权；以及对操纵基因在伦理上的异议。作为科学传播者，对于政府想让当地超市储存转基因产品的提案，如果我们想要获取消费者的意见，我们不是要让社区居民围绕上述所有议题充分表达他们的顾虑，以免动不动就回到是否应该发展转基因技术或其背后市值数十亿美元的跨国农业公司这种问题上。所以，对于居民关注的议题，我们不会给他们设置议题的机会。

将科学争议纳入狭义框架中，人为地区别科学和其他方面，比如经济因素和伦理因素，这是很常见的做法。结果就是社区居民通常感到沮丧和无能为力，并且认为科学家是和社会其他部分脱节的一群人。这恰恰是导致公众成员和科学家爆发公开冲突的一种情形，这种冲突表现为公共抗议，对科学的敌意，以及不信任科学家。从一开始就争取让公众参与到具有潜在争议的科技发展的决策过程中，会让人们感到自己被授予了权力，会避免不必要的冲突，也会建立起科学家和社会其他成员之间的信任。

第五节　改善受众对科学的敌意：成功的故事

有经验的科学传播者发现一系列策略有可能会打开传播的大门，并且促进科学家与公众之间就知识、想法和关注问题进行有意义的交流。以下有三个基本原则，通过这些方式能帮助科学传播者有效交流并取得成功（改编自 Chilvers，2008）：①从一开始就让会受到影响的人广泛地参与进来；②在解释相关科学方面保持透明度；③进行长时间的讨论以纳入多元的另类观点。

一、从头参与

我们已经看到了让公众成员对可能的科学争议进行早期参与的重要

性。这说起来容易，做起来难，但是科学传播者可以采取一些基本的步骤，让传播过程变得顺畅。

第一步是打消公众成员是"目标受众"的想法，开始把他们视为交流伙伴（Kirk，2009）。无论是面向普通公众的传播，还是把科学家、政府和公众聚集起来，都应该把这些群体视为交流伙伴，并且重新设置我们的思维模式，欢迎双向对话，而远离说教式的报告。这也会把传播的动力从对立竞争的"我们和他们"转变为更具合作性、更友好且更包容的交流模式。"目标受众"听上去像是一个可以选择与其交流或不交流的群体，而交流伙伴在沟通交流平台上享有平等地位，而且他们的发言也有其价值。

第二步就是挑战我们自己对科学的成见，并且敞开心扉，承认即便是对科学怀有敌意的人的观点也可能很有道理。这不代表我们必须认同每一个人，或者接受我们不认同的观点。但这确实意味着我们必须严肃地对待他人的观点。我们的核心信念是我们最珍视的东西。与交流伙伴建立信任的一个重要方面，就是让他们知道我们不会践踏他们所珍视的东西。有鉴于此，倾听一个人的想法不只是让他们发言，然后我们继续说我们的。人们都需要知道他们的想法被听到了，大家的努力交流得到了严肃对待。当和交流伙伴互动时，要仔细聆听以确保人们有时间表达他们的观点。也要积极地聆听：理解他们所讲的内容，跟他们复述一遍，以确保自己听到的是准确无误的，并且把他们的观点融入未来的传播工作中。

下面举一个例子，来具体阐述从一开始就采用包容且非评判性交流这种做法的价值：在生物课堂上讨论神创论或智慧设计论这个争议性的议题。一位生物学教师发现，在讲到进化论的时候，一开始就在课堂上以尊重的态度，为神创论提供讨论空间，可以避免出现"我们和他们"的对立趋势。实际上，他邀请所有学生公开地参与讨论，表达他们的观点，无论他们是神创论者，或是进化论者，还是不确定自己的信仰。到课程结束时，大多数神创论者都将他们的信仰转向老师所倡导的进化论视角，因为参与其中的每个人都能够找到共同点，从而避免了对抗性的僵局（Verhey，2005）。

当然，这种科学视角的转向并不总是会发生。况且以这种转向为目标，将有损于我们以尊重与开明的态度对待交流伙伴的努力。相反，如果我们所有人在争议之初都有机会说出自己的想法，被倾听以及得到尊重，那么我们就可以打开传播的大门，并且更有可能聚集起来，找到共同点。

二、透明地解释科学

如果科学研究有助于对争议性议题进行理解，那么科学就必须要让牵涉其中的每个人都能够理解，既要与人们的兴趣点相关，还要能回应人们持续关注的问题。科学研究过程也应该透明，让其隐含的不确定性和假设易于理解，以便每个人都可以看到它们。

交流伙伴可能想，也可能不想花时间就一个争议问题的技术细节进行讨论，因为通常这个议题还包含很多其他方面。强迫他们了解科学细节只会让人沮丧。但是如果人们要求对科学进行澄清，作为科学传播者的我们就必须准备用日常语言向他们进行解释，同时要避免语言过于简化。这样做可能会花费很多的时间和精力，但是掌握向不同的受众清晰地解释一些事情的说话艺术却是值得的。当认为这会让他们有所受益时，人们总是会感激有机会去了解情况。

非科学专业人士发现科学家和科学语言令人生畏。部分原因是人们感知到科学的社会权力。还因为经常传播科学的人声称科学是真理，并进而解释为什么技术语言让大多数人不能理解的原因。这赋予那些理解科学的人在对话中很强的说服力，因为其他人根本不能用同样的术语来反驳。虽然通过迫使他人打退堂鼓，向"专家"屈服而赢得争论，可是这样做的效果不好，或者没有任何帮助。这是对科学的技术性和复杂性的滥用，不管传播者心怀怎样的善意，这种方式回避了议题本身的讨论。它把科学即真理的信念当作洗脑剂，迫使人们接受科学家所说的任何东西。为了让传播更加开放、更富有成效，重要的是我们要避开利用这些把戏和捷径。使用每个人都能理解的语言、拿出时间对这个议题从各个角度进行讨论，以及同等对待科学的和非科学的这两方面，这些方式可能更有效。

科学家自己通常对非科学专业人士不听他们的建议和专业知识而感到沮丧，这让他们感到无能为力。为了避免出现这种感觉，科学家可能会省略科学中固有的不确定性，因为他们担心表露不确定性将削弱他们的观点。然而，研究表明，通过承认科学的不确定性，对他们的传播"设置障碍"的科学家——比如，在与媒体对话的时候——反而更值得信赖（Jensen，2008）。在充满不确定性的世界里，那些主张确定性且不重视潜在风险的人是不会被信赖的，相反，他们会给人高人一等的感觉。这会让传播效果事与愿违，特别是对那些已经不再信任科学的交流伙伴来说更是如此。

三、长期的包容性讨论

在理想状况下，对争议性科学议题的传播应该以平等的方式进行，以便每个人的观点都能被倾听到，不同的观点可以得到有意义的探讨。为实现相互理解，在努力推动真正开放的传播时，传播工作必须不断地长期坚持。时间会给人们提供充分的情报，并且对议题提出多元见解的机会，因为他们有时间对其进行思考、谈论，并且消化信息。更重要的是，时间会给人们提供培养信任关系的机会。

信任很容易丧失且难以获取。科学家和科学的捍卫者哀叹公众缺乏对科学的信任，但是却不能认识到科学在这方面犯错误的力量（Wynne，2006）。正如"疯牛病"的危机所表明的那样，信任必须与诚信相匹配。如果科学的捍卫者通过压制关键信息和不确定性来证明自己是不诚信的，比如围绕着"疯牛病"的潜在风险，那么他们就不值得获得公众的信任。此外，将信任等同于信心是无益的，不能指望人们盲目地相信科学对他们是有好处的。必须去赢得信任，而非期盼（Barnes，2005）。

探讨不同的观点意味着确保交流要接受多元性。科学传播通常被描述为"科学家"和"公众"之间的传播，这种分割会强化"我们和他们"的二分法。就像科学家是由一群多元的人所组成的一样，"公众"也是由数以亿计的个人组成的，每个人都有不同的知识面、经历、价值观和优先考虑的事项。在任何传播环境下，我们都应该努力了解我们的交流对象。我们需要理解作为一个群体，他们有什么样的看法，并且尊重他们的个性和差异。这意味着首次着手一项交流活动时，要研究潜在的交流伙伴。我们在某些事情上都是专家：找出他们已经知道了什么，而非假设他们一无所知。并不是所有的公众都一样。需要记住的是，在谈及自己专业之外的领域时，我们所有人——甚至是科学家——都是外行。

如果传播的环境非常易变，情绪趋于白热化，那么第一个目标应该是为对话创造一个安全空间。这并不必然意味着让人们强烈的感情平静下来，因为如果争议与根深蒂固的价值观发生冲突的话，这是永远不能实现的。这其实意味着为人们打开沟通交流的渠道，以让他们自由地表达看法，而不担心会受到惩罚。当人们非常愤怒时，这会难以实现。在这种情景下，重要的是要让倾听的意愿超过谈话的愿望。更可取的可能是先不去考虑同时讲话，至少要在一段时间内。同时，交流伙伴应该建立一种每个人都感到舒适的环境，特别是要把那些最可能认为自己被剥夺了权力且被决策排除在外的人纳入谈话对象。

复杂且争议性的问题很少只通过一次交流传播活动就能得到解决。可能有必要为各方继续创造机会，以在未来继续信息共享、讨论、辩论和制定决策。重要的是把这个过程的要素区分开来，从而为信任的增加提供时间。在做决策时，重要的是人们信任彼此合作的意愿，即使他们的看法截然相反。

由土著澳大利亚人和非土著澳大利亚人共同组成的自然资源管理委员会的案例阐释了将时间花在传播方面的重要性，他们必须一起决定如何管理环境。漫长的社会和政治仇恨史影响了在土著居民与占澳大利亚人口绝大多数的非土著居民之间进行广泛传播的基础，即便所有牵涉的个人都是善意的。因而如果想产生任何有效的传播的话，信任就必须从头开始。只有在满足以下情况时，该委员会才会成功：第一，为他们提供一个做决策的长时间框架，以便建立信任。第二，传播出现在一个各方都感到舒适的空间内。像董事会会议室这样看上去"中立的"会议场合会让不太有社会权力的人感到害怕，如果他们不熟悉这些场所的话。第三，每次会议都有足够的时间来讨论对人们的生活具有影响且更宽泛的情境性议题，而不仅仅是"眼前的"议题。人们的生活是非常复杂和充满困难的，不能割裂科学议题与一般生活议题之间的联系，例如文化期望与食品供养之间的联系（Smyth，Szabo & George，2004；另见 Woo et al.，2007）。

社会政治权力的变化会以不同的方式影响我们所有人，所以这不是澳大利亚所特有的一个问题，也不是自然资源管理所特有的。将科学与政治理想化地剥离是容易的，但是忽视传播情境下的社会和政治背景只会掩盖真正的问题。相反，通过承认权力的政治学和权力的不平等，并且花时间——哪怕长至数年——来为每次交谈建立信任，对多元的视角和结果保持开放态势，那么，对争议性科学议题的传播就能在科学和对科学抱有敌意的人之间建立起桥梁，而非在我们之间筑起高墙。

最后，还有一个化解对科学的敌意的最重要的策略，那就是做好接受作为科学家或者科学传播者的我们可能会犯错误。如果我们期望他人在听到我们的论点后会改变自己的观点，为什么相反的情况不能出现呢？因为科学是社会的产物，它会影响人们的真实生活，因而在民主社会中最终要由全体公民来决定如何管理科学。如果对某项科技发展有日渐高涨的强烈抵制情绪，也许就不应该继续这种科技发展了。

在应对公众对其发展的反对时，科学在过去是犯过错误的。为了科学家、公众、政府等方方面面的利益，重点是勿要重蹈覆辙。

参 考 文 献

Bagemihl, B. (1999). *Biological Exuberance: Animal Homosexuality and Natural Diversity*. New York, USA: St Martin's Press.

Barnes, B. (2005). The credibility of scientific expertise in a culture of suspicion.

Interdisciplinary Science Reviews, 30(1), 11-18.

Bartlett, A., Smith, G., & King, M. (2009). The response of mental health professionals to clients seeking help to change or redirect same sex sexual orientation. *BMC Psychiatry, 9*(11), online.

Bickerstaff, K., Lorenzoni, I., Pidgeon, N. F., Poortinga, W., & Simmons, P. (2008). Reframing nuclear power in the UK energy debate: nuclear power, climate change mitigation and radioactive waste. *Public Understanding of Science, 17*, 145-169.

Brown, N., & Sowerwine, S. (2004). Irati Wanti: senior Aboriginal women fight a nuclear waste dump. *Indigenous Law Bulletin, 23*. Retrieved from http://www.austlii.edu.au/au/journals/ILB/2004/23.html.

Chilvers, J. (2008). Deliberating competence: theoretical and practitioner perspectives on effective participatory appraisal practice. *Science, Technology, and Human Values, 33*(2), 155-185.

Clague, P. (Producer). (2009). Maralinga: The Anangu Story [Television program] In M. Carey (Series Producer) *Message Stick*. Australia: Australian Broadcasting Corporation.

Collins, H., & Evans, R. (2007). *Rethinking Expertise*. Chicago, USA: The University of Chicago Press.

Collins, H. M., & Evans, R. (2002). The third wave of science studies: studies of expertise and experience. *Social Studies of Science, 32*(2), 235-296.

Cvetkovich, G., & Nakayachi, K. (2007). Trust in a high-concern risk controversy: a comparison of three concepts. *Journal of Risk Research, 10*, 223-237.

Fischer, R. (2008). European governance still technocratic? New modes of governance for food safety regulation in the European Union. *European Integration Online Papers, 12*(6).

Funtowicz, S. O., & Ravetz, J. R. (1993). Science for the post-normal age. *Futures, 25*(7), 739-755.

Gonsoulin, T. P. (2001). Cochlear implant/deaf world dispute: different bottom elephants. *Otolaryngology - Head and Neck Surgery, 125*(5), 552-556.

Grace, A. P. (2008). The charisma and deception of reparative therapies: when medical science beds religion. *Journal of Homosexuality, 55*(4), 545-580.

Harding, S. (Ed.). (1993). *The "Racial" Economy of Science: Toward a Democratic Future*. Bloomington, USA: Indiana University Press.

House of Lords Select Committee on Science and Technology. (2000). *Science and Society*. London, UK: The Stationery Office.

Irwin, A. (2006). The politics of talk: coming to terms with the "new" scientific governance. *Social Studies of Science, 36*(2), 299-320.

Jasanoff, S. (1997). Civilization and madness: the great BSE scare of 1996. *Public Understanding of Science, 6*, 221-232.

——(2003). Breaking the waves in science studies: comment on H.M. Collins and Robert Evans, "The third wave of science studies". *Social Studies of Science, 33*, 389-400.

Jensen, J. D. (2008). Scientific uncertainty in news coverage of cancer research: effects of hedging on scientists' and journalists' credibility. *Human Communication Research, 34*, 347-369.

Kirk, L. (2009). *Taking a more strategic approach to science communication*. Paper presented at the The 11th Pacific Science Inter-Congress, Tahiti, 2-6 March 2009.

Lee, C. (2009). "Race" and "ethnicity" in biomedical research: how do scientists construct and explain differences in health? *Social Science and Medicine, 68*(6), 1183-1190.

McKechnie, R. (1996). Insiders and outsiders: identifying experts on home ground. In A. Irwin & B. Wynne (Eds.), *Misunderstanding Science? The Public Reconstruction of Science and Technology* (pp.126-151). Cambridge, UK: Cambridge University Press.

Morning, A. (2008). Reconstructing race in science and society: biology textbooks, 1952-2002. *American Journal of Sociology, 114*(S106-S137).

Oakeshott, I., & Gourlay, C. (2006). Science told: hands off gay sheep. *The Sunday Times*. Retrieved from http://theratiocinator.blogspot.com/2006_12_01_archive.html.

Prosise, T. O. (1998). The collective memory of the atomic bombings misrecognizes as objective history: the case of the public opposition to the National Air and Space Museum's atom bomb exhibit. *Western Journal of Communication, 62*(3), 316-347.

Purdue, D. (1999). Experiments in the governance of biotechnology: a case study of the UK National Consensus Conference. *New Genetics and Society, 18*(1), 79-99.

Relethford, J. H. (2009). Race and global patterns of phenotypic variation. *American Journal of Physical Anthropology, 139*(1), 16-22.

Roselli, C. E., & Stormshak, F. (2009). The neurobiology of sexual partner preferences in rams. *Hormones and Behavior, 55*, 611-620.

Seelman, K. D. (2001). Science and technology policy: Is disability a missing factor? In G. L. Albrecht, K. D. Seelman & M. Bury (Eds.), *Handbook of Disability Studies* (pp. 663-692). Thousand Oaks, USA: Sage Publications.

Sjöberg, L. (2004). Principles of risk perception applied to gene technology. *EMBO Reports, 5* (Special issue), S47-S51.

Smedley, A. (1999). *Race in North America: Origin and Evolution of a Worldview*. Boulder, USA: Westview.

Smyth, D., Szabo, S., & George, M. (2004). *Case Studies in Indigenous Engagement in Natural Resource Management in Australia*: Report prepared for the Australian Government: Department of Environment and Heritage.

Stern, J.-M. (2004). The cochlear implant - rejection of culture, or aid to improve hearing. *Reporter Magazine On-Line*. Retrieved from http://www.deaftoday.com/news/2004/01/the_cochlear_im.html.

Street, R. L., O'Malley, K. J., Cooper, L. A., & Haidet, P. (2008). Understanding concordance in patient-physician relationhips: personal and ethnic dimensions of shared identity. *Annals of Family Medicine, 6*(3), 198-205.

Twyman, M., Harvey, N., & Harries, C. (2008). Trust in motives, trust in competence:

separate factors determining the effectiveness of risk communication. *Judgment and Decision Making, 3*(1), 111-120.

Verhey, S. D. (2005). The effect of engaging prior learning on student attitudes toward creationism and evolution. *BioScience, 55*(11), 996-1003.

Woo, M.-K., Modeste, P., Martz, L., Blondin, J., Kochtubajda, B., Tutcho, D., et al. (2007). Science meets traditional knowledge: water and climate in the Sahtu (Great Bear Lake) region, Northwest Territories, Canada. *Arctic, 60*, 37-46.

Wynne, B. (2003). Seasick on the third wave? Subverting the hegemony of propositionalism. *Social Studies of Science, 33*, 401-417.

——(2006). Public engagement as a means of restoring public trust in science - hitting the notes, but missing the music? *Community Genetics, 9*(3), 211-220.

——(2008). Elephants in the rooms where publics encounter "science"?: a response to Darrin Durant, "Accounting for expertise: Wynne and the autonomy of the lay public". *Public Understanding of Science, 17*, 21-33.

第三篇 科学传播的重大主题

第六章

就风险的意义进行沟通

克雷格·特朗博（Craig Trumbo）

第一节 引　言

风险是科学技术传播中最具活力和张力的领域之一。源自科学技术的风险议题在公众、决策者和媒体眼中往往各行其道。其结果是，科学家和专业科学传播者在为进行适当的风险传播而进行努力时往往举步维艰。因此，对于人们如何认知风险，以及如何以最好的方式传播风险，科学传播者都要有透彻的理解。

也许在最简单的定义中，风险可以被视为一个涉及三方的概念：因为某些危险而产生危害的概率。这个定义的组成要素还需要额外的考量。

对很多人来说，概率可能是风险中最难理解的因素。在风险情境下，概率的表示通常是统计性的，因为特定参数（比如实际发病率）还是未知，所以推论和预估成为必要。因此，由某种风险产生的概率是某个预估误差范围内的某些预估值。除了这种复杂性之外，预估概率在某种程度上由绝对值和相对值这两个术语交替使用。这种现象在医学研究中尤为明显，例如，某份医学报告会阐述，因为某种接触而导致某些百分比的上升。这种百分比可能会很大，比如 15%，但是这种增加实际上可能是相对于非常小的绝对偶然概率，比如 0.01%。很小的绝对风险值预估也很困难，比如，来自社区中的某些接触的风险的预估概率通常在百万分之一左右。

危害的观念也同样复杂。在很大程度上，这还是缘自要对真正的危害做出估计这一事实。首当其冲的危害当然是立即死亡，例如航天飞船发射失败导致的灾难。这种极端情况死亡不可避免会发生。在美国航天飞行器项目的案例中，发射失败导致灾难性后果的估计概率是 1/60（Martz & Zimmer，1992）。这也就是发生死亡的可能性。但是危害远非如此简单。更常见的情况是，危害通常不会立即发生。比如，有很多风险涉及发生某种形态的癌症的可能性。癌症的潜伏期有很多年，哪怕是急性暴露的情况。其次，由于我们对疾病及其多种病因还缺少确实的理解，有关特定个体因为某些暴露最终患癌的确凿证据非常罕见。

最后，在现代世界中，对各种危险的繁复分类很难让事情变得更简单。保罗·斯洛维奇（Paul Slovic）及其同事早期对风险认知开展过一些研究（下文会详细讨论），他们勾勒出人们区分各种风险的方式，从常见的风险（如游泳池）到极不可能发生的风险（如核战争）。在这个系列研究中，研究人员总共比较了近 100 种具体的危险情形。然而，这 100 种危险只是冰山一角，新的危险日益剧增。可以从不同角度对风险进行粗略分类，如自然危险与人为危险、影响个体的危险与影响广大人群的风险、具有即刻影响的危险与具有长期后果的危险等。然而，在很多情况下，这种分类会模糊危险的真正本质。比如，美国新奥尔良（New Orleans）的卡特里娜飓风（Hurricane Katrina）灾难被视为不同类型的灾难，或是自然灾害（飓风），抑或是人类引发的灾难（防洪堤工程的失效）。实际上，很多大规模灾难都是两者的结合（日本福岛第一核电站的核事故显然就是例证），并且被称为"技术事故"灾难（Picou，2009）。危险的时效范围也是一个非常复杂的问题。至少在美国，虽然涉及气候变化的政治争议受到很多因素的影响，但是气候变化的影响极其缓慢，这种清晰可辨的本质压制了公众或者当选官员的紧迫感。这种危险称为慢性灾难（Cline et al.，2010）。

尽管至少在表面上看来，这里给出的有关风险的初始定义是直截了当的，但是随便浏览一下当前的内容，就会立刻发现其中牵涉的复杂过程。其中之一就是人类对风险进行认知和判断的本质，让我们面对风险的方式变得异常复杂。

第二节 风险认知视角

一段时间以来，人们从三个相互竞争的学术视角对风险展开研究：文化视角、社会学视角和心理学视角。本章的主旨是讨论心理学视角，因为从某种程度上讲，这种视角在风险传播的研究和实践方面最具影响力。

在考察风险的心理学基础之前，先要重点强调一下，风险也存在于文化维度和社会维度中（Kahan，Jenkins-Smith & Braman，2010；Zinn，2008）。就文化而言，无论一个国家的技术发展程度如何，上述有关风险定义的三要素都会以某些形式呈现出来（甚至极端一点，会以现代农业或游牧民族来表示）。道格拉斯（Douglas）和卫达夫斯基（Wildavsky）早期有关风险与文化的研究便以此为基础，他们认为，人们对风险的认知是受到这样一些因素的影响，实际上应该说是受制于这些因素，比如，在他们的观念中，文化在一定程度上是集体主义还是个人主义，是社会阶层分明还是更加平均主义（Douglas & Wildavsky，1980）。丹尼尔·卡亨（Daniel Kahan）和他致力于文化认知（cultural cognition）概念研究的同事正在就文化与风险开展一些最新的研究。他们的工作建立在道格拉斯的研究基础上，坚信个体所秉持的核心价值与风险的各种心理认知机制会相互作用（下文会进一步详述）。而应对风险的政策偏好会受到人们对具体议题的文化取向的影响（Kahan，2011；Kahan & Braman，2006；Kanhan，Jenkins-Smith & Brahman，2010）。

有关风险的社会学视角也为我们提供了重要的见解。无论它的内涵是积极的还是消极的，风险都可以被视作现代社会（或现代性）的一个条件。吉登斯（Giddens，1998，p.94）把现代性描述为"不同于任何以往的文化，一种着眼于未来而非过去的社会，更注重技术性，拥有一套复杂的制度"。我们思考什么是风险、什么不是风险，做出个人和社会选择，这些行为背后的概念当然并不新鲜。然而，比起人类大部分历史中遇到的因素，今天必须考虑的一系列因素要多出很多个数量级。

彼得·伯恩斯坦（Peter Bernstein）在其著作《与天为敌——风险探索传奇》（*Against the Gods：The Remarkable Story of Risk*）中，把掌控风险描述为将社会推进入现代性的一种工具：

> 确定未来会发生什么，以及选择各种方案的能力占据当代社会的核心地位。风险管理指导着我们对一系列决策做出选择，从分配财富到保障公众健康，从发动战争到计划生育，从购买保险到系安全带，从种植玉米到营销爆米花。

（Bernstein，1996）

从一个不太乌托邦的角度看，社会学家乌尔里希·贝克（Ulrich Beck）将这种情况视为"风险社会"，在这个社会中，"工业系统制造危险，经济外化危险，司法制度将其个体化，自然科学则将其正当化，最终被政治洗白"（Beck，1992）。

就人类社会的进程而言，风险长期以来就是分化社会阶级、区分人类健康的一种因素。比如，环境种族主义这一现象就是以阶级为基础，通过阶级间转移环境危害而出现的，同时这又产生了一个额外的恶果，即由此而生的危害会长时间持续存在。

从那些告知人类对风险信息反馈的视角出发，也许最著名的就是考察风险认知背后的心理学机制的研究了。这对于理解风险传播过程，以及受众如何处理和了解风险信息密切相关。

在产业和政府所产生并监管的技术危害方面，社会学视角最擅长为他们的这些危害行为提供见解。这个研究领域的核心概念就是威廉·弗罗伊登伯格（William Freudenburg）的"警惕萎缩"（atrophy of vigilance）（Freudenburg，1992）。在这个过程中，负责维持安全的实体机构（比如美国核管理委员会），在安全期得到延长之后，会感到非常舒心，但是也就在同一时期，就会在他们的视野之外正发生着警惕萎缩。这种萎缩趋势可能与技术发展或虚假安全感有关，这将导致在安全实践方面（比如走捷径）的非官方放松心态。当然，接下来就会发生重大的事故。这种观点被用于阐述一系列灾难，最著名的就是作者提到的墨西哥湾的石油工业灾难（Freudenburg & Gramling，2010）。

虽然有关风险的文化和社会学视角内容丰富，并且为我们提供了重要见解，但是基于心理学的学术文献对风险传播实践具有更大的影响力。在过去的 30 年里，人们发表了大量关注风险心理感知的研究。但是我们说的"感知"是什么意思？早在研究数量增长之前，美国国家研究理事会（National Research Council）完成了风险传播的综述，并认真思考了"感知"这个术语的意思。该综述认为，风险感知"应该被更精确地描述为人类关于危害（以及益处）属性价值的研究"（NRC，1989，p.53）。理解这个概念的关键在于，在感知风险的过程中，个体会对风险和收益权衡利弊，无论它们是真实的还是臆想出来的。人们可能会认为，"感知"这个术语本身就不是最恰当的，用"判断"这个术语可能会更好（Dunwoody & Neuwirth，1991），但是"感知"仍在文献中占主导地位。

对于风险传播者而言，有两个非常重要的视角需要铭记于心。这些视角来源于风险感知的"心理测量模型"，以及对所谓"乐观偏差"现象的研究。这些视角提供了大量的信息，帮助我们了解个体倾向于如何面对风险和风险传播。在这里，我们可以利用先前文献综述中提到的素材（Trumbo，2002）。

为了研究风险感知，研究人员调查了不同群体，并让他们对涉及30 种常见危害的 9 个问题做出回答（Fischhoff，Slovic，Lichtenstein，

Read & Combs, 1978）。这包括到从常见但非常危险的危害（滑雪、游泳池、车祸），到非常罕见但可能是灾难性的危害（神经毒气事故、火车脱轨）。通过对风险的理解程度，或者个体对一种风险有多少把握等多方面的观察，研究人员利用统计学技术构建出一个模型，该模型表明对风险的反应可最简洁地归纳为两个维度——或者说归结到一个"风险空间"中。

风险空间的一个维度称为恐惧。这与风险的规模以及它对无辜个体的伤害程度有关。神经毒气事故和核战争带来的恐惧程度很高，而阿司匹林和游泳池可能带来的恐惧程度则相反。第二个维度称为知识，它涉及一种风险是如何被理解的，以及它的后果能否被察觉到。这些危害的一个极端是像电场和印刷电路板这样的东西，而另一极端则是机动车事故。在一定程度上，这些过程受到可利用性法则的驱动，该法则描述了人们如何把遭受伤害的更大可能性归因于通过新闻媒体而得知或被告知的更逼真、因而难忘的危害。比如，这就是人们通常认为飞机失事导致的死亡人数会高于机动车事故的原因。总之，从这两个维度来看风险，可以预测出人们将如何反应。引发恐惧的风险，不论它们常见与否，都会强烈激发人们采取行动的意愿。出乎意料的是，导致大量伤亡的一些最常见危害却不会引发恐惧，人们通常还可以忍受（Morgan，1993）。

这一系列调查结果非常可靠。不少国家已经对这个二维模型进行了广泛的复制和测试（Slovic，2000）。其他人还添加各种属性，把风险空间扩展到三维，这些属性包括受影响的人数或者风险的自愿性等（Kraus & Slovic，1988；Morgan et al.，1985；Mullet，Duquesnoy，Raiff，Fahrasmane & Namur，1993；Slovic，Fischhoff & Lichtenstein，1985）。

新近的模型调查则寻求如何应对"真实生活"中遭遇单个危害的问题，这不同于早期研究中所使用的抽象危害。早期的心理测量模式研究并不直接考虑个体之间的差异。较新的研究恰好做到了这一点，对人们在对个体危害做出的不同反应进行了并行考察。很多同样的原则也适用其中。

然而，因为人类性格和认知特征的错综复杂，这些"个体差异"模型的解释能力也略显有限。但总体而言，这种研究工作表明，心理测量模式能够有效地描述个体如何对单个真实危害做出反应，同时也为测量的建构提供了一系列可靠的调查问题（Trumbo，1999；Trumbo，1996）。

在社会心理学的一个重要观点认为，人们通过两个独特的机制来处理信息，即认知机制和情感机制。在个体层面方法的延伸上，斯洛维奇和他的同事进一步考察了情绪或者情感的作用（Slovic，2010；Slovic，Finucane，Peters & MacGregor，2004）。在这项研究中，个体被描述为拥有一个"情感库"（affect pool），在这个库中，个体对世界所持有的印象，包括它的危害，都贴上了情感标签。在人们做判断的时候，他们会唤醒这个情感库，就像他们依靠其他心理捷径一样，比如如何想象这种危险，或者与其他已知的或者经历过的事情类比。这些"双重过程"理论被用于阐明个体的风险感知（Slovic，2010）

第三节　乐　观　偏　差

虽然心理测量模式为个体把各种危害视为风险的方式提供了一些见解，特别是他们如何对某些危害而非其他危害做出反应，但是一项并行的调查表明，人们也受另一种相关但独特的倾向左右，这种倾向对人们的危害和风险取向具有微妙的影响，被称为"乐观偏差"。

一般来说，乐观偏差（或者某些圈子里的相对乐观主义）是这样一种现象：个体认为与他人相比，自己在未来不太可能遭受到某事件的危害，或者更有可能实现某些目标或达到某种状态（Burger & Palmer，

1992；Weinstein，1989）。在很多情况下都可以观察到乐观偏差的存在，包括像骑摩托车、蹦极、吸烟（Middleton，Harris & Surman，1996；Rutter，Quine & Albery，1998；Weinstein，Marcus & Moser，2005），以及面对氢气等健康危害的脆弱性（Weinstein，Sandman & Roberts，1990）。在个人层面上不太经常遭遇的危害，比如飓风，乐观偏差现象往往是最强烈的（Weinstein，Lyon，Rothman & Cuite，2000）。

乐观偏差源自一系列因素的影响。不过有一项因素最为突出，那就是发生某一具体的危害所经历的时间。举一个有助于更透彻理解的例子。我近期开展了一项调查，调查对象是居住在墨西哥湾附近的美国居民。在卡特里娜飓风发生之后，该调查于 2006 年 1 月马上启动（Trumbo，Lueck，Marlatt & Peek，2011；Trumbo et al.，2010），研究的目的是评估对于下一次飓风，人们与新奥尔良的物理距离对个体风险感知的影响程度。虽然距离被证明在飓风风险感知方面不是一个很强的预测工具，但是该研究确实为后续研究埋下了伏笔。

两年后，再也没有出现影响美国墨西哥湾地区的飓风灾害。研究人员假设，两年的平静期会弱化公众对飓风的风险感知，因此在 2008 年 1 月对相同的个体再次做了同样的问卷调查，这次调查的目的是测量他们对飓风的风险感知是否随时间的推移而变化。除了一部分测量风险感知的问题外，这两份问卷还包括一对问题，用以比较个体如何看待自身的风险和他人的风险。这是从飓风方面反映人们乐观偏差的一个指标。

在过去的两年里，墨西哥湾地区的居民确实不太关心飓风了，他们乐观偏差的水平也发生了变迁，一个有趣的模式显示，他们对自我风险的评估要低于对其他人遭受的风险评估。然而，二者之间的差异仍然一样。因而，该研究表明，不仅存在乐观偏差的现象，其动态和静态的本质也会随时间的推移而变化。

第四节　重要因素述评

总而言之，这些视角让研究人员和传播者对人们在偏差语境下的风险信息评估倾向有了宽泛的理解。安德森和斯皮伯格（Anderson & Spitzberg，2009）总结了一下这些偏见，并且描述了一系列因素是如何提高了人们对风险的反应。当出现下列情况时，对风险的感知就会加剧：①当危害非个体自愿接受，或者被认为是不可控或不可逆的时候（比如水井中的地下水污染）；②当伤害的形式可以想见（比如身体伤害），而非模糊或间接的（慢性疾病的发展）；③当大量的人会受到影响，比如大规模蔓延的自然灾害；④当所涉及的危害是新的，或不容易被理解（手机辐射），又或者非常复杂时，比如日本福岛第一核电站的核事故；⑤当危害就在身边（比如有危险的垃圾焚化炉），不过有些危害是持续发生而非剧烈发作的，因其能带来经济利益而让情况变得复杂（比如，在危害地工作的人可能会变得宽容）；⑥当这种危害给儿童带来风险（无论是像安全座椅这样真实存在的风险，还是像接种疫苗这样臆想的风险）；⑦出于各种原因，当一种危害相关的风险引起人们道德上的厌恶感，或者对于那些受影响的人来说根本就是不公平的，比如恐怖主义。

当然，风险传播者关注的是下列加剧风险感知的情况：①当风险信息的来源不被信任，特别是曾经得到信任，但现在失去了信任（企业和政府通常会面临这个问题）；②当新闻媒体或者像社交媒体这样的公众传播平台过于强调风险（比如，在日本福岛第一核电站核事故发生之后，美国西海岸地区的居民疯狂地购买碘制品）。

这些情形常被引述为偏差的产生过程，意思是于其间产生的感知也是错误的。曾几何时，它是风险研究和实践领域的主流观点。然而，近年来人们开始意识到，个体和社会对风险的反应是建立在人们所持有的价值观和文化导向基础上的，这并不能轻易地说成是对的或错的。比如，尽管大量的医学研究表明接种疫苗是安全的，但还是有很多家长因过分担心接种疫苗会导致自闭症，而拒绝让他们的孩子接种疫苗，而且他们也可能因为不给孩子接种疫苗导致孩子们威胁到公共健康。然而，他们担心是基于这样一种信念，即在这种特殊情况下，任何程度的风险都是不能接受的。一方面，他们的反应很容易被贴上不合逻辑的标签；但是另一方面，对关心自己孩子的家长而言，难道就可以把尚能接受的风险水平强加给他们吗？就应该期望他们来承受这千分之一抑或是万分之一的风险？这种特殊情况也凸显出个人主义与集体主义文化取向上的差别。一个人应该为了更广泛的公众福祉而接受个体风险吗？

也许下面的例子可以更好地说明这些风险感知因素相互混杂的复杂性（Trumbo & McComas，2003；Trumbo，McComas & Besley，2008）。研究人员以社区癌症问题为背景，开展了一系列有关风险认知和信息处理的研究。在这些案例中，某些社区存在着癌症发病率疑似增加的危险情况，因此居住其中的某些人不免忧心忡忡。这种情况在美国非常普遍，可能每年有多达1200起正式登记在案的投诉（Trumbo，2000）。国家卫生机构通过各种方式对这些顾虑进行回应，包括从展开详细的多年期调查到不予受理的快速决定（Greenberg & Wartenberg，1991）。尽管针对特定（大约占1/3）的投诉案进行了详细调查，却几乎找不到任何有关癌症发病率升高的科学证据，实际上从来没有人提出过证明癌症和环境因素有关的科学证据（Kase，1996）。

就风险的定义而言，这些案例涉及概率问题。其中的流行病学研究通常涉及小样本量（很少有疾病或者死亡案例），必须由研究者决定在某些地理范围内进行分析，这会对癌症发病率的估计出现很大的误差。流行病学家的非重要发现往往不被公众所接受，因为他们从情绪化出发而排斥任何风险。针对暴露事实未定、剂量大小未知、可能发生在几年前的情况，目前科学还没有查验个体癌症与环境暴露存在关联的有效工具，于是情况进一步复杂化了。

在这个研究项目中，研究人员用抽样调查的方法，对大约35个不同的案例进行了调查。这些危害包括影响了非常小片区域的地下油罐泄漏、高压输电线和变电站、疑似进入地下水的农药（包括那些高尔夫球场使用的农药）、核设施、各种焚化炉、军事基地和大规模的工业化学企业。比如，个体会被问到他们对这些危害是否有强烈的情绪反应（如恐惧、担心等），以及在认知层面看待这些危害的方式（这种危害影响很多人吗？它是可控的吗？）

这些案例的主线是所涉及的危害。在每种情况下，某些形式的癌症被怀疑与上述某些危害的暴露相关。癌症的类型确实多种多样。白血病是主要病症，并且有很多儿童死亡的案例都是由白血病引起的。罕见的脑癌也在一些案例中有所提及。乳腺癌也是一个重要问题。不管癌症的类型如何，这种形式的危害都会让人产生强烈的恐惧之心，因为这经常牵涉非常困难的治疗方案，而且患者的寿命注定会缩短，或者短期内就面临死亡。

在增加风险顾虑的因素方面，这一系列特定的研究还很好地阐述了上述的很多论点。个人不愿意让自己暴露在这些危害之下，之后的影响不可控且不可逆。因为涉及癌症的问题，这种伤害的图景简直栩栩如生（Trumbo et al.，2008）。通常接触到危害的区域很广，因而会影响大量的人。所有的危害和伤害都复杂难懂。这些案例所示的危害非常接近那些受影响的人们。在很多情况下，儿童才是最主要的受害者，在所有情况下，人们不断关注儿童与危害的接触。通常，因为有毒物质更有可能会被释放到收入较低且没什么政治权力的地区，所以这种风险被视为不公平，或者在道德上受人谴责。

风险传播最大的顾虑是，这些案例几乎总是处在社会活动家和企业或政府机构强烈的敌对框架之中，而卫生部门通常夹在两方中间。信任是一个主要问题，特别是社区和企业之间存在巨大的差异，根据以前的经验，这类案例和资源都可以被当作与监管机构和法律制度讨价还价的筹码。最后，它们总能在新闻媒体和社交网络上获得巨大关注。

在社区、危害和具体伤害方面，这些研究不断发现，这种心理测量的双重历程模式确实能描述个体在这些案例中看待风险的方式。在风险判断方面，认知要素和情感要素都有着很强的表现力，而采用认知策略判断的人要比采取情感策略的人表达出更强的关注水平。况且，更坚决地使用系统方法来处理信息的个人，面对风险感知和更强烈的关注，往往更倾向于把风险判断建立在认知基础之上；而那些凭借经验处理信息的人，则更有可能把情感感知和较低的关注与风险判断联系起来。

这里有一个意料之外但很有意思的发现：仔细处理信息且更经过深思熟虑的认知会增加对危害的关注。多年以来，风险传播中的主要观点是，通常简单地向人们陈述事实，并展示如何客观地处理，能够打消人们强烈的顾虑，让他们明白情绪化只是对危害的"非理性过度反应"，特别是当这种顾虑缺乏科学证据的时候。至少在这些案例中，那些把危害视为没有风险的人也许是基于"非理性的反应不足"（irrational under reactions）。

在风险传播方面，这个案例的描述表明了专业人士在从事传播工作时所面对的巨大复杂性：风险的形式十分复杂，信息环境也很复杂且难以控制，信任缺失，因而使得发出有效的信息变得很困难，同时人们处理信息和做决策的方式在科学家看来是反直觉的。

幸运的是，存在着成功传播风险信息的方式。

第五节　传播风险信息的方式

目前，有关风险传播的大量文献提供了一些非常重要的普遍原则，这些原则是很多传播领域中最佳的实践基础（Lundgren & McMakin，2009；Sellnow，Ulmer，Seeger & Littlefield，2010）。

从一个已有的定义风险传播的视角出发，对基本原则进行考察，这是一个比较恰当的做法。因为风险传播涉及各种各样的方法和应用，必须将它视为一种多维度的建构。克日姆斯基和普劳（Krimsky & Plough，1989）认为这个概念有五个维度。第一，必须考虑隐藏于风险信息背后的意图的本质。信息基本上可以分为没有明确目的，或者可以对具体结果有很高的期望。第二，风险信息的内容是变化多端的，从聚焦于个人健康和地区环保的具体内容到更广泛的全社会都关注的话题。第三，必须对接受信息的受众加以考虑：有时候有目标受众，有时候没有。第四，风险传播的第四个维度涉及信息源。通常，这牵涉科学家和其他技术专家，但是它还可能包括更广泛的来源，如媒体和公民团体。第五，还必须考虑该信息传播的方式。风险信息可以通过非常受限的渠道进行传播，或者可以在社会中自由地传播。

当研究人员考察风险信息的复杂性时，他们发现了风险传播者可能面临的一些基本任务、难点和悖论。费舍尔（Fisher，1991）确定了挑战的三个变体。首先，风险传播者必须清晰地定义传播的目标，接纳信息评估的重要性，并且认识到完全奏效的传播努力是不存在的；其次，需要齐心协力，使受众了解风险评估的科学，这点至关重要的；最后，必须考虑受众的视角，并且让其算入整个风险方程式中，因为公众的反应始终会与风险状况本身交织在一起。

风险传播者最重要的任务之一就是建立公信力（McComas & Trumbo，2001；Trumbo & McComas，2003）。当受众认为信息与事实不相符，与以前的信息不一致时，或者当信息发布者有欺骗的前科时，又或者当专业人士似乎无法胜任传播工作或存在分歧时，公信力就会受到损害。受众对风险议题总体合法性的评估也会影响公信力。

获取公众的关注是风险传播中的一项长期而艰巨的任务。研究人员发现，最需要风险信息的个体通常也是最不太可能关注风险信息的人。社区参与可以被形象化为一座金字塔，占据金字塔大部分区域的大量个体是不参与风险信息传播以及对其不感兴趣的（NRC，1989）。传播者必须密切关注自身对传播媒介的选择。这几乎总是包括与新闻媒体的合作。在任何领域中，从传播的接受性、处理信息的能力以及对建议行为的行动能力等方面对受众进行认真的界定是十分重要的。同样重要的还有从人口学特征的角度理解受众，特别是当不同的年龄、性别和种族/民族对风险信息的理解完全不同时（Finucane，Slovic，Mertz，Flynn & Satterfield，2000）。

风险传播者对大量的经验进行了思考，并且对风险传播提出了"传统智慧"方法。约翰逊和费舍尔（Johnson & Fisher，1989）发现了与他们的科学评估相匹配的五个方面。首先，细节很重要，并且在表述信息时，看似微小的表达差异也会对人们的反应产生巨大影响。比较各种风险便属于此列，比如，将每年拍摄牙齿 X 光片与吃花生酱所导致的患癌风险进行比较，会产生非常不同的反应，即使这种比较在技术上是相等的。风险信息对风险被个性化的方式也会产生影响。人们对那些与自己切身相关的事情会做出最强烈的反应。因教育经历而产生的局限性会影响人们获取和处理信息的能力，这反过来会强烈影响他们对技术信息的反应。不能被理解的信息通常也不太容易获得信任。巨大的危害和事件通常是反应最强烈的，特别是当它们以图片的方式进行传播时。最后，人们会吸收风险信息，（也许并不恰当地）将其一般化为相关的其他危害。

第六节　最佳实践

可以从以下七个要素精心设计风险信息，这些要素可以从一系列渠道中进行搜集，而不必考虑其重要性的顺序（Heath & O'Hair，2009；Lundgren & McMakin，2009；McComas，2006；NRC，1989；Trumbo，2001）。

第一，信息必须清晰易懂。通常最好把技术术语和数字搁置一边，利用更直接的案例和一目了然的影像。然而，清晰性也会有问题。过于简化会引起误解，特别是过度强调信息的简洁性。

第二，风险传播者需要意识到常见的误解，并对此保持敏感。传播失败会让受众疏远。在需要对广泛流传的误解进行消除时，这就变得尤为重要。最好直接地承认误解，并且以非批判性的方式对其进行修正，而不是将其彻底抹杀。当风险已经引起或者会引起死亡时，受众的敏感性就达到了最高峰。

第三，风险传播者需要一直认清告知人们和影响人们之间的区别。公众擅长识别那些为影响他们而设计的信息，并且他们不希望获得（或者尊重）来自官方或政府机构的这些信息。在下列三种情况中，影响策略是尤其错误的：当风险涉及公共争议时；当传播策略的手段存在欺骗性时；当风险只适用于那些自愿接受这些风险的个体时。

第四，风险传播者需要向个体阐明他们的个人相关性。风险分析需要转化成针对个体的有益建议，包括安全措施、政治活动、风险群体中成员的自我评估以及未来信息采集的策略等各方面。

第五，风险传播者需要直接点明不确定性的因素。不确定性几乎总是风险分析、管理和传播中的一个重要因素。有缺陷的数据和专家的分歧会导致风险不确定性的产生，应该正面直视并加以解决。然而，平衡的方法是最好的。当传播者试图夸大或最小化不确定性时，公众的不信任就会迅速地蔓延。当风险涉及公共政策时，不同的观点有时候会试图利用极端的论点，以便他们可以在这个议题上获得优势。当提到不确定性时，一般建议用最少的数字和统计表示，并且采用常见且清晰的语言。

第六，风险传播者需要意识到有效地利用风险比较是充满挑战的。恰当地使用的话，一定程度上可以改善对风险的理解。但是比较也不应该是风险决策的唯一方式，而是作为众多方式之一。为达到有效的传播而比较不同的风险类型，这也存在着真正的危险。一个较好的原则就是，做比较的风险类型之间要有共同点。比如，拿飞行 500 英里 [①] 的风险与驾驶 500 英里的风险进行比较是恰当的，而拿每周接触二手烟 20 个小时的风险与每天吃一个花生酱三明治的风险进行比较则是不合适的。其他比较风险的有效技巧包括对多重风险进行比较，而非仅是两种风险。

第七，风险信息应该尽可能保持完整。这在任何风险传播努力中都是一个关键要素，因为从长远来看，缺失的信息要比早期提供的信息有更大的影响。完整的风险信息中应该有五个关键点：风险类型（比如健康与经济）；风险和收益如何交织在一起；有哪些选择；围绕着风险的不确定性有多大；以及专家们管理这种风险有多困难。

在风险感知的研究文献中，为风险传播者提供的所有有效准则都有它们的基本元素。当把这些见解应用于信息设计的任务中时，风险传播者就需要考虑一系列因素。在职业风险传播发展的早期，美国国家研究理事会

---

① 1 英里≈1609.344 米。——译者注

有关风险传播的报告中就确定了其中的六个因素，并且经受住了时间的考验（NRC，1989）。

第一，人们会简化。信息过载是现代社会的一个通病，人们会利用简化的建构来处理这些过载的信息，以评估复杂的问题。

第二，很难改变人们的想法。对认知一致性的渴望是人类心智的一个基本属性，这会让人们有选择地关注那些只与他们以前形成的态度相一致的信息，忽视新信息中的任何矛盾，并且过于习惯极化的论点。

第三，人们会记住他们看到的东西。因而，人们会根据他们日常生活中的个人经历，以及他们从媒体中获得的信息来评估很多风险，这会让人们低估那些他们个人没有接触过的风险。

第四，人们不能马上发现他们收到的证据中存在的遗漏。这特别适用于人们在日常生活中收集到的轶事。这也使得通过利用遗漏来愚弄人变得可能，其典型结果就是最终会失去公信力。

第五，相对于对风险高低的判断，人们更难以在"风险是什么"上达成共识。定义风险本身的困难无疑受社会和文化的限制。

第六，在风险争议中人们很难发现不一致性。这要求具有一定程度的关注度和知识，可以让人们了解某些更具技术性的风险论点。运用批判性思维来进行辩论，更会让人望而却步。不幸的是，这会让很多公众成员易受操纵。

虽然设计风险传播的方式值得关注，但是信息传播的模式也需要风险传播者认真对待。对于风险传播者来说，对信息渠道进行考虑是越来越重要的任务，因为传播技术对于不同的受众群体所发挥的作用完全不同。比如，虽然互联网几乎变得无所不在，但是由于社会经济地位以及一定程度上的地理因素，仍然有相当部分的公众在互联网的使用上存在着限制。当前社交媒体的爆炸式发展也带来了挑战，因为在风险传播领域中对其有效性还所知甚少。

当风险涉及受众或者那些会对信息积极搜寻的重要受众群体时，他们会从各种渠道和途径了解信息。这种精心设计的风险信息必须在非常复杂的信息环境中发挥作用。

第七节　结　　论

风险传播者的底线相当清晰：风险传播包含困扰一般的公众传播的所有困难和挑战，与其他类型的传播努力相比，风险传播的责任更重。风险主题始终是复杂、数学化和充满争议的，并且会影响人们的身体安全和健康。

在对风险传播的传统智慧的综述中，约翰逊和费舍尔总结说："简言之，认为风险传播本身是一项复杂而有风险的事业是相当正确的经验之谈。"（Johnson & Fisher, 1989, p.37）但是有效的风险传播是可以实现的。理解受众、眼前的风险的本质以及传播的目标，就完全有可能设计好风险信息并进行传播，尽可能负责任地服务于各方参与者。

参 考 文 献

Anderson, P., & Spitzberg, B. (2009). Myths and maxims of risk and crisis communication. In R. Heath and H. O'Hair (Eds.), *Handbook of Risk and Crisis Communication* (pp.205-226), New York: Routledge.

Beck, U. (1992). *Risk society: towards a new modernity*. London, Newbury Park, Calif.: Sage Publications.

Bernstein, P. L. (1996). *Against the Gods: The Remarkable Story of Risk*. New York: John Wiley & Sons.

Burger, J., & Palmer, M. (1992). Changes in and generalization of unrealistic optimism following experiences with stressful events: Reactions to the 1989 California Earthquake. *Personality and Social Psychological Bulletin, 18*, 39-43.

Cline, R., Orom, H., Berry-Bobovski, L., Hernandez, T., Black, C. B., Schwartz, A. G., & Ruckdeschel, J. C. (2010). Community-Level Social Support Responses in a Slow-Motion Technological Disaster: The Case of Libby, Montana. *American*

Journal of Community Psychology, 46,(1/2), 1-18.

Douglas, M., & Wildavsky, A. (1980). *Risk and Culture: An Essay on the Selection of Technological and Environmental Dangers.* Berkeley: University of California Press.

Dunwoody, S., & Neuwirth, K. (1991). Coming to terms with the impact of communication on scientific and technological risk judgments. In L. Wilkins & P. Patterson (Eds.). *Risky Business: Communicating Issues of Science, Risk and Public Policy (*pp. 11-30), Westport, CT: Greenwood.

Finucane, M. L., Slovic, P., Mertz, C. K., Flynn, J., & Satterfield, T. A. (2000). Gender, race, and perceived risk: the "white male" effect. *Health Risk & Society, 2*(2), 159-172.

Fischhoff, B., Slovic, P., Lichtenstein, S., Read, S., & Combs, B. (1978). How safe is safe enough? A psychometric study of attitudes toward technological risks and benefits. *Policy Sciences, 9*, 127-152.

Fisher, A. (1991). Risk communication challenges. *Risk Analysis, 11* (2), 173-179.

Freudenburg, W. (1992). Nothing recedes like success? Risk analysis and the organizational amplification of risks. *Risk, 3*, 1-35.

Freudenburg, W., & Gramling, R. (2010). *Blowout in the Gulf: The BP Oil Spill Disaster and the Future of Energy in America.* Cambridge MA: The MIT Press.

Giddens, A. (1998). *Conversations with Anthony Giddens: Making Sense of Modernity.* Stanford, CA: Stanford University Press.

Greenberg, M., & Wartenberg, D. (1991). Communicating to an alarmed community about cancer clusters: a fifty state survey. *Journal of Community Health, 16*(2), 71-82.

Heath, R., & O'Hair, H. Eds. (2009). *Handbook of Risk and Crisis Communication.* New York: Routledge.

Johnson, F. R., & Fisher, A. (1989). Conventional wisdom of risk communication and evidence from a field experiment. *Risk Analysis, 9*(2), 209-213.

Kahan, D. (2011). *The Cultural Cognition Project* (http://www.culturalcognition.net/). Retrieved Sept. 1, 2011.

Kahan, D., & Braman, D. (2006). Cultural Cognition and Public Policy. *Yale Law & Policy Review, 24*, 155-158.

Kahan, D. M., Jenkins-Smith, H., & Braman, D. (2010). Cultural Cognition of Scientific Consensus. *Journal of Risk Research, 14*, 147-174.

Kase, L. (1996). Why community cancer clusters are often ignored. *Scientific American, 275*(3), 85-86.

Kraus, N., & Slovic, P. (1988). Taxonomic analysis of perceived risk: Modeling individual and group perceptions within homogeneous hazard domains. *Risk Analysis, 8*, 435-455.

Krimsky, S., & Plough, A. (1989). Environmental Hazards: Communicating Risks as a Social Process. *Journal of Communication, 39*(4), 109.

Lundgren, R. E., & McMakin, A. H. (2009). *Risk Communication A Handbook for Communicating Environmental, Safety, and Health Risks.* Hoboken: John Wiley & Sons, Inc.

Martz, H., & Zimmer, W. (1992). The risk of catastrophic failure of the solid rocket boosters on the space shuttle. *The American Statistician, 46*,(1), 42-47.

McComas, K. A., & Trumbo, C. W. (2001). Source credibility in environmental health-risk controversies: application of Meyer's credibility index. *Risk Analysis, 21*(3), 467-480.

McComas, K. A. (2006). Defining Moments in Risk Communication Research: 1996–2005. *Journal of Health Communication, 11*(1), 75-91.

Middleton, W., Harris, P., & Surman, M. (1996). Give 'em enough rope: Perception of health and safety risks in bungee jumpers. *Journal of Social & Clinical Psychology, 15*, 68-79.

Morgan, M. (1993). Risk analysis and management. *Scientific American, 269*(1), 32-41.

Morgan, M., Slovic, P., Nair, I., Geisler, D., MacGregor, D., Fischhoff, B., Lincoln, D., & Florig, K. (1985). Powerline frequency electric and magnetic fields: A pilot study of risk perception. *Risk Analysis, 5*, 139-149.

Mullett, E., Duquesnoy, C., Raiff, P., Fahrasmane, R., & Namur, E. (1993). The evaluative factor of risk perception. *Journal of Applied Social Psychology, 23*(19), 1594-1605.

NRC (1989). National Research Council. *Improving Risk Communication.* Washington DC: National Academy Press.

Picou, J. (2009). Katrina as a Natech Disaster: Toxic Contamination and Long-Term Risks for Residents of New Orleans. *Journal of Applied Social Science, 4*(3), 39-55.

Rutter, D., Quine, L., & Albery, I. (1998). Perceptions of risk in motorcyclists: Unrealistic optimism, relative realism and predictions of behaviour. *British Journal of Psychology, 89*(4), 681-696.

Sellnow, T., Ulmer, R., Seeger, M., & Littlefield, R. (Eds.) (2010) *Effective Risk Communication: A Message-Centered Approach.* New York: Springer.

Slovic, P. (2000). *The Perception of Risk.* London: Earthscan.

Slovic, P., Ed. (2010). *The Feeling of Risk: New Perspectives on Risk Perception.* London: EarthScan.

Slovic, P., Finucane, M. L., Peters, E., & MacGregor, D. G. (2004). Risk as analysis and risk as feelings: Some thoughts about affect, reason, risk, and rationality. *Risk Analysis, 24*(2), 311-322.

Slovic P., Fischhoff B., & Lichtenstein S. (1985). Characterizing perceived risk. In R. Kates, D. Hohenemser, J. Kasperson (eds). *Perilous progress: Technology as hazard.* Boulder, CO: Westview.

Trumbo, C. W. (1996). Examining psychometrics and polarization in a single-risk case study. *Risk Analysis: An Interdisciplinary Journal, 16*(3), 423-432.

——(1999). Heuristic-systematic information processing and risk judgement. *Risk Analysis, 19*(3), 385-393.

——(2000). The nature of public requests for cancer cluster investigations: A survey of state health departments. *American Journal of Public Health, 90*(8), 1300-1303.

——(2001). Risk communication. In A. Kent (Ed.). *Encyclopedia of Library and Information Science*. New York, Dekker. *69*(32), 290-325.

——(2002). Information processing and risk perception: An adaptation of the heuristic-systematic model. *Journal of Communication, 52*(2), 367-382.

Trumbo, C. W., Lueck, M., Marlatt, H., & Peek, L. (2011). The effect of proximity to Hurricanes Katrina and Rita on subsequent hurricane outlook and optimistic bias. *Risk Analysis 31*(12), 1907-1916.

Trumbo, C. W., & McComas, K. A. (2003). The function of credibility in information processing for risk perception. *Risk Analysis, 23*(2), 343-353.

Trumbo, C. W., McComas, K. A., & Besley, J. (2008). Individual- and community-level effects on risk perception in cancer cluster investigations. *Risk Analysis, 28*(1), 161-178.

Trumbo, C. W., Peek, L., Marlatt, H., Lueck, M., Gruntfest, E., Demuth, J., McNoldy, B., & Schubert, W. (2010). *Changes in risk perception for hurricane evacuation among Gulf Coast residents, 2006-2008*. Paper presented at the Annual Convention of the Society for Risk Analysis convention. Salt Lake City, UT.

Weinstein, N. D., Lyon, J., Rothman, A., & Cuite, C. (2000). Changes in perceived vulnerability following natural disaster. *Journal of Social and Clinical Psychology, 19*, 372-395.

Weinstein, N. D., Sandman, P., & Roberts, N. (1990). Determinants of self-protective behavior: Home radon testing. *Journal of Applied Social Psychology, 20*, 783-801.

Weinstein, N. D. (1989). Optimistic biases about personal risks. *Science, 246*, 1232-1233.

Weinstein, N. D., Marcus, S. E., & Moser, R. P. (2005). Smokers' unrealistic optimism about their risk. *Tob Control, 14*(1), 55-59.

Zinn, J. (2008). *Social theories of risk and uncertainty: an introduction*. Malden, MA: Blackwell Pub.

第七章

科学传播中的定量素养

莫里斯·M. W. 程 (Maurice M. W. Cheng)，黄家乐 (Ka Lok Wong)，

阿瑟·M. S. 李 (Arthur M. S. Lee)，莫雅慈 (Ida Ah Chee Mok)

第一节　运算与定量素养理念

根据克劳瑟引入这些术语时的用法（Crowther，1959），一个"有运算能力的"人具有"良好的算数运算基本知识"，而且"能够理解数字并对数字进行运算"（Crowther，1959），而"计算能力"则是"进行算数运算的能力"（Sinclair，1995）。自从克劳瑟（Crowther，1959）创造出了"计算能力"或者说能够"有计算能力"这些术语，它们的含义就已经超越了单纯的遵循计算规则的能力。在原始报告中，它们就包含了两方面的意义，即对研究现象中使用的科学方法的理解、进行定量思考的能力。

根据《克劳瑟报告》（*Crowther Report*，1959，Para. 398）的提法，

> 计算能力已成为理解和领会所有现象的不可或缺的工具，而且不限于与传统自然科学关系紧密的领域里的现象。如今，我们在各个领域的思维、收集证据以及阐述论点的方式都受到那些原本应用于科学的技术的影响。因而，受过教育的人必须同时具有读写和计算能力。

该报告写于半个多世纪以前，如今计算能力与科学的关系没有当时那么紧密了，然而随着科学技术对现代社会发展的影响愈加深入，"不仅拥有定量推理的能力，而且对科学方法有一定的理解，对科学的进展也有所了解"（*Crowther Report*，1959，Para. 419）越来越成为对我们的一种要求。

还有一份有关英国数学教育的重要报告反复重申了人们需要超越算术运算的基本立场（Cockcroft，1982）。除了"让个体具备应对其日常生活中的实际数学需求的数学技能"之外，计算能力还有第二个属性，即"对以数学术语呈现的信息有一定的欣赏和理解的能力"（*Cockcroft Report*，1982，Para. 39）。对第二个属性的强调来自对数学的信赖，即认为"数学提供了一种强大、简洁且明确的传播方式"（*Cockcroft Report*，1982，Para. 3）。

综合这两份对英国学校课程具有重要影响的教育报告来看，我们就会理解对一般计算能力的要求，它与科学技术的公众理解和传播密切相关，对于任何一个快速发展的社会都极其重要。

关于计算能力的概念，美国也出现了类似观点。当英国教育者如上文所述在课程中强调计算能力的时候，他们的美国同行也开始意识到，数字信息以及定量论证在越来越多的社会活动中的作用日益凸显（Cohen，2001）。人们特别关注的是公民应该加强某种"数字素养"（numerical sophistication），以便对定量方法背后的议题保持敏感，这些方法被用于在各类政治争论中再现和阐释社会问题。随着现代社会的发展和科学技术的进步，以及过去几十年里计算器和计算机的日益普及，一个人要融入当代社会，就得有能力轻松有效地应对各类生活情境中的定量场景。

因此，计算能力和定量素养的概念一方面指通过学校课程（特别是数学）开展的教育，另一方面源自科学技术驱动下的社会需要。我们可以看到，这两个术语——本质上是同义词（英国人更常使用"计算能力"而非"定量素养"）——很难归结为一种简单的定义。[1] 从本质上说，根据科恩（Cohen，2001）的观点，"定量素养"的重要性远远超出数学和科学领域；它实际上是与文字素养平行的一种基本思维能力（Cohen，2001，p.27）。强调基于定量信息的推理和判断，定量素养不仅是基本的算数或者数学技能，而且是"思维习惯"的一个方面，如果一个学生想成为一个充分参与现代社会的公民，那么他就应该通过自己的学校教育来培养这种"思维习惯"（Steen，1997，2004）。

第二节　获得定量素养的挑战

尽管人们需要对定量素养和利用定量信息进行推理的能力——这已经被倡导了几十年，但是在一个受过教育的人接受多年数学和统计的学校教育之后理应达到的目标，与普通公众中普遍存在的"计算能力缺乏"（innumeracy）之间存在差距（Paulos，1988，1995）。一系列有关"计算能力缺乏"的案例有助于阐释受过教育的公民应该达到何种水平的计算能力。

一、呈现事件的发生率或发生数

保罗斯（Paulos，1995，p.79）发现，媒体记者经常从自己的意图出发对同一个事件进行截然不同的呈现。当他们想淡化一个问题的时候，比如疾病传播，他们惯常的做法是报道发病率（比如，十万分之一）。当他们想强调疾病的严重性时，他们往往会讲述感染者的绝对数量（比如，全美有 3000 个病例）。然而，一个具有定量素养的读者——对美国总共有3亿人口有恰当的认知——应该能够发现这两个数字信息大体上是一样的。问题的关键不仅是理解看似不同的信息背后的数字意义，还在于理解使用这些数据的报道者实则向依赖其报道的受众传递了自己的价值判断。因此，读者应该对这类表达中夹带的价值观有清醒的认识。

二、不确定性与风险

随着医学诊断技术的进步，公民很有可能将必须面对以下医学议题的变体。

假设一种疾病的发病率是 0.2%，这种疾病的诊断试验准确率为 99%，也就是说，在针对患病对象的全部试验中，99% 的试验结果呈现阳性；并且在针对未患病对象的全部试验中，99% 的试验结果呈现阴性。如果说一个人的试验结果是阳性的，那么，这个人患病的可能性是多少？[2]

答案似乎是 99%，但实际上可能性还不足 20%[3]。这种分析并不需要高等数学，只要做简单的算数运算即可得出答案。有人可能争辩说针对这种情况的简单算数和分析已经超出了对外行人的基本要求，但是让人忧心的发现是，即使是医学博士和其他专业医师也不能正确理解这个测试结果——他们中的大多数人对实际患病的概率估计都"错得离谱"（Best，2004，p.78）。

三、理解简单的统计图

如果说统计图是展示统计数据的一种重要途径，那么对这些图表的理解和诠释能力无疑就成为人的定量素养的组成部分。考虑一个作为学校测试题目的连续两年内抢劫事件数量的例子（图 7-1）。

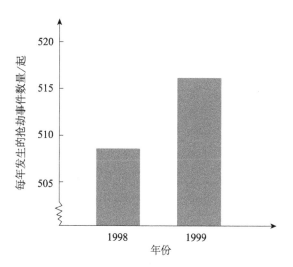

图 7-1　连续两年中发生的抢劫事件数量

在这个有两组数据的柱状图中，由于仅截取了部分刻度，两组数字之间相对较小的差异看起来就变大了。在测试中，测试对象被要求判断报道者关于"抢劫事件的数量自 1998 年到 1999 年大幅增加"的陈述是否是"对此图表的一种合理诠释"。该测试题目被用于国际学生能力评估计划（Program for International Student Assessment，PISA）。经济合作与发展组织（Organization for Economic Cooperation and Development，OECD）报告了 15 岁学生的表现：在 2000 年参加测试的国家中，平均正确率在 7%～41%；所有参与国学生总体的平均正确率为 26%。如果我们承认（有时为了特定目的而做了手脚的）统计图表是一般性的传播——包括大众传媒和官方报告——所普遍使用的工具，那么，如此偏低的正确率所反映的定量素养着实令人高兴不起来。

在过去的几十年里，有关计算能力和素养的讨论迅速增加，随之增加的还有如定量素养、数学素养和统计素养等相关素养的讨论。我们不去理会关注点和专业术语的差异造成的混乱，而对我们当前的社会做一个简单的观测：随着数学在对世界进行量化和建模中的力量不断强大，再加之高效计算机技术的出现，占支配地位的定量信息（包括统计数据、概要和图表）充斥在我们周围。在公民为追求公共福祉参与决策的民主社会中尤其如此。因而，对定量信息进行合理的理解以及明智的判断就变得至关重要。

拉瑟福德（Rutherford，1997，p.64）对科学素养特别关注，他援引《面向全体美国人的科学》（Science for All Americans），认为具备科学素养的人应该具备下述特征。人们应该：①理解数学的本质，理解它在科学探索和技术进步中的作用，以及它于科学和技术的独立性；②掌握足够的数学知识来理解重要的科学和工程概念，以及那些虽不完全是科学性的但在科学技术中广泛应用的主题；③具备足够的定量分析技能来理解媒体中出现的科学报道，能参与那些涉及科学和技术的议题的公众对话，能够评判性地回应那些以科学和技术的名义做出的主张。

我们赞同拉瑟福德的观点（Rutherford，1997），上述特征并不都是定量素养，但是它的确强调了数学、科学和技术之间的紧密关联，而正如上述第三点所指出的那样，这种关联使得定量分析技能不可或缺。我们应该明确的是，要实现上述目标，绝对不需要多么复杂或高级的定量分析技能。就像拉瑟福德所认为的那样，这种素养应该"符合受过教育的公众应有的水平"，斯蒂恩（Steen，2004）强调定量素养关注的不是复杂的数学，而是对基础数学的灵活理解，以便人们将定量分析技能或者观念应用于各种日常情境。

第三节　实现科学传播：定量素养的角色

虽然我们强调一般公众具有定量素养的重要性，但是我们认为政府、媒体、科学共同体和医学专业人士也是重要的利益相关者。基于网络的技术让信息和知识的扩散变得民主化。我们意识到了这些技术的影响，同时我们也注意到在就各种科学相关的社会议题对公众进行传播和告知方面，这些利益相关者也发挥着作用。对于"科学传播"，我们采用如下定义：

> 科学传播可以被定义为使用恰当的技能、媒介、活动和对话来让个人对科学产生下面一种或者多种响应：
>
> 意识（awareness），包括对科学的新方向的熟悉；
>
> 愉悦（enjoyment），或者其他情感反应，比如把科学作为娱乐或者艺术来欣赏；
>
> 兴趣（interest），如志愿参与科学活动或科学的传播；
>
> 看法（opinions），形成、改变或者确认对科学有关的态度；

对科学及其内容、过程和社会因素的理解（understanding）；

科学传播可能涉及科学从业者、中介和一般公众的其他成员，发生于群体内部或群体之间。

（Burns，O'Connor & Stocklmayer，2003，p.191）

依照有关传播的当代观点（比如，Stenning，Lascarides & Calder，2006），伯恩斯等（Burns et al.，2003）没有将科学传播视为直接从专家或间接经中介到外行或公众的单向信息流动。相反，所有的传播相关者都参与对意义的协商。传播之所以是有建设性和有所裨益的，不仅因为公众加强了对新的科学面向的"意识"，而且因为科学从业者和／或中介对公众对科学的某些响应方式更加了解了。类似的是，"理解"不该只是公众一方去完成的。比如，科学从业者反过来也应该对科学和社会因素的相互作用有更好的见解。

我们将通过三个事件来阐明为何定量素养对于实现有效的科学传播极其重要。我们会对这些案例中的行动者是如何引发意识、享受、兴趣、观点形成和对科学的理解进行简要的述评。我们认为这三个案例研究生动、具体，足以说明科学传播的各个方面（van Dijk，2011）。它们是：① 2008 年，中国香港政府与公众之间关于受三聚氰胺污染的奶粉的风险传播；②克里米亚战争（Crimean War）期间（1853～1856年），南丁格尔与英国政府之间关于士兵伤亡情况的传播；③约翰·斯诺（John Snow）与科学共同体之间关于士兵伦敦霍乱蔓延（19世纪50年代）的传播。

虽然第一个事件并非源于中国香港，但是它影响了香港普通公众的生活，并且吸引了全球媒体的关注。由于其深远的影响，考察其中的科学传播如何开展是有意义的。我们认为，未来仍有可能发生类似的食品污染事件，所以对此事件的科学传播考察对其他事件也有所启示。

科学传播中的定量素养的现实意义并不限于当代社会。我们通过两个历史事件来说明南丁格尔与约翰·斯诺是如何开展科学传播的。我们选择这些案例来阐述科学传播如何在不同受众中间开展,它们涵盖了政府与公众之间、科学从业者与政府之间以及科学从业者中间的传播。

一、食品污染——奶粉中的三聚氰胺

(一)议题简介

公众参与科学的学术讨论目前集中在如能源、环境、医药、健康、生殖和性这类议题上(Blue,2010)。科学传播作品中对诸如核能、辐射、污染和生物多样性、疾病和疫情扩散、试管婴儿以及公众理解科学这样的议题的大量讨论就是这类焦点的体现。然而,与其他议题不同,食品避开了人们的关注。其他的社会科学议题领域常常存在着活跃的发声积极分子。与这些领域相比,食品生产的参与者数量更多,但是却保持沉默。几乎所有人(包括我们、本书的作者和读者)都是日常消费者。参与者基于从媒体和个人网络中获取的信息参与消费(Blue,2010)。

2008年9月9日,媒体披露了受三聚氰胺污染的奶粉事件。报道称在过去的2个月中,14名来自中国甘肃的6~11个月的婴儿由于肾脏问题入院治疗(Shen,2008)。现在我们知道在掺水的牛奶中添加三聚氰胺是为了提升检测到的蛋白含量,但长期摄入三聚氰胺会引发肾结石、肾衰竭甚至死亡。

来自中国内地的报道立即引发了中国香港媒体的关注,随后香港所有的主流报纸报道了该事件。一周之内,三鹿集团就承认它们的奶品被三聚氰胺污染了。据披露,两名婴儿因食用过这种奶粉而死亡(BBC News,2010)。由于中国香港严重依赖于中国内地的食物,这个事件立即引发了公众,特别是那些每日消费奶粉的婴儿家长的担忧。中国香港特别行政区政府食物环境卫生署的热线电话咨询量反映了公众的这种担心。从9月21日到10月15日(共25天),该热线收到了大约1万次来电。[4]到10月中旬,香港有 8 名儿童被诊断出患有肾结石（Center for Health Protection，2008）。

在该事件一开始，香港的家长就在担心他们的孩子食用的奶粉的安全问题。直接影响其决策的是以下这个问题及其答案："奶粉是安全的吗？"香港政府对此问题的回应是对市场上的奶粉和奶制品中的三聚氰胺含量进行检查、公开测试结果、向与该事件相关的公众和医生提供指导等。这些指导对解决公众关切的燃眉之急起到了何种可能的作用和效果呢？

（二）消费者亟待解决的问题

从表面上看，这似乎是一个"是""非"单选题。然而，它的复杂性超出了拥有确定或者绝对答案的简单的封闭式问题。奶粉是否安全取决于：①奶粉中三聚氰胺的含量，如果有的话；②污染奶粉的食用频率和食用量；③可能食用了污染奶粉的婴儿的体重。

这三个因素显然是互相关联的。食用了含有三聚氰胺的奶粉的婴儿是否安全取决于其体重以及三聚氰胺的食用量——反过来又决定于奶粉中该种化学物质的浓度、污染奶粉的食用量以及摄入频率。

虽然上述问题的答案可能很明确（比如，1 千克奶粉中三聚氰胺的含量是 0.1 毫克，一个婴儿每天摄入的奶粉量是 20 克），但是污染奶粉的摄入风险是高度不确定的，这使得摄入奶粉是不是安全的这个问题变得更为复杂。也就是说，即使一个人的污染奶粉摄入量超过了安全阈值，出现肾结石或相关问题的风险仍然是不确定的。香港特别行政区政府食物环境卫生署食物安全中心（Center for Food Safety）的建议是"只要长期的平均摄入量不超过安全阈值，偶尔超量并不会带来健康危害"（Center for Food Safety，2008），然而这种定性的回应没能让公众完全满意。在下面的几节中，我们将就政府为回应公众关切而提供的两个更具体的指南进行评论。

（三）两种安全标准

就涉及的科学传播而言，这个看似简单的问题实际上非常复杂，因而科学共同体和政府在提供信息方面需要做出选择。而传播的另一方，家长和消费者，能够理解某些最重要的指南也十分重要，以便他们可以对奶粉的消费做出决策。

当这个事件发生时，公众缺乏对三聚氰胺的安全标准以及化学品的耐受性的认识，直到这个事件持续发展并且引起公众的关注，媒体才开始报道相关的信息。香港政府通过食品安全中心网站发布了安全信息，包括两个主要的安全标准或指南：①婴儿配方奶粉和其他食品中所含三聚氰胺的安全阈值分别是每千克体重 1 毫克和 2.5 毫克[5]；②成人的单日耐受摄入量（tolerable daily intake，TDI）是每千克体重 0.63 毫克，36 个月以下的儿童是每千克体重 0.32 毫克。[6]

虽然这些标准是为了让公众知晓，但是它们有不同的目标受众。一般而言，食品中三聚氰胺的标准是对食品的安全性进行测试的食品供应商和生产商的指南。鉴于那些未通过测试的样品都被下架了，所以在做决策时，消费者很有可能发现这些标准对他们没有直接的用处。

每日耐受摄入量似乎同消费者相关，因为他们可以根据自己的体重来计算每日对三聚氰胺的精确耐受摄入量。然而，有人对三聚氰胺精确的耐受摄入量本身的有用与否提出了质疑。消费者不太可能轻易地计算出他们从日常食物中摄取的三聚氰胺总量。

作为一种官方传播，这个信息很有可能增加了与这个事件相关的公众"意识"和"理解"。然而，值得怀疑的是这个信息能否帮助公众形成明智的"观点"，从而指导他们对这个事件做出"个人回应"。简言之，即使公众理解了这些指南以及其中的含义，也不太可能帮助他们做出决策。

（四）引入生活安全标准

上述评判并不是要说明政府的努力是徒劳的，我们只是指出这个信息似乎对于普通公众或者家长的决策并没有用处。然而我们认为这个信息对于香港的牛奶供应商、对于决定某个牛奶品牌和相关产品安全性的人以及接收疑似病例的医生来说非常重要。实际上，政府做了更多的努力。根据三聚氰胺的限定范围和每日耐受摄入量，政府对被三聚氰胺污染了的牛奶的消费给出了更具体的建议。在一份政府发布的公告中包含了下列的信息：

> 对于1升的高钙低脂牛奶饮料（high calcium low fat milk beverage）样品中三聚氰胺的浓度达到百万分之九点九，陈博士表示要达到每日耐受摄入量，体重9千克的两岁孩子需要每天饮用大约两杯（大概0.5升）该产品。然而，这种产品通常不会提供给小孩。平均体重60千克的成人需要每天饮用3.8升牛奶才会达到每日耐受摄入量。
>
> （Center for Food Safety，2008）

在上述摘录的内容中，公告以香港当时污染最严重的牛奶（1千克的三聚氰胺含量为10毫克）为例，这是为了传达这样一个信息：只有每日消费的牛奶超过安全限定的10倍才会达到每日耐受摄入量的标准。毋庸置疑，这种具体并含有很好例证的指南给有关三聚氰胺的限定和每日摄入量的数字赋予了生命力。这证实了隆格伦和麦克马金（Lundgren & McMakin，2009）的建议，即具体的指南有利于有效地传播和消费者做出决策。

（五）一般准则与具体案例

科学传播中有各种各样的困境，其中之一涉及信息如何扩散。对国际上公认的指南进行报道，比如三聚氰胺的限定和每日耐受摄入量，会推动通用标准的使用。虽然这种报道会增加公众对安全标准的认知和理解，但是在指导公众形成观点和做出决策方面的价值却非常有限。另外，把通用标准转化成具体的场景会激发人们的兴趣和参与。然而，这些具体的场景只能就事论事，而不可推而广之。比如，根据上述的部分公告中提供的信息，不到两岁的孩子的家长的问题依然悬而未决。

总之，这个案例阐明了解决一个看似简单的问题的复杂性。这表明具体的范例，而非抽象的、尚需公众灵活把握的通用指南，更有可能促成明智的决策。

二、弗罗伦斯·南丁格尔和数据呈现

（一）议题简介

人们可以利用表格和图片等表征来有效实现对定量信息的传播，特别是随着友好且功能强大的技术工具的发展。回顾历史，许多现代图示形式都比我们所通常认为的历史更长，发展也更不同寻常（Friendly，n.d）。身处19世纪下半叶这个"统计图表的黄金时代"（Friendly，2008），南丁格尔的故事阐释了在政治事件和公共事件中，对图形的简单而强大的创新性应用（Brasseur，2005）。

维多利亚时代的英国经历了前所未有的社会发展，但是与新兴工业时代现代城市的形成相伴而来的，是意料之外的公共卫生的挑战。在克里米亚战争期间提供的护理服务中，南丁格尔注意到夺走绝大多数入院治疗的士兵生命的并非战场上受到的致命伤，而是传染病。更重要的是，当卫生条件得到改善之后，医院里的死亡率大幅下降。在战争结束后，南丁格尔受邀为维多利亚女王提供一份有关医院改革的报告。通过思考造成战争死亡的原因，她形成了自己的方案。表7-1记录了为期两年的克里米亚战争期间每月的士兵死亡人数。第三列记录了"发酵病"[①]导致的死亡人数；这与第四列中显示的在战争中因创伤与损伤而直接导致死亡的人数形成了对比；第五列列出了其他原因导致死亡的人数。

表7-1　克里米亚战争期间死亡人数分类 　　　　　单位：人

日期	士兵每月估计平均数	死亡人数		
		"发酵病"	创伤与损伤	所有其他原因
1854年				
4月	8 571	1	0	5
5月	23 333	12	0	9
6月	28 333	11	0	6
7月	28 722	359	0	23

---

① "发酵病"曾被用于描述某些特定的传染病，现在这个术语已不再使用。——译者注

日期	士兵每月估计平均数	死亡人数		
		"发酵病"	创伤与损伤	所有其他原因
1854年				
8月	30 246	828	1	30
9月	30 290	788	81	70
10月	30 643	503	132	128
11月	29 736	844	287	106
12月	32 779	1 725	114	131
1855年				
1月	32 393	2 761	83	324
2月	30 919	2 120	42	361
3月	30 107	1 205	32	172
4月	32 252	477	48	57
5月	35 473	508	49	37
6月	38 863	802	209	31
7月	42 647	382	134	33
8月	44 614	483	164	25
9月	47 751	189	276	20
10月	46 852	128	53	18
11月	37 853	178	33	32
12月	43 217	91	18	28
1856年				
1月	44 212	42	2	48
2月	43 485	24	0	19
3月	46 140	15	0	35

资料来源：Nightingale，1859

然而，尽管以数字形式直截了当地提供了信息，但南丁格尔发现仍然难以说服政府官员和普通公众相信改善医院卫生标准的迫切需求。为了引起其他人对这个议题的关注，她还能做什么呢？

（二）南丁格尔的玫瑰图

一般人不知道在对医疗和护理实践的现代改革之外，"提灯女神"南丁格尔还是一位应用统计学先驱。当时的医院还没有开展系统性的数据采集，但南丁格尔已经意识到利用统计数据来理解现象和传达信息的重要性。落后的医疗护理水平并非是战场上的致命伤害，但却是克里米亚战争期间士兵死亡的主要原因，并且医院卫生条件的改善的确降低了死亡人数。南丁格尔设计了一个图表来强调她的观点，这被视为数据可视化和应用统计学历史上一个非常经典的范例（图7-2）。

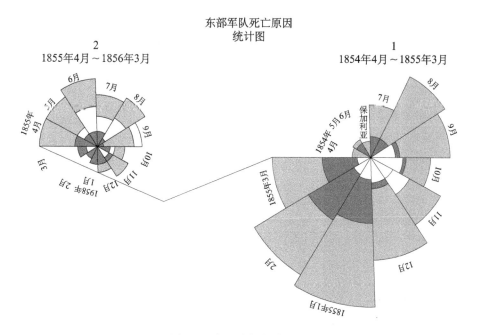

图 7-2　南丁格尔的玫瑰图

资料来源：Nightingale，1859，p.19

注：①小玫瑰图中的白灰色、白色和黑灰色楔形区域与大玫瑰图中心的纵坐标一致；②位于中心位置的白灰色楔形代表的是传染病致死的人数，白色楔形代表的是因伤致死的人数，而黑灰色楔形代表的是因其他原因致死的人数；③1854年10月那个白色三角形的黑线表明的是当月因其他原因致死的人数的边界；④1854年10月与1855年4月，二者的黑灰色区域重叠；⑤可以用形成白灰色、白色和黑灰色的线对整个区域进行比较

表7-1中每一列的死亡人数被转化成了每月的死亡率，并且在图7-2中以圆环中的扇形（或称楔形）来表示，每个都对应着一个月，整个环就是一年。在每个图中，白色楔形区域代表因伤致死的人数，白灰色楔形代表传染病致死的人数，黑灰色楔形代表因其他原因致死的人数。这可以被视为一个极面图，其中的扇形代表数据集内的值。注意它与饼状图不同，

数据值是用各扇形的面积及其差异来表示，而不是用角度来表示。它与柱状图更类似，区别是使用了环形排布。

如果我们理解了它是如何被用来"展示信息，而非数据"，就可以更充分地领会这个图表的重大意义（Small，2010）。根据斯莫尔（Small）的分析，南丁格尔精心设计了这个图表，意在强调在克里米亚战争所持续的两年期间，当中期军事医院的卫生条件得到极大改善时，疾病致死的人数就急剧下降了。这对于支持南丁格尔有关在普通医院中实行类似改革的论证来说是一个重要的证据，但当时并没有得到医疗官员的充分支持。

（三）以数据图示表达议题和关切

我们不把这个案例作为图示的完美范例，相反，它有助于我们对图表的使用进行反思。有观点认为图形展示可以分成两类，一类是"公正的"，另一类是"存在偏见的"。根据雷迈尔（Rehmeyer，2008）的看法，南丁格尔的导师威廉·法尔（William Farr）倾向于尽可能不带感情地展示数字，以避免改变事实带来的"印象"。表格中的一系列数字虽可视为一种"公正的"展示，然而在改善医院卫生状况的问题上似乎没有让政府提升"意识"或改变"观点"。直到南丁格尔的玫瑰图说服他们行动起来，采取措施。

在这方面，我们希望强调对于任何形式的图表，制作者都会根据他们的目标或者意图去强调或者忽视某些因素，这是为了有选择地展示观点。恰当地使用图表可以强化对数字的传播。然而，不恰当地使用很容易混淆甚至是传达错误的信息。在传播中，应该使用什么类型的图表展示、应该如何使用它们，可以说是一个科学问题，也是一个艺术问题。今天，特别是随着技术工具的不断流行和普及，包括学者、设计师、记者与普通公众在内的专业工作普遍使用了创新性图形。因此，以图表的形式向一般受众呈现数字可以是一项平淡的技术工作，也可以是一项创造性的实践，这取决于目标、洞察力和技能。南丁格尔的玫瑰图向我们展示了图表在基于定量信息的信息传播中的效力。

三、约翰·斯诺与霍乱蔓延

（一）霍乱与 1854 年伦敦霍乱疫情介绍

霍乱是一种由摄入了受霍乱杆菌（vibrio cholerae）污染的食物或水而引发的急性传染病，潜伏期从 18 个小时到 5 天不等，其独特的症状包括大量的水样腹泻和呕吐。如果不及时进行治疗，霍乱会迅速导致严重的脱水和死亡。从感染者的粪便中可以发现霍乱细菌。如果这些粪便进入人们摄取的水或者食物中，这种疾病就会蔓延开来。因此，受到污染的水源通常是疫情暴发的起点。这在如今可能是常识，然而在 19 世纪中叶，今天所称的公共健康和卫生尚未普遍实行，霍乱的根源还鲜为人知。

在本节中，我们会讨论一个历史上的经典医学侦探故事，来说明 1854 年的伦敦霍乱疫情暴发时，约翰·斯诺如何说服科学共同体相信霍乱是通过受污染的水传播的。他使用的主要工具就是标点地图（图 7-3）。1854 年 8 月 31 日，伦敦索霍区（Soho in London）的黄金广场暴发了霍乱，10 天内有 500 人死亡。约翰·斯诺开展了调查，发现致病源是一口被污染的水井。当抽水机的把手被移走之后，疫情就平息了。约翰是如何开展调查的呢？

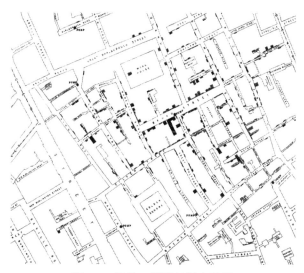

图 7-3　约翰·斯诺的标点地图

资料来源：http://www.ph.ucla.edu/epi/snow/highressnowmap.html

（二）约翰·斯诺的贡献

约翰·斯诺一开始就职于西敏市医院（Westminster Hospital），于 1838 年被英格兰皇家外科医学院（Royal College of Surgeons of England）接纳为会员。作为外科医师兼药剂员学徒工，约翰·斯诺观察并研究了霍乱。他正式地提出了一个假设，即这种疾病发作于肠道，其症状是体液严重流失；他根据此前 1849 年伦敦南区暴发的两起霍乱推断，这种疾病是通过受污染的饮用水传播的。然而这个观点并没有被广为接受。1853～1854 年，当疫情在伦敦街区暴发时，约翰·斯诺意识到验证他的假设的机会来了（Brody, Rip, Vinten-Johansen, Paneth & Rachman, 2000；Tuffe, 1997）。

下面是他的调查的主要步骤。

第一，霍乱于 1854 年 8 月 31 日晚在伦敦的索霍区暴发。约翰·斯诺怀疑来布劳德街和剑桥街一个社区抽水井的水被污染了。之后，他对那里的水进行了检测，但是结果显示那里的水很干净。然而，在接下来的两天里，水中出现了裸眼可见的有机杂质。

第二，9 月 5 日，他从登记总处（General Register Office）获得了 8 月 31 日后因霍乱死亡的人员名单。他把这些数据标注在地图上。这个标点地图显示死亡人员出现在抽水机周围。他在报告中写道：

> 在进行标点的过程中，我发现几乎所有的死亡人员都出现在距离（布劳德街）抽水机不远的地方。只有 10 个在家中死亡的人确实位于距离另外一条街道的抽水机较近的地方。其中 5 位死者家属告诉我说他们通常会去布劳德街抽水机取水，因为相比较近的抽水机，他们更喜欢布劳德街的那个。在另外三个案例中，死者都是小孩子，他们会前往距离布劳德街抽水机很近的学校读书……至于发生在抽水机附近区域的死亡事件，人们告诉我说在 61 起死亡事件中，去世的那些人

一直或偶尔饮用来自布劳德街抽水机的水……

（引自 Brody et al.，2000，p.65）

第三，作为约翰·斯诺执着地进行的挨家挨户逐例考察工作的结果，他调查了发生在抽水机周围地区发生的死亡案例，发现有 61 个人经常饮用该抽水机的水，6 个人没有饮用那里的水，另外 6 个人没有提供相关的信息。斯诺于 1854 年 9 月 7 日向当局提供了他的调查结果，他们下令取走了抽水机的把手，疫情迅速地平息了。

（三）科学传播：标点地图论证

约翰·斯诺的侦探故事和他开展调查的区域在大众媒体中成了著名的历史景点。[7] 由于简化的描述，人们往往认为单纯通过观察地图上案例的聚集特征，就能取得这一发现。视觉冲击当然是重要和有用的，但是它并没有完全反映科学调查的进程。

标点地图不是约翰·斯诺唯一使用的视觉表征，他还利用时间序列图呈现了数据（图 7-4）。时间序列展示了霍乱病例数量随时间的变化，这有助于指示疫情何时暴发，何时平息（Tufte，1997），但是它在因果论中的解释或预测作用不大。约翰·斯诺的理论不仅针对死亡案例聚集在抽水机附近进行了论证，而且对比了那些饮用和未饮用该抽水机的水的案例。观察到布劳德街啤酒厂没有报告任何死亡，约翰·斯诺采访了啤酒厂老板赫金斯（Huggins），他写道：

赫金斯先生相信他们完全不喝那个抽水机的水；他相当确定啤酒厂的工人从来不在布劳德街的抽水机取水。他们除了使用新河的水之外，啤酒厂里也有一口深井。

（Snow，1855a，p.26）

此外，约翰·斯诺还考虑了其他可能的解释和相反的案例。他报告了一个寡妇及其侄女死亡的案例，她们不住在布劳德街抽水机的边上，但是她们曾饮用从被污染了的抽水机那里取水的送水车上获得的水（Snow，1855a，p.27）。

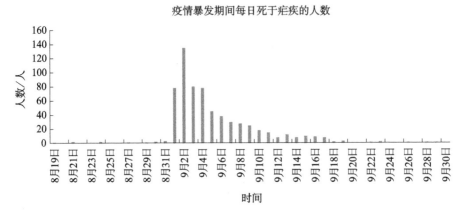

图 7-4　根据斯诺的数据制作的时间序列图

资料来源：Snow，1855b

至于约翰·斯诺如何解决了霍乱的谜团，塔夫特（Tufte，1997，p.29）提到了以下的观点：①约翰·斯诺的科学侦探工作显示了他在证明上的敏锐才智，在数据呈现和分析中的清晰逻辑；②把数据置于恰当的情境下以评估因果关系；③进行定量比较；④考虑其他可能的解释和相反案例。

为了得出可能的假设和结论，选择恰当的数据表征起到了关键作用。通常，相关的视觉呈现能够为论证提供证据和支持，这种支持是文本和语言做不到的。在约翰·斯诺的案例中，他巧妙并一丝不苟地利用了制作标点地图的技术。然而，尽管标点地图带来的视觉性思考有着强大的冲击力，但是如果塔夫特没有确认相关的因素，他很可能无法建立因果理论（Tufte，1997）。虽然我们不能判断约翰·斯诺所首创的传播方法是否激发了科学共同体的"愉悦"感，但是它显然提升了共同体对科学的这个新方向的"意识"，它激发了"兴趣"——即使在今天，它也强化了受众对科学的"理解"——它还形塑了科学共同体的"观点"，使其采取行动以改善公共健康和卫生。

第四节　结　论

为了让公民充分地参与社会，定量素养不可或缺。应该在社会科学议题的话语中采用哪种恰当的数据表征是必要的考虑。以三聚氰胺污染奶粉事件为例，我们阐明了理解各种指标背后的意义、局限性和假设对于做出日常判断来说至关重要。这种理解对于公众从各种渠道寻找更多的相关信息、选择他们可以依靠的安全标准类型来说十分重要。鉴于来自公众的这种需求，在科学传播中起作用的人提供的信息可能会引发公众一系列响应，这些响应可能让公众做出明智的决策。这些起作用的人意识到这一点则很重要。在数和量方面实现成功的科学传播并非简单的任务；我们强调无论是告知公众一般化的准则，抑或是利用具体的案例讲解，都不可避免地会给公众带来紧张不安感。

科学传播并不限于政府和公众之间，它还发生在不同的利益相关者之间，比如科学共同体和医学从业者。我们使用两个历史性事件来阐明，图形表征作为一种数字展示手段可以促进传播，甚至是有见识的利益相关者，例如第三方科学家的传播。这两个案例中隐含的关键信息是，如同所有的其他表征，图形表征并非是对事实的公正反映或复制。图表中总是包含了制作者倡导的价值。在我们提到的案例中，人们精心设计了图表，以说服各种受众做出政策决定，例如改善医院卫生实践，或者采取措施来控制疾病的传播。学校的数学课程让学生们关注统计数据的滥用或有偏见表征：正如媒体会选择报道发病率或者案例的精确数量，在社会科学议题的公共话语中，制作图形表征的人也会不可避免地选择特定的信息。有鉴于此，公众必须意识到图形表征也负载了价值属性，科学传播者也应该在呈现数值数据时仔细斟酌并做出选择。

注　释

1. 在国家教育和学科委员会（National Council on Education and the Disciplines）的支持下，以及斯蒂恩的领导下，由超过 15 位知名学者组成的定量素养设计团队对定量素养做出了案例叙述。对定量素养理念更完整的讨论见斯蒂恩（Steen，2001）。

2. Casscells，Schoenberger & Craboys（1978）提出了类似的目标，另见 Paulos（1988，p.89-90；1995，p.136-137）、Gigerenzer（2002，p.41）以及 Best（2004，p.77-78）。

3. 因为发病率是 0.2%，平均而言，每 1000 个受试人员有 2 人患有这种疾病。因为存在着 1% 的误报率，所以在 1000 个受试人员中，测试结果会产生 10 个（假）阳性结果。也就是说，在检测结果为阳性的 12 个人中，只有 2 个人患有这种疾病，即 2/12≈16.7%。

4. 2008 年，中国香港总人口为 7 008 900 人。同年，新生儿数量为 78 752 人。根据这些数字，可以看出 1 万次咨询在该城市意味着什么。

5. 该标准于 2008 年 9 月 23 日在中国香港生效。它在该事件引发媒体关注两周内出台。

6. 当该事件爆发后，每日耐受摄入量标准于 2008 年 9 月进行了更新。世界卫生组织在 2008 年 12 月 5 日将每日摄取量定在每千克 0.2 毫克。

7. 例如，可参见：Mike Jay on John Snow and the cholera outbreak of 1854，http://www.youtube.com/watch?v=Pq32LB8j2K8。

参 考 文 献

BBC News (2010). Timeline: China milk scandal. Retrieved 2nd June, 2011, from http://news.bbc.co.uk/2/hi/7720404.stm.

Best, J. (2004). *More Damned Lies and Statistics: How Numbers Confuse Public Issues.* Berkeley: University of California Press.

Blue, G. (2010). Food, publics, science. *Public Understanding of Science, 19*(2), 147-154.

Brasseur, L. (2005). Florence Nightingale's visual rhetoric in the Rose Diagrams. *Technical Communication Quarterly, 14*(2), 161-182.

Brody, H., Rip, M. R., Vinten-Johansen, P., Paneth, N., & Rachman, S. (2000). Map-making and myth-making in Broad Street: the London cholera epidemic, 1854. *The Lancet, 356*(9223), 64-68.

Burns, T. W., O'Connor, D. J., & Stocklmayer, S. M. (2003). Science communication: a contemporary definition. *Public Understanding of Science, 12*, 183-202.

Casscells, W., Schoenberger, A., & Graboys, T. B. (1978). Interpretation by physicians of clinical laboratory results. *New England Journal of Medicine, 299*(18), 999-1001.

Centre for Food Safety (2008, 18th September). Press release: Latest test results of dairy product samples. Retrieved 2nd June, 2011, from http://www.cfs.gov.hk/english/press/2008_09_18_1_e.html.

———(2008, 24th December). Frequently Asked Questions. Retrieved 2nd June, 2011, from http://www.cfs.gov.hk/english/whatsnew/whatsnew_fstr/whatsnew_fstr_Test_dairy_product_FAQ.html.

Centre for Health Protection (2008). New case of renal stone found in child. Retrieved 2nd June, 2011, from http://www.chp.gov.hk/en/content/116/14213.html.

Cockcroft, W. H. (1982). *Mathematics Counts.* London: Her Majesty's Stationery Office.

Cohen, P. C. (2001). Emergence of numeracy. In L. A. Steen (Ed.), *Mathematics and Democracy: The case for Quantitative Literacy* (pp. 23-29). Princeton, NJ: The National Council on Education and the Disciplines.

Crowther, G. (1959). *15 to 18: A Report of the Central Advisory Council for Education (England).* London: Her Majesty's Stationery Office.

Crowther, J. (Ed.). (1995). *Oxford Advanced Learner's Dictionary of Current English* (5th ed.). Oxford: Oxford University Press.

Friendly, M. (2008). A brief history of data visualization. In C. Chen, W. Hardle & A. Unwin (Eds.), *Handbook of Computational Statistics: Data Visualization III* (pp. 1-34). Heidelberg: Springer.

———(n.d). Data visualization: looking back, going forward. Retrieved 2nd June, 2011, from http://www.datavis.ca/.

Gigerenzer, G. (2002). *Calculated Risks: How to Know when Numbers Deceive you.* New York: Simon & Schuster.

Lundgren, R. E., & McMakin, A. H. (2009). *Risk Communication: A Handbook for Communicating Environmental, Safety, and Health Risks* (4th ed.). Piscataway, N.J.; Hoboken, N.J.: IEEE Press; Wiley.

Nightingale, F. (1859). *A Contribution to the Sanitary History of the British Army during the Late War with Russia.* London: John W. Parker and Son (Available at http://pds.lib.harvard.edu/pds/view/7420433).

Organisation for Economic Co-operation and Development (OECD) (2009). *Take the Test: Sample from OECD's PISA assessments.* Paris: OECD.

Paulos, J. A. (1988). *Innumeracy: Mathematical Illiteracy and its Consequences*. New York: Vintage Books.

——(1995). *A Mathematician Reads the Newspaper*. New York, NY: Basic Books.

Rehmeyer, J. (2008). Florence Nightingale: the passionate statistician. Retrieved 2nd June, 2011, from http://www.sciencenews.org/view/generic/id/38937/title/Florence_Nightingale_The_passionate_statistician.

Rutherford, F. J. (1997). Thinking Quantitatively about Science. In L. A. Steen (Ed.), *Why numbers count: quantitative literacy for tomorrow's America* (pp. 60-74). New York: College Entrance Examination Board.

Shen, L. L. (2008). Fourteen babies suffered from kidney stones. *Lanzhou Morning Post*, p. A12 (in Chinese). Retrieved 2011-07-27.

Sinclair, J. (Ed.). (1995). *Collins COBUILD English Dictionary*. London: HarperCollins.

Small, H. (2010). Florence Nightingale's hockey stick: the real message of her Rose Diagram. Retrieved 2nd June, 2011, from http://www.florence-nightingale-avenging-angel.co.uk/Nightingale_Hockey_Stick.pdf.

Snow, J. (1855a). *On the Mode of Communication of Cholera* (2nd ed.). London (available at http://www.deltaomega.org/snowfin.pdf).

——(1855b). *Report on the Cholera Outbreak in the Parish of St. James, Westminster, during the Autumn of 1854*. London: Churchill (available at http://johnsnow.matrix.msu.edu/work.php?id=15-78-55).

Steen, L. A. (1997). Preface: The new literacy. In L. A. Steen (Ed.), *Why Numbers Count: Quantitative Literacy for Tomorrow's America* (pp. xv-xxviii). New York: College Entrance Examination Board.

——(2004). *Achieving Quantitative Literacy: An Urgent Challenge for Higher Education*. Washington, DC: The Mathematical Association of America.

——(Ed.). (2001). *Mathematics and Democracy: The Case for Quantitative Literacy*. Princeton, NJ: The National Council on Education and the Disciplines.

Stenning, K., Lascarides, A., & Calder, J. (2006). *Introduction to Cognition and Communication*. Cambridge, Mass.: MIT Press.

Tufte, E. R. (1997). *Visual Explanations: Images and Quantities, Evidence and Narrative*. Cheshire, Conn.: Graphics Press.

van Dijk, E. M. (2011). Portraying real science in science communication. *Science Education, 95*(6), 1086-1100.

第八章

科学技术中的伦理和责任

罗德·兰伯特（Rod Lamberts）

第一节 场景设置

> 伦理……与政治紧密相关：它试图把集体的共同渴望施加给个体；
> 反过来说，这是一种个体使他的渴望成为他所在集体的渴望的尝试。
>
> （Russell，1999，p.139）

伦理辩论，特别是有关伦理运用的辩论，终究与使人们倒向某一特定观点的或含蓄或直白的企图有着千丝万缕的联系。伦理讨论主要围绕对行为的好与坏、对与错的主张。从本质上讲，它们是有关适当性的：思想和行动的适当性，以及衡量思想和行为的方法的适当性。

就像对责任的讨论一样，有关适当性概念的讨论可能会引发激情和分歧。顺便说一句，这种讨论往往也会很有意思，但并不总是有益的。因此，在社会传播和参与的语境里用一章的篇幅来讨论科学技术中的伦理与责任时，首先来设定一些参数是明智的。

在科学中，"伦理"至少涉及以下的核心问题：①恰当的科学行为的指南；②对研究进行管理的机构伦理委员会的相关规程和结构；③专业学会的会员有义务坚持的一些行为准则，如果他们希望保持与该学会的正式关系，并希望保留此种隶属关系赋予的优势。

如果科学家希望被看作科学家，那么，上述要求就是科学家通常必须遵守的正式规则和程序的核心。尽管这些要素与科学技术中的伦理和责任的考量有关，但它们并非本章的焦点。本章所讨论的"伦理"更为宽泛，它存在于科学、社会和传播在公共领域的交汇空间。尽管我也会提到一些有关伦理的正规的——或者说正规化的——表达，但我关注的是，在纷扰的真实世界里进行责任判定的内在复杂性：存在于实验室和学术围墙之外的科学。

此外，有必要在本书语境下对科学与科学传播之间的关系加以考虑。科学和科学传播应该担负相似的问责吗？如果是，相应的语境如何？它们具有相同的造福与为恶的潜力吗？它们应该被视为界限分明又彼此相关的追求吗？

为了分步厘清这个问题，本节和下一节将着眼于科学、伦理和责任。最后一节将讨论伦理和责任语境下的科学与科学传播之间的关系问题。

术语简要说明：如果考虑其间的细微差异，"科学"和"技术"代表着不同的概念。然而，考虑到本章的目的，这种区分并不重要。科学和技术在文中会互换使用，通常谓之"科学"。出于本文的任何意图和目的，"责任""义务""职责"也被视为同义词。

第二节　责任、伦理与科学

我们如何决定科学和科学家为什么要负责、对谁负责？一旦我们在这方面做出了决定，那么，我们该如何判断他们是否履行这种职责或义务呢？

在对科学家行动的适当性以及科学的过程和产出的适当性进行判断时，我们裁定的是我们在多大程度上相信这些行动、过程或产出是对的还是错的。有时候，很容易裁定某个事情是对是错。但是在其他时候，这更多地取决于你的观点以及你做出这种判断的语境。非黑即白的判断往往是不够的，我们需要把事情置于从对到错、从好到坏的一个连续谱中，必须意识到很多事情都不是黑白分明的。

伦理理论为做出这些判断提供了系统且明确的方法。但是什么是伦理呢？伦理研究是关于"在品格和行为方面，对正确与错误、好与坏的标准的理性探索或理论，并且这种标准应该被某一人群所接受"（Mautner，1997，p.180）。就科学而言，"伦理"往往指向恰当的行为观念，通常专业学会的行为准则或研究团体要求的伦理指南对之有明确阐述。

此处对伦理和法律进行简要注解也是有用的。虽然法律以伦理为底线，但是二者的关键区别在于法律是所有的公民都必须遵守的，倘若他们希望免受由政府授权施行的惩罚：我们在社会中生活都须遵守其间的法律，否则就要承受政府制裁的后果。另外，伦理是人们可以视其立场或抱负有选择地遵守的指导意见。违背伦理的行为裁定在很大程度上取决于对行为做出评判的语境和主体。

一、对还是错——伦理选择的共同立场

几个世纪以来，哲学家为了做出伦理评判，在最有意义、最具代表性且最有实践基础的详细概念框架方面展开了辩论。表8-1总结了最常提出且经过了充分辩论的立场，这为决定科学和科学传播的责任提供了理论与认知工具。

表8-1　进行个人选择时的常见伦理理论和试探法

	一些常见的伦理理论
道义论	对和错取决于客观的道德义务。决定一种行为是对或错的不是其产生的后果，而是这种行为在多大程度上与义务相一致 案例："做正确的事情"（不管其结果如何）
后果论	对一种行为进行对错判断的唯一依据就是它的后果。当我们把可预见的和不可预见的后果纳入进来时，这会变得特别难办 案例："为达目的不择手段"

一些常见的伦理理论	
直觉主义	"意如其名"，利用自己的即时反应或直觉来判断对或错 案例："跟着感觉走"
规范性	一个群体好和坏、对和错的标准。这可以是任何群体，如职业群体、社会群体、宗教群体。这描述了这个群体中的人应该如何思考和行事（不必然是他们如何真正地思考和行事）。这个伦理分支的主要目标是评价思考、研究或者构想被认为有效的行为准则和品格对规范性伦理的追求通常会将其置于现实的情况中去考虑 案例："学术剽窃是错误的"
功利主义	对行动的选择要以让最多的人产生最大化的积极状态为基础。把多数人的需求置于少数人需求之上。什么构成了"积极状态"是有争议的 案例："牺牲小我，成就大我"
进行个人伦理选择的启发性方法	
黄金法则	选择那些你希望其产生的结果可以发生在你自己身上的行为。也许最著名的就是"己所不欲，勿施于人"
导师测试	如果你生活中尊重的人，比如父母、老师或领导评判你的行为或决定，你是否会感到高兴来做出决定
新闻（或宣传，或广播）测试	想象一下，如果你把你想要做的事情向你所在的共同体广而告之，你是否会感到舒服
镜子测试	问一下自己：你打算做的事情是否会让你感到耻辱？如果你用正在考虑的方式采取行动的话，当你看着镜子中的自己，会不会感到耻辱
榜样测试	考虑一下你认为个人榜样在你所处的情况下会怎么做。这在美国的大众文化中通常被描述为"耶稣会怎么做？"
"信守承诺"	对你的预期行为进行反思以确定这样做（或者不这样做）是否会违背承诺。承诺不一定要明确地做出，它可以是隐性的，就像与工作相关的某些行为一样

在本章的其余部分，我会时常提及这些伦理理论和启发性方法，意在为适合不同语境的可能伦理建构提供一些案例，这并不是说要全部应用这些伦理，也不意味着本章提出的诠释包括了全部的可能性。我强烈建议对这些案例进行讨论、辩论和批评。

二、伦理相对主义、伦理主观主义和自私自利

伦理相对主义所采取的立场是：之于对／错、恰当／不恰当或符合伦理／不符合伦理的判断，只在做出判断的文化中才有意义。这对我们后现代社会可能很有吸引力，特别是在进行比较文化研究的时候。不管这种观点在原则上多么有吸引力，如果要为符合伦理规范的行为制定实践指南的话，它不是特别有用——也不现实。

根据辛格（Singer，2011）的观点，伦理只应该透过特定社会的相对视角进行观察的观念"有着最难以置信的后果"。为了阐述这个观点，他举出了下面这个动物实验的例子：

● A 社会（我们的社会）反对动物实验；

● B 社会（另一个社会）允许动物实验；

● 我说动物实验是错误的，实际的意思是我们的社会（A 社会）反对动物实验；

● 来自 B 社会的人说动物实验是正确的，这句话隐含了类似的逻辑；

● 从伦理相对主义的立场来说，我们双方都阐述了事实，所以我们不需要争辩，因为没有争议。

当试图将伦理应用于现实语境时，这种推理不会给我们带来任何好处。

当从伦理相对主义转向伦理主观主义（即所有的伦理立场都是主观的，不仅仅是那些以社会差异或文化差异为基础的理论）时，如辛格所言，将伦理相对主义这一最宽泛的概念应用于现实的重大难点是它"……不能解释伦理分歧"（Singer，2011，p.7）。

至于伦理主观主义，如果我说"动物实验是错误的"，这跟你说"动物实验是正确的"没什么区别。从主观主义的立场来看，这两种陈述都是真实的。不仅没有需要解决的实际分歧，即使存在分歧，也没有伦理途径可以解决它。

我们在探讨伦理的时候，总是假定存在若干外在的和客观的是非标准，以此对行为做出评判。而实际上，我们的这种做法是在对个人的信仰、欲望和偏好做出论断，并把它们伪装成伦理辩论。然而辛格（Singer，2011）的论断是，单纯的利己主义永远不能在伦理标准方面证明其正当性。有利于某个个体而不利于他人的行为是不能获得基于伦理的支持的，因为：

> 如果自利行为要在伦理上合乎情理的话，它就必须与更为广泛的基本伦理原则相一致，因为伦理观念本就隐含了超出个人的意义。如果我想基于伦理为自己的行为辩护，就不能只谈及它会给我带来的好处。我必须面对更广泛的受众。

（Singer，2011，p.10）

因此，伦理立场要求考虑某种行为给其他人带来的影响。辛格认为几个世纪以来伦理辩论取得的共识在于：

> ……伦理需要具有一定程度的普遍性……某一伦理原则的正当性不能以任何部分或部门群体为基础。伦理应该采取普遍的视角。这不是说一个特定的伦理判断必须放之四海而皆准。具体情况要具体分析……普遍性的意思是在进行伦理判断的时候，我们要超越自身的好恶。

（Singer，2011，p.11）

这种立场——论证要"符合伦理"，就至少要包含对自身之外的考虑——构成了适用于本章其余部分的伦理的两种普遍性之一。

另外一种普遍性如下所述。当我们运用伦理来思考科学和科学传播的适当性时，特别重要的是要意识到我们个人所采用的做出评判的标准。与能够清楚地表达并捍卫一个人的立场相比，一致或分歧就不太重要了。

第三节 科学家对什么负责，对谁负责？

可以说，科学家首先并最重要的是对科学本身负责，该责任由其科学同行——科学家的实践共同体来落实。科学家必须要保证不去伪造、捏造或剽窃，这是科学欺诈的三大恶行（比如参见 Martinson，Anderson & de Vries，2005），并且他们的成果还必须经由同行审查来验证。

但是，社会要求科学对其行为或者无为负责的方式并不总是与科学共同体的实践相一致。在本节展示的若干案例中，科学之外的领域可能会让科学或科学家对这些领域的决策和行动负责。这些案例主要来自气候科学。留给读者的贯穿本节的思考题目是，科学和科学家应该在多大程度上负责，以及你将如何就所提建议的适当性形成自己在伦理方面的立场和观点。

一、告知、警示还是帮助社会？

断言——科学有义务向社会提供选项，并且社会能够或应该视科学履行该义务的程度对其问责——看似是合理的。就伦理而言，这可能是一种道义论的立场：科学对社会负有义务。然而，社会对科学的问责机制和过程远非直截了当，也不清楚应该在什么情况下对其问责。对于未通过问责考验的科学家应该接受什么样的惩罚，也存在不同的观点。

把话题转到气候变化上，皮杰昂和费施霍夫（Pidgeon & Fischhoff，2011，p.35）在讨论科学家对社会的责任时观点明确："气候科学家重任在肩，因为世界的命运在一定程度上掌握在他们的手中。"他们还说道："无论（对气候变化采取的行动）面临什么障碍，科学家的责任就是为明智的选择提供必要的——哪怕是不充分的——信息。"（Pidgeon & Fischhoff，2011，p.38）在声明这种责任时，可以说这些作者在暗示科学和社会之间存在着隐性的承诺。

对于格罗夫曼及其同事而言，"虽然在解决环境问题方面，有多种因素导致了社会的不作为，但是科学家必须意识到他们同样难辞其咎"（Groffman et al.，2010，p.284）。根据这些作者的观点，科学家有责任向我们提供信息，如果他们没有做到，就必须接受一定的责难。

加州埋工学院前主席兼诺贝尔奖得主戴维·巴尔的摩（David Baltimore）强调了一般意义上的科学家责任（以及权力），特别是在气候话语中的责任（Baltimore，2006）。2006年，美国科学家之间越来越不和谐，具体谈及布什政府的政治议程无视国家航空航天局的气候科学并让其保持缄默的案例时，巴尔的摩认为：

> 无论何时，如果出现了操纵科学的事件，科学家不该无奈地耸肩……他们必须认识到该政府哲学给美国科学珍视已久的科学独立性带来了强烈威胁。
>
> （Baltimore，2006，p.891）

巴尔的摩所谓"认识到"是指行动。他提出了挑战，本质上是说面对这种情况科学家有责任行动起来。他还暗示（但只是暗示），如果科学家们不主动承担责任，他们就要为此负责。这里暗指了惩罚和义务，也许是考虑到了功利主义伦理之下的防御？

这些案例认为在气候变化领域工作的科学家对社会负有责任，实际是对科学本身的责任。如果我们同意责任是存在的，那么是什么样的责任呢？如果科学家没有履行责任，是否某些特定的科学家应该对此负责呢？如果他们对此负责，那么为了让这种负责有意义，他们就应该为没有履行义务承担后果。我们是否应该止步于以某种方式来惩戒没有履行这种责任的"科学",或者我们再更进一步?

举个例子,我们是否应该像意大利的司法体系在 2011 年所做的那样。当时高风险委员会(Great Risks Commission)的科学家因过失杀人罪而被审判,因为法官裁定他们

> 对于较小的余震是否应该被视为后续灾难的预警信号提供了不精确、不完整且与事实矛盾的信息,6 个月之后爆发于 2009 年 4 月 6 日的阿奎拉 6.3 级地震导致 300 多人丧生。

> (Batty,2011)

意大利的司法体系走得太远了吗?无论一个人的立场如何,这提出了一个问题,即科学建议应该如何融入社会成为一个整体。我们应该如何判定科学和科学家的贡献?他们在多大程度上有责任这么做?以及如果他们没有这么做,我们应该怎么办?如果我们采用规范性的视角,我们就需要弄清楚科学家群体形成信念的过程、表达方式以及他们的行为本分,从而做出相应的评判。或许反过来,如果我们依赖自己的"直觉",从本能或第一反应出发来评判行为的适当性,会不会更好?这可能为是非判断提供一种基于个案的、更灵活的方法。这些问题从来没有简单的答案。

二、政治与政策

在 21 世纪的最初几十年里,大概没有任何领域比气候变化更能体现出科学和政治之间的纠葛了。在这种背景下,梅巴克和普莱斯特(Maibach & Priest,2009,p.300)直接指出:"科学可以假装独立于社会政策或奇迹般地在全无政治的领域中运行的日子一去不返了。"由于风险如此之高,辩论如此激烈,该领域的案例代表了科学(以及附带的科学传播)伦理和责任的相关对话中的关键议题。

对于皮杰昂和费施霍夫(Pidgeon & Fischhoff,2011,p.35)来说,"实

现气候相关研究的实际价值意味着，确保多元化的决策者和公众理解每种决策的连带风险和不确定性"。很多气候相关研究对决策者都具有实际价值，并由此对整个社会产生实际价值。决策者必然要依赖科学家的告知，而且需要科学家以切题且易于理解的方式来告知他们。虽然这种主张可能令人信服，但是要判断科学家在多大程度上履行了他们告知决策者的责任，不仅复杂而且有困难。

如威尔·格兰特在第四章所述，罗杰·皮尔克（Roger Pielke，2007）列举了科学在政策和政治中可能发挥作用的四种理想角色。从理论上来说，一旦我们决定了我们认为哪种角色是最恰当的，我们就有了决定科学家应该对什么负责的一个起点。

但是，事情真的如此简单吗？比如，科学家所承担的角色是否应该取决于当前的议题？扮演纯粹的科学家之外的角色不会有问题吗？也许你认同皮尔克的看法，即在气候变化的领域，科学家有责任成为一个诚实的中间人？而现实上，特别是在科学家与其向政治人物呈现和传播的议题有很强的情感关联时，科学家有可能成为这样的人吗？

显然，就政治及政策领域的科学责任的范围和类型进行辩论引发了很多伦理问题。皮尔克提供了一种在本质上是道义论的方法，通过思考科学家应如何最恰当地行事来界定其理想角色。对这些角色的相对价值的讨论集中反映了——面向决策者乃至全社会进行倡导与说服时的——恰当性问题。

三、说服、倡导与框架

说服涉及为意图影响结果，推动议程，或促使观点形成提供的信息。倡导与说服相关，它包含说服的元素，虽然更可能致力于推动单一的特定兴趣点或立场。在实践中，这种区别并不总是十分清晰，而在本章提及的文献中，这两个术语通常是通用的。

与说服和倡导相比，框架则更微妙一些。它可以用于说服，而在倡导的时候可能也会使用，但是框架主要是一种交流技巧，它通过改变信息的侧重点来强化对事实或观点的理解。它不同于"造势宣传"（spin）——公共关系、广告以及营销人员可能会用到的某些东西，因为造势宣传的目标是不实报道。

当为决策者以及公众的整体提建议时，是否有科学和科学家，或者代表科学和科学家进行说服和倡导的空间？即使是像气候变化这种引发大规模关注的政策领域，超越纯科学家的角色是不是符合伦理？费施霍夫（Fischhoff，2007）认为不是，他认为科学家在公众气候传播中的目标应该是非说服性的。根据他的观点，

> 非说服性的传播让科学为自己代言。它认识到理性的个体可能会得到不同的结论——即使他期望大多数个体都会做出类似的、预期的选择（比如，对能源效率的承诺）。只有这种方式失败了，才需要说服性的传播。然而，这种倡导是需要付出代价的，这会把科学家变成小商小贩，而非真理的仲裁者。而为侵害科学家作为可信赖的观察者和报告者的地位提供弥补方面，倡导必须非常有效。
>
> （Fischhoff，2007，p.7208）

他对科学家参与公众倡导的主要顾虑是，它意味着在决定采取以及捍卫一种立场的时候，遵循的是政治准则，而非科学准则。虽然公众倡导可能包括把论点建立在事实之上，但是它并不必然意味着利用所有的事实，或者对与所捍卫的立场相关的所有事实给予恰当的重视。对于费施霍夫而言，当深入地介入公众倡议中时，其危险在于"……在科学说了什么的战斗中取得了胜利，但是却在科学是什么的战争中败下阵来"（Fischhoff，2007，p.7205）。

在诸如气候变化这样的重要问题上，科学家应该如此轻松吗？如果他们不努力去推动对他们的研究所发现的问题的解决方案，我们可能会认为他们未能履行对社会的责任。比如，莱纳斯（Lynas，2005，p.25）认为

公共倡议会削弱人们给予科学家的信任。然而，就气候变化这样的大问题而言，他认为：

> 科学客观性不应该迫使科学家接受政治上等同于特拉比斯特派修道士式的科学誓言。如果我们的未来处于危险之中，科学家们有责任这样做。比如，火山学家是否可出于"中立性"而拒绝就即将来临的火山喷发发出警告？或者当一场五级风暴正盘旋在脆弱的加勒比海岸线上时，热带气象学家可以对他的模型和卫星数据缄口不言？
>
> （Lynas 2005，p.25）

所以，我们采用了一种更贴近后果论的立场，转而认为应该根据议题及其作用的严重性或者重要性，而非科学家的个人行为，来评判行动的适当性吗？为了应对严峻的形势可以不择手段吗？也许如此，但是什么才算"足够严峻"呢？

莱纳斯的立场在奥莱斯克斯和康威（Oreskes & Conway，2010）贡献的类似案例中更加令人信服。两位作者引用决策理论来解释美国为什么通常无法对气候变化采取行动。如果知识是——或者被认为是——不确定的，最佳选择（且最有可能的选择）就是维持现状。他们进一步主张虽然科学不能提供确定性，但是它在很多人类努力奋斗的领域（比如医药和太空探索）里为决策打下了牢固的基础。因此，他们认为要改变公众将气候变化视为不确定的观点，基于越来越多的证据来倡导行动，以克服社会在改变现状方面的惰性是必要的。显然，他们认为科学家有责任发声并且表明立场。

这种立场得到了伦理风险传播领域的大量文献的支持。隆格伦和麦克马金（Lundgren & McMakin，1998）提出了说服的使用不仅是正当的，而且是必需的三种情况。对于他们来说，当出现下列情况时，就应该使用说服：①某些受众将立刻受到伤害或死亡；②可能处于危险之中的人并不能控制那些把他们暴露这些危险的行动或活动（比如孕期吸烟和胎儿）；

③受众要求被说服。

以上所有情况都符合压倒性的科学证据所描绘的气候变化场景，所以这意味着应该使用风险传播的规范性伦理来评估科学家的责任吗？如果说公开的说服或者倡导看起来太多了，我们还有"框架"：传播可以涵盖所有的事实，但是因事实被呈现的重点不同而有所差异。

框架意味着同样的证据可以经由不同的滤镜得到呈现。比如，再以气候变化为例，修姆（Hulme，2009）认为在公共话语中呈现气候变化共有六个主要框架。这些框架将气候变化呈现为：①市场失灵；②技术风险；③全球不公；④过度消费；⑤大多为自然过程；⑥地球的"转折点"。

每种框架代表着进入气候话语的方式，分别强调了不同因素、方面或视角，取决于受众的议程或利益（Hulme，2011）。它们都可以名正言顺地宣称掌握了足以支持其立场的相关科学证据，而信息框架则是其间的关键差异。

如果传播者使用适当的框架来展示气候变化的信息，可以令其传播对象觉得更有意义，格罗夫曼等（Groffman et al.，2010）更进一步认为，科学家和传播者有研究、理解以及使用有用框架的责任。比如，某个框架可以把气候挑战视为机遇，例如清洁能源的新技术，或者经济增长的潜力。

也许这种进入说服、倡导和框架的方式会让你认为纯科学家的立场是科学支持决策者的最诚实和最无害的方式。一种有趣的观点是，最道德的途径是开放科学过程，直面它们的失败，并且把信息移交给决策者，从而让他们按照自己的方式来处理。

四、开放和共享

2005 年，《自然》的社论发布了一份有关开放、与媒体的互动以及科学家在科学不确定性问题上的作用的强有力的声明（Baltimore，2005）。

该社论反驳了政治领袖的假设，即人们无法应对不确定性，把科学证据视为不确定的可能会在公众中引发恐慌或者导致决策瘫痪。《自然》主张领导者应该"假设媒体和公众并非完全是幼稚的，并且展示科学的所有状态，包括风险"（Baltimore，2005，p.1）。

该社论还称科学家不仅有责任帮助记者分析"供大众消费"的东西，而且他们还应该更进一步。

> 学术团体（比如英国皇家学会）在这种情况下负有特殊的责任。他们不应该等着政府去请他们提供分析。相反，在公众利益风险较高的领域，如有必要，他们应该在几天之内即召集工作组，负责发布相关证据状况的声明。总之，他们应该向媒体提供言简意赅的声明和易于复制的图表，并保证这些声明和图表不仅能清晰地阐明工作组得出的结论，而且能清晰地阐明不确定性的状态。

> （Baltimore，2005，p.1）

虽然值得称赞——也许还很有感染力——但是这并没有解决很多复杂的问题。往好听了说，这种声明是理想主义的；说得不好听，则是政治上的幼稚。它对如何使这种情景变成现实只字未提。比如说，社会应该根据学术团体的业绩记录——识别出科学不确定性的关键领域，并为之准备科学上严谨同时易为媒体机构所用以及非科学公众所消化的素材——来对其问责吗？如果是这样的话，那些失格的学术团体会发生什么呢？他们会失去经费，或许会感到羞愧吗？

伦理困境甚至广见于仅需考虑一小撮人这类看似更简单的情形。比如，当医学研究中的责任要求在参与试验后向参与者提供研究结果时，关键的问题就会出现。麦克奈尔和费尔南德斯（MacNeil & Fernandez，2006）认为这样做的潜在益处包括：①对参与者未来健康状况的积极影响；②增加公众对研究及其结果的意识；③向参与者展示他们参与的直接结果。

迪克逊-伍德、杰克逊、温德里奇和肯扬（Dixon-Woods，Jackson，Windridge & Kenyon，2006）认为这也有消极影响。比如，参与者可能：①回想起一生中的艰难时刻；②发现他们属于对照组，或者他们参与的试验的要素并不奏效；③发现他们健康问题的风险增加。

因此，即使是在向研究参与者提供研究结果这类明确且明显合理的事情上，对于行动的适当性以及成功与否做出评判，还是难以在伦理上令人心安的。

第四节　科学的公众形象

有人认为，激发并保持人们对科学的信任的方式之一，是在面对科学更强有力的结论的同时正视不确定性和问题（见 Pidgeon & Fischhoff，2011；Schneider，2009）。在考虑科学如何最好地服务于社会，以及它如何对其行为负责时，这同样是有问题的。如马丁森、安德森和弗里斯（Martinson，Anderson & Vries，2005）所示，在"伪造、捏造和剽窃"这些标准的学术不端的范畴之外，科学家还有诸多的不端行为。这些作者对美国 3200 多名处于职业生涯早期或中期的科学家进行了调查，受访者承认他们有很多不符合伦理的行为，包括：①根据"直觉"在分析中排除某些数据；②屈服于资助方的压力而做出方法论上的调整；③在发表时隐瞒方法和结果的细节。

令人担忧的是，这项研究的结果出现在了主流媒体中，而且不仅是美国的主流媒体。在澳大利亚，澳大利亚广播公司（Australian Broadcasting Corporation，ABC）以"三分之一的科学家承认伪造研究"（ABC，2005）

为题对马丁森及其同事的研究结果进行了概述，其中还包括贬低这些研究结果的资深澳大利亚学者的评论："这里描述的某些行为是非常严重的，但是我想他们中的很多人很可能没有说的那么糟糕。"那么，人们会如何应对呢？

马丁森等（Martinson, et al., 2005）提供了科学家违反伦理的行为案例，其叙事语境是科学家对科学的责任既是一种过程也是一种共同体实践，但是科学家对社会整体的首要责任是什么呢？比如，在对调查予以回应时，参与者对科学，或者说实际上对社会做了正确的事情吗？可以说，揭露这些"善意的谎言"玷污了科学的整体声誉，并且会损害公众眼中坚实、可信且以科学为基础的立场的信用。当然，它也可能让科学——特别是科学家——看起来更有人性，不那么遥不可及，故而更有同理心，更值得信任。两者都有可能，但是在这种情况下我们如何判断什么是正确的呢？一种道义论的立场会推进开放性，无论科学付出什么代价。而后果论者的观点可能会鼓励沉默。当然，个体科学家视角的变化取决于很多因素，本章开篇部分的表格中列出了这方面的一些因素。

再回到气候变化，奈斯比特（Nisbett, 2010）认为"气候变化倡议能够并应该为信任感和效能做出有意义的贡献"。皮杰昂和费施霍夫（Pidgeon & Fischhoff, 2011）认为（同 Groffman et al., 2010）很少有机构赢得与科学机构一样的信任，与这种信任相伴的是不能背叛它的义务。与这种情感相一致的是，施尼德（Schnieder, 2009）写道，如果平台允许，科学家有义务声明他们对风险的科学评估与其个人价值观的分界在哪里。

于是我们又得做出决定，并且其结果并不总是清晰的。更糟糕的是，相同的行动可能同时产生积极和消极的效应，二者可能有趋同的量度，这取决于如何评判它们。

第五节　伦理、责任、科学与传播

可以说，科学传播的过程是科学对社会的责任的一个推进器，识别出需求在哪里，特定的科学将与谁更有相关性，以及如何更好地把相关的科学与那些需要科学的人或者科学需要的人关联起来。为了发挥这种促进作用，有效的基于证据的科学传播事业把科学置于一种兼顾伦理与现实的滤器中。也就是说，在公共领域中识别并界定出什么是值得且可行的，什么是适当的，以及如何对适当性做出评判。

这方面没有神奇的魔法公式，每种情形下的责任或其被履行的程度难以适用相同的标准进行评估。但是，有一样东西是科学传播研究和实践能够提供的，那就是有关公众、受众和人的信息。

科学传播研究特别强调了一项关键责任，它暗含于皮杰昂和费施霍夫（Pidgeon & Fischhoff, 2011, p.39）的提示中："只有从倾听受众开启研究，方能知道人们需要什么样的信息。这种倾听有助于避免以简单的方式应对复杂的问题。"这种研究对于公众、决策者或者科学家自身也同样适用。

戈夫曼及其同事（Groffman et al., 2010, p.287）似乎也在呼吁开展科学传播的研究和实践：

公众和决策者需要的不仅仅是信息和技术性知识——他们需要思维框架，或者说模型，从而把表面上孤立的事件、趋势和政策解决方案之间的"节点关联起来"。这些关联令他们更易意识到他们的日常生活、特定的价值观和各种环境问题之间的联系。

虽然没有指明，但科学传播研究者和实践者的职责范围又一次次隐现于上例中的"关联的节点"。那么，这是否暗示了科学传播者共同体要承担的责任呢？当科学无法满足公众的预期或需要时，我们是否就是实际上应该承担责任的人呢？并且，对伦理理论的应用是否就是对我们的最佳评判呢？

弥哈（Miah，2005）甚至认为向非科学受众传播科学实际上就是在传播伦理。他的意思是，公众更多的是从科学的伦理而非技术维度参与到非专业领域的。根据弥哈的观点，

> ……人们只需要挑出科学新闻主义的片段，欣赏科学、技术和医学的与技术细节关系不大，而与技术的伦理、社会、道德和政治意义有关的突出方面。公众主要关注的是科学"意味着"什么，而不是它是如何"工作的"。

（Miah，2005，p.416）

这种立场与本章之前从科学的视角所展示的那些立场形成鲜明对比。弥哈主张对科学的微妙诠释应该是在公共领域中传播科学的首要目标，而不仅是提供非说服性的科学事实。但是他强烈主张科学家不应该是从事这项工作的群体。他认为伦理学家是传播伦理的最佳人选，就像科学家是传播其科学的技术细节的最佳人选一样。按照弥哈的观点，专家应该在他们专业知识领域内进行传播，也许我们应该再次把科学传播者定位为对公众－科学的互动效果负责的人？

这种观点虽然有趣，却失于极端。然而，本章提到的很多作者直接或者含蓄地强化的观点是：科学恰当地履行对社会存在争议的责任并不是可以由科学家独自完成的事情。

在气候科学领域，皮杰昂和费施霍夫（Pidgeon & Fischhoff，2011，pp.39-

40）主张由相关的相互协作的专家（比如气候科学家、决策科学家、项目设计者、传播者和社会科学专家）组成团队是最有效的一种方式，并且

　　……协作必须维持一种非说服性传播的反诘立场，相信证据会不言而喻，不造势宣传，不粉饰渲染。虽然在鼓励个体行为和公共政策上，说服性传播有很重要的地位，但是必须有所区分，以免让科学家成为缺乏技巧的政客。如果气候科学家满怀激情地提供不带偏见的证据，这将会维持他们独特的、可信的社会立场，并避免那些由其立场、经历和训练出发推行的多半不适合的倡议。

从这点出发，我们可以认为科学传播者有责任以不适合科学家的方式参与到说服性的、基于科学的辩论中，但是其核心仍然是要得到科学的支持。如果是这样，当科学家的证据表明事关社会关注时，科学家有责任与科学传播者进行交流。思考科学和科学家对社会的责任在理论上很有意义，在实践上也很吸引人，但是如果主要参与者的利益、优先次序以及对世界进行描述与互动的方式不同于科学所采用的方式，科学传播就需要实用主义了。具体而言，我们需要的实用主义，就是把科学融入更大的社会全貌中的实用主义，从而有助于科学传播事业的理想、实施和评估。

使用伦理基准来决定科学应该对什么负责，就其问责标准来评判责任被履行的程度，这种做法的帮助有限。没有哪个伦理立场单独适用于界定或评估科学、科学家以及科学传播者特有的行为的适当性。语境是至关重要的，科学或者科学传播事业的目标必须加以考虑，从责任和义务的出发点也是一样。

就我们如何决定科学和科学传播者可以在多大程度上履行其对世界的责任而言，伦理领域的形式分类和理论提供了系统性的工具。然而，在将伦理应用于现实情形时，必须将实用性铭记于心。如果伦理的使用深陷于理论辩论层面，将不会带来任何行动。

科学传播在社会与科学的各种对话方式中扮演了强有力的角色。但是

只有意识到各自的长处和短处，并且与其他专家合作以弥补自己的不足，科学和科学传播才能做到最好。

参 考 文 献

ABC. (2005). One-third of scientists admit fudging research. *ABC News online*. Retrieved June 28, 2011, from http://www.abc.net.au/news/newsitems/200506/s1388075.htm.

Baltimore, D. (2005). Editorial: Responding to uncertainty. *Nature, 437*(7055), 1.

——(2006). Editorial: Science under attack. *Nature, 439*(7079), 891.

Batty, D. (2011). Italy earthquake experts charged with manslaughter. *The Guardian*. Retrieved from http://www.guardian.co.uk/world/2011/may/26/italy-quake-experts-manslaughter-charge.

Dixon-Woods, M., Jackson, C., Windridge, K., & Kenyon, S. (2006). Receiving a summary of the results of a trial: a qualitative study of participants' views. *British Medical Journal, 332*(January), 206-209.

Fischhoff, B. (2007). Nonpersuasive communication about matters of greatest urgency: climate change. *Environmental Science & Technology, 1*, 7204-7208.

Groffman, P., Stylinski, C., Nisbet, M., Duarte, C., Jordan, R., Burgin, A., et al. (2010). Restarting the conversation: challenges at the interface between ecology and society. *Front. Ecol Environ, 8*(6), 284-291.

Hulme, M. (2009). *Why we disagree about climate change: understanding controversy, inaction and opportunity*. Cambridge: Cambridge University Press.

——(2011). You've been framed: six new ways to understand climate change. *The Conversation*. Retrieved July 5, 2011, from http://theconversation.edu.au/youve-been-framed-six-new-ways-to-understand-climate-change-2119.

Lundgren, R. E., & McMakin, A. H. (1998). *Risk communication: A handbook for communicating environmental, safety and health risks* (2nd ed.). Columbus, Ohio: Battelle Press.

Lynas, M. (2005). Get off the fence. *New Scientist*, 25.

MacNeil, S. D., & Fernandez, C. V. (2006). Offering results to research participants is ethicaly right but not fully explored. *British Medical Journal, 332*(January), 188-189.

Maibach, E., & Priest, S. H. (2009). No more "business as usual:" addressing climate change through constructive engagement. *Science Communication, 30*(3), 299-304.

Martinson, B. C., Anderson, M. S., & Vries, R. de. (2005). Scientists behaving badly. *Nature, 435*(9 June), 737-738.

Mautner, T. (1997). *Dictionary of philosophy* (2nd ed.). London: Penguin.

Miah, A. (2005). Genetics, cyberspace and bioethics: why not a public engagement with ethics? *Public Understanding of Science, 14*, 409-421.

Nisbett, M. C. (2010). Investing in civic education about climate change: what should be the goals? *Big Think blog*. Retrieved May 5, 2011, from http://bigthink.com/ideas/24578.

Oreskes, N., & Conway, E. M. (2010). *Merchants of Doubt*. New York: Bloomsbury Press.

Pidgeon, N., & Fischhoff, B. (2011). The role of social and decision sciences in communicating uncertain climate risks. *Nature Climate Change, 1*, 35-41. Retrieved from www.nature.com/natureclimatechange.

Pielke, R. A. (2007). *The honest broker: Making sense of science in policy and politics*. New York: Cambridge University Press.

Russell, B. (1999). Science and ethics. In C. Pigden (Ed.), *Russell on ethics*. New York: Routledge.

Schneider, S. (2009). *Science as a contact sport: Inside the battle to save the earth's climate*. Washington D.C: National Geographic Society.

Singer, P. (2011). *Practical Ethics* (3rd ed.). New York: Cambridge University Press.

第九章

信仰与证据的价值

迈克尔·J. 瑞斯（Michael J. Reiss）

第一节 背 景

科学首先是关于以经验为基础的理论的生产和检验，这种理论具有客观有效性，所生成的知识有益于提高我们对物质世界的理解，使我们能够控制和利用物质世界的各个方面。然而这一简单明了的概念几乎不可避免地导致科学误解的缺失模式，该模式尽管被科学传播共同体所排斥（Holliman，Thomas，Smidt，Scanlon & Whitelegg，2009），却仍然是很多科学家和一般公众的第一课堂。

与此同时，宗教持续影响公众生活，致使科学共同体中的很多人不断寻求使科学远离宗教的方法。在这些科学家中，一种习以为常的做法是声称信仰在科学世界中毫无地位，而只是宗教生活中特有的且平淡无奇的元素之一（例如 Dawkins，2006）。

进化论为我们提供了独特的舞台，让我们可以在其上研究信仰在科学中的重要性。通过调查为什么一些人总被涉及进化论的科学共识所吸引，而另一些人则断然拒绝这个理论，我们可以研究客观证据在多大程度上足以说服人们相信标准科学解释的真实性。我的目的是提供一种分析，让所有那些关注当代多元化社会中的进化论科学传播的人都有所获益，无论是在学校、科学博物馆还是在宗教场所。

第二节　信仰对宗教和科学的重要性

与几乎所有值得深入探讨的词汇一样，"信仰"这个词有许多相关的含义和用法（参见 Austin，1979；Kenny，1992；Wittgenstein，1953）。不过究其根本，它是关于接受的（在理智以及与实践的内在联系方面）。"我认为今天不会下雨"意味着我不接受这样的事件可能会发生，并且我不大可能采取预防措施应对雨天。当然，对信仰的坚持在确信程度上会有所区别。实际上就在我写这篇文章的时候（英国剑桥郡，2012 年 1 月 14 日），我不认为今天会下雨（这是一个晴朗的下午，英国广播公司的天气预报说今天没有雨），但我不会用我的学术声誉打赌。不过在"仙女不存在""占星术没有用""所有人都是生活在数十亿年前的远为简单和微小的生物的后代"这样的命题上，我倒是愿意打赌。

现在考虑一下"上帝存在"这一声明。这不是（真正的）科学声明。有人称该声明可能已准备接受终将被某些现实（生活在无尽的痛苦中，祈祷请求却不能得到任何神启或答案，越来越多的证据表明除了物质的和不证自明的真理之外并没有超自然的存在）推翻的命运，还有人称该声明将继续成立，无论排除了何种支持证据，还是出现了何种明显反证（参见《灵魂的黑夜》）。现在考虑一下这种声明，"《可兰经》（Quran）是由天使加百列（Gabriel）透露给穆罕默德（Muhammad）的"。与任何有关历史的声明一样，原则上讲，人们有可能利用实证方法支持或推翻它。然而现实是这个有争议的事件发生在遥远的过去，在 610～632 年，以致根本不可能对这个事件的真实性予以客观检验，因此，是否接受该声明的真实性更多地意味着人们是否信仰伊斯兰教，而非这个事件是否真的发生过。

如同"我信仰上帝"和"我相信进化论"中的含义，我们从上述分析可以得出的结论是"信仰"和"相信"这两个词语在科学和宗教中的使用方式并不相同，即使它们的含义存在着某些重叠〔这也就是说，为什么我在上文声称"上帝存在……不是（真正的）科学声明"时要加上"真正的"这个词〕。这不足为奇。实际上，在其他知识领域中，有关信仰的说法并不总是能还原为科学的声明。我相信任何平面三角形的内角和为 180 度，但是在数学上对这种声明的真实性的证明〔例如，通过逻辑证明——参见欧几里得的《几何原本》(*Elements*)，Book 1，Proposition 32〕就与在科学上证明脊椎动物都有四肢不一样，要证明后者，人们需要观测大量的脊椎动物。在数学上，搜集大量的三角形，然后认真地测量并计算内角和毫无裨益（除非是向小学生教授这个命题的真实性）。道德哲学同样通过非科学的方式得出结论。尽管科学在判断人类胚胎发育到哪个阶段可以感受疼痛方面发挥了关键作用，但是科学本身并不足以决定最佳的堕胎政策。

第三节　有关进化论的科学共识

与任何有着宏大领域的科学一样，在那些所谓的进化"前沿"，还有很多不清楚的地方，科学家们仍在积极地认识自然界中正在发生什么或者已经发生了什么。但是进化的很大一部分并非如此。作为成千上万名科学家努力的结果，进化论已经是有着 150 多年历史的、完善的知识体系了。以下是在进化论中不存在科学争议的例子：①如今地球上所有的生命都是从最简单的祖先、经过了数十亿年的时间演化而来的结果；②自然选择是进化背后的主要驱动力；③进化依赖于那些有助于宿主生存与繁殖的基因信息遗传；④大多数遗传是垂直的（来自父母），但有些是水平的（例如，病毒感染的结果）；⑤那些使得人类出现的进化力量，在本质上与产生任何其他物种的进化力量并无二致。

对于那些像我一样接受上述声明以及进化论的人来说，进化论在智识上有很多吸引人的地方。首先，一个单一的理论为大量的观测结果提供了解释的途径。例如，为什么前寒武纪的地球上没有兔子？为什么在有袋类动物和胎盘类哺乳动物之间外表上有许多相似之处？为什么一夫一妻制在鸟类中要比在鱼类中更为普遍？以及为什么在某些情况下，不育更可能出现在某些动物类群（例如，白蚁、蜜蜂、蚂蚁、黄蜂和无毛鼹鼠）中？事实上，我曾在其他地方主张进化生物学可以帮助我们解释一些神学问题，其中就包括受难（Reiss，2000）。

第四节　拒绝进化论

进化论不是一个某人要么完全接受、要么就完全拒绝的单一命题。比如，思考一下是否今天所有的生命都源自无机物前体这个议题。对此，我毫不怀疑（我是故意这样说的），但我怀疑（因为我们缺乏足够的社会科学调查数据）从全球看来这是少数人的观点。相比较而言，神创论者更可能接受微观进化（随着时间的推移，基因在种群内部发生变化），而不是宏观进化（基因变化发生在物种或更高的层次上）。

一系列非宗教的原因可以解释为什么有些人会积极地反对进化论的特定方面。毕竟假设那些复杂的生命都由非生命进化而来，实在有违常识。另外，我们周围的生命惊人得多样：我们似乎没有理由认为树袋熊、大白鲨、蚯蚓、草、食肉细菌和本书的编辑们都共享同一个祖先——尽管这正是主流进化论所持有的观点。

不过，很多人出于宗教原因而拒绝进化论。神创论以多种不同的形式存在，大约50%的土耳其成年人、40%的美国成年人和15%的英国成年人拒绝进化论，他们相信地球的出现就像《圣经》或《可兰经》的开篇所进行的开明阐释（比如，宗教激进派）所描述的那样，并且认为进化的主要工作是将物种变成有亲缘关系的物种（Lawes，2009；Miller，Scott & Okamoto，2006）。宗教激进派一般认为地球的年龄绝对不像进化生物学家和地质学家所得出的结论那样古老——新地球神创论者认为它有大约1万年的历史。而对穆斯林来说，地球的年龄就不是一个大问题。

智慧设计论是神创论的盟友。虽然很多拥护智慧设计论的人参与了神创论运动，但其参与程度之深致使美国法院宣称美国宪法第一修正案（First Amendment）的政教分离原则禁止在公立学校中教授智慧设计论（Moore，2007）。然而智慧设计论可以声称自己仅仅批判进化生物学的特定方面，并不必拥护或需要宗教信仰。那些提倡智慧设计论的人通常来自具有保守立场的宗教人士（尽管有些无神论者也接受智慧设计论）。然而在其反对进化论的论证中，他们通常不会提及《圣经》或神灵，而是认为我们在自然界（包括在亚细胞水平上）所看到的错综复杂的事物为这些事物背后的智慧体的存在提供了强有力的证据（例如Meyer，2009）。他们认为，自然选择这样的无定向的过程无法解释所有这些错综复杂的现象。

第五节　科学传播者应该如何应对？
——来自"疯牛病"和转基因生物的教训

对于科学传播者来说，我认为在应对有关进化的一系列立场方面，需要考虑以下几点：

第一，科学家认为进化论是一种坚实、成熟的科学理论，它的核心理论在科学上没有争议。

第二，在生物学领域，进化占据着核心位置。虽然在很多生物学领域中，不必引入进化论也有许多值得研究的问题，也已经取得了很多发现，但是一个进化的框架可以让生物学家对我们周围一切的生命多样性赋予意义，并且把今天的生命置于历史的情境中。

第三，与许多科学理论一样，理解进化并不容易。它有很多反直觉的因素，此外，很多人会因宗教原因而断然拒绝进化论。

要为如何传播进化论提供建议（无论是在电视上还是在博物馆、学校或其他地方），我们可以从人们为牛海绵状脑病和转基因生物（genetically modified organisms，GMOs）做过的传播努力中汲取教训。

牛海绵状脑病是一种牛的疾病，它会导致大脑和脊髓的渐进性退化，被感染的动物最终出现站立困难的症状，通常被称为"疯牛病"。这种疾病在 20 世纪 90 年代初的英国特别流行。最终，人们证实这种病的出现是因为其他牛食用了被病原体——一种朊病毒（一种错误折叠的蛋白质）——感染的牛做成的饲料。起初，这只是激起了人们普遍的厌恶感——牛不再是食草动物，它们甚至同类相残——他们还认为这浪费了钱财；有牛被感染的养殖户得到了销毁补偿。然而，人们很快开始担忧自身的健康。

最初，英国政府没有理会这些担忧。在这一如今被视为对公共科学传播置若罔闻的经典案例中，公务员、顾问和政府部长们决定采取的最佳做法是向公众们保证食用牛肉仍然是绝对安全的。科学家和其他人努力争辩说这可能存在风险，但是被断然拒绝（Irwin，2009）。1990 年，农业、渔业部和粮食部部长约翰·塞尔温·古默（John Selwyn Gummer）试图给他四岁的女儿科迪莉亚（Cordelia）喂牛肉汉堡的照片成了永久的视觉象征。

当科学发生变化时，这种干净利落的处理方法也分崩离析了。这种事情的确会发生在科学领域。政府被迫承认一种可怕疾病——新型变异型克雅氏病（nvCJD）——的涌现可能是由"疯牛病"引起的。实际上，这已经得到了证实，并且人们预测未来几年将可能出现最糟糕的情况——英国将会有成千上万人死于新型变异型克雅氏病。

就进化论的传播而言，人们可以从"疯牛病"事件中获得的主要教训是：如果谁对科学结论做出过于自信的断言，就很容易失去公众的信任。从转基因生物事件中获得的教训可能也被认为是一样的，但其实它们有微妙的差异，因为除了不可避免地对新技术的崛起的安全性感到不确定之外，人们对基因工程还有其他的拒绝理由。

基因工程的典型类型是将 DNA 从一个物种转移到另一个物种，让第二个物种的细胞机器产生第一个物种的基因产物。基因工程的广泛应用使得我们可以将抗除草剂的基因转移到作物上，这样在对种植的农作物喷洒除草剂时，作物可以存活下来，而杂草则被清除了。因为农学家们几十年来一直通过一系列技术来改变作物的基因，所以很多作物科学家对转基因生物引起的广泛反对感到迷惑不解。特别是在欧洲，这种反对在 20 世纪90 年代变得十分明显。

除了安全方面的考虑——不同于"疯牛病"的是，到目前为止，人们的这种担心还没有变成现实——许多人反对转基因作物的其他原因集中在这种技术的非自然性上。甚至那些没有宗教信仰的人有时候也把使用这种技术称为是在"扮演上帝"。有趣的是，虽然有人从神学的角度反对基因工程，但也有许多人力挺基因工程（Reiss & Straughan，1996）。从那些赞成这项技术的人的角度来说，也许很不幸的是，在欧洲打响的第一场重大战役是关于牛生长素（bovine somatotropin，bST）。

牛生长素是一种天然存在的荷尔蒙，它由牛的脑垂体产生。早在20世纪30年代，人们就知道给奶牛注射牛生长素可以提高牛奶产量。在20世纪90年代初期，孟山都（Monsanto）公司在市场上推出了一种基因改造后的牛生长素。研究表明，它可以提高牛奶产量，通常能提高大约10%。然而，它在美国以外的地区遭到了强烈的反对，并且直到今天，欧盟仍然禁止使用这种激素。虽然人们有一些担心它可能会给人类健康带来风险，但更重要的是担心它可能会损害奶牛的健康（更容易患乳腺炎）。或许最重要的还是下面的想法。首先，牛奶是"自然"的，遗传工程会污染这种自然性；其次，消费者有权选择他们是否愿意消费转基因食品，一旦牛生长素在欧洲广泛使用，那么，避开转基因食物链几乎是不可能的。

我在20世纪90年代就基因工程（向农民团体、妇女协会、宗教团体和其他组织）做了大量报告，也参与了大量的公共辩论，我的经验是对基因工程的一系列异议汇集到一起了：假想农村，即农业耕作都是并应该是自然的；忧心人类健康；对政府、大企业和商业科学不信任；关心动物福祉和环境；抵制美国式的生活；单纯地担心事情变化得越来越快，当今的现实世界越来越科幻。我参加了英国关于植物生物技术的国家共识会议（UK National Consensus Conference on Plant Biotechnology）（1994年）、新资源食品和工艺咨询委员会（Advisory Committee on Novel Foods and Processes）（1998～2001年）以及转基因科学审查小组（GM Science Review Panel）（2002～2004年），我的经验是，许多参与其中的科学家，随着时间的推移变得越来越恼火。我有些类似的感受，但我的另一个身份是学校教师，我知道一味地责怪学生没有学习老师要求的内容通常会适得其反。有效的科学传播更多的是提供适当的学习环境，而不是责备那些没有达到你的期待的学习者。

第六节　在学校科学中传播进化论

对于学校如何在科学课堂中对待神创论或智慧设计论的议题，很少有国家出台明确的指导意见。有出台意见的一个国家是英国（Reiss，2011）。2007 年夏天，经过数月的幕后会议和讨论，当时的儿童、学校和家庭部（Department of Children，Schools and Families，DCSF）出台的《儿童、学校和家庭部关于神创论和智慧设计论指南》（*DCSF Guidance on Creationism and Intelligent Design*）获得了内阁的批准，并在之后出版（DCSF，2007）。该指南指出，科学上使用"理论"这个词（就像"进化理论"中的"理论"）可能会误导那些对作为学科的科学不甚了解的人，因为在日常生活中，"理论"的意思和"想法"没有多大差别。在科学中，"理论"这个词表明有大量的支持证据，有原理为基础，并且其解释已经被国际科学共同体所接受。

该指南还指出，"神创论和智慧设计论有时声称自己是科学理论。事实并非如此，因为它们没有科学原理或者解释的支撑，并且也未被整个科学共同体所接受"（DCSF，2007）。该指南还提到：

神创论和智慧设计论不属于国家科学课程计划中的一部分，也不应被作为科学在学校传授。然而，在"x"的教学与关于"x"的教学之间还是有实质区别的。例如，由于媒体报道的结果，在科学课堂中出现的关于神创论和智慧设计论的任何问题都为我们提供了一种机会，让我们解释或探索为什么神创论和智慧设计论不被认为是科学理论，以及在合适的情境下解释为什么进化论被认为是科学理论。

（DCSF，2007）

在我看来，这是一个重要的节点，并且它与国家无关。无论这个国家是允许（如英国）还是不允许（如法国、土耳其和美国）教授宗教都是如此。许多科学家以及一些科学教育者担心在科学课堂中涉及神创论或智慧设计论会让这些观点合法化。例如，由美国国家科学院和美国医学研究院（Institute of Medicine）出版的图书《科学、进化论和神创论》（*Science，Evolution，and Creationism*）就宣称"智慧设计神创论者所持的观点并不是科学推理的产物。由于它们缺乏科学依据，在科学课上不宜讨论这些观点"（US National Academy of Sciences & Institute of Medicine，2008，p.52）。

就如我之前所述（Reiss，2008），我同意上述的第一句引用，但是不同意第二句。对于我来说，仅仅是因为缺乏科学支持，就把某些东西排除在科学课之外，理由似乎不够充分。南希·布瑞克豪斯和威尔·莱斯（Brickhouse & Letts，1998）认为科学教育中的一个核心问题是科学的教授往往是"教条式的"。他们特别提到了神创论：

> 应该在科学课程中解决学生们有关神创论的信仰吗？加利福尼亚州的《科学框架》（*Science Frameworks*）（California Department of Education，1990）中的名言——任何提到神创论问题的学生都应该去求助家人或神职人员——是一个合理的政策吗？我们认为不是的。虽然我们认为所谓的"神创论科学"并非好的科学（科学家也这么认为），但是明令禁止教师讨论这个问题似乎只能适得其反。特别是在本国那些有大量的保守宗教人士的地区，仅仅因为神创论没有资格

被称为好科学，就无视学生们对神创论的看法，至多也只能算麻木不仁了。

（Brickhouse & Letts，1998，p.227）

随后，托马斯·内格尔（Nagel，2008）提出，所谓将智慧设计论排除在科学课程之外的科学原因是经不起批判性审视的。在提到美国的情况时，他总结道：

> 智慧设计论只是宗教激进派威胁的最新表现形式，你必须站起来反抗，否则你终将为获得教授进化论的权利而斗争——我理解这种态度。不过我认为无论是在智识层面，还是在法律层面，都没有必要在这一点上划清界限，让人们能够不必承担责任地讨论其中某些问题更为可取。

（Nagel，2008，p.205）

在我看来，学校的生物课应该向学生展示有关进化的科学共识，而且学生的家长也无权禁止他们的孩子参与这类课程。学校科学课程的部分目的是向学生介绍科学的主要结论——进化论是科学的主要结论之一。与此同时，科学教师应该尊重出于宗教（或任何其他）原因而不接受进化论的任何学生。事实上，诋毁或嘲笑那些不接受进化论的学生在教育上没有任何益处。

我对科学教师的建议是，不要陷入诸如阐释经文这类神学讨论中，一定要坚持科学。如果有幸你的班上有一个或多个善于表达的学生，能够用各种神创论的论证来反对进化论的科学证据（例如，进化论有悖于热力学第二定律，放射性断代技术会对衰变率的稳定性做出没有根据的假设，自无机物前体开始进化的方式与现代科学反驳的自然发生论的方式不可能相同），那么要避免与这样的学生产生拉锯式的辩论。相反，要利用这些学生提出的例证，让其余学生能对这种论证以及进化论证据的标准阐述做出严格且批判性的思考。

30多年来，我向中学生、生物学本科生、科学教师学员、公众和其他人士教授进化论，我自己的经验是，几乎不可能只靠一两节有关这个话题的课程来改变那些由于宗教原因而不接受进化论的人的看法，其他人也得出了相似的结论（比如 Long，2011）。然而，我们没有理由不向这类人教授进化论。即使不接受某件事情，人们仍然可以对这个事情形成更好的理解。此外，一些研究表明，以谨慎且尊重的态度来教授进化论确实可以让学生更容易地接受进化论的某些方面（Winslow，Staver & Scharmann，2011）。

第七节　在科学博物馆中传播进化论

长期以来，科学博物馆一直存在有关进化的展品。托尼·班尼特（Bennett，2004）调查了博物馆关于进化论展览的历史。他着眼于 19 世纪地质学、古生物学、博物学、考古学和人类学的研究，并且"以'考古的视角'追踪了每个学科的发展，这种视角将过去与现在的关系设想为从一个时期到另一个时期的大量连续性积累，以至于从发展的每一层中都可以找到沉淀其中的历史事件"（Bennet，2004，pp.6-7）。班尼特得出的结论是：进化论博物馆"就像艺术博物馆一样，是文化机构"（Benne，2004，p.187）。

从某种意义上说，这是很明显的——博物馆和画廊必须在展出什么以及如何讲述展品的故事上做出选择。是展示艺术、进化、数学还是某种技术，这无疑都是基于文化的选择。不过，参观美术馆的人不太可能认为他们能看到的展示是唯一的解读方式，参观科学博物馆的游客却可能认为呈现给他们的东西是客观事实。

莫妮克·斯科特（Monique Scott）也写了一本有关博物馆展示进化论的著作（Scott，2007）。与班尼特（Bennett，2004）不同，斯科特更关注当下，而不是历史。通过问卷调查和采访的方式，她从位于伦敦的自然历史博物馆（Natural History Museum）、位于伦敦的霍尼曼博物馆（Horniman Museum）、位于内罗毕的肯尼亚国家博物馆（National Museum of Kenya）和位于纽约的美国自然历史博物馆（American Museum of Natural History）搜集了近500位参观者的观点。也许她的关键发现在于，许多参观者认为有关人类进化的展览为史前非洲到当代欧洲之间提供了一个渐进的线性叙事进程。正如她所说的：

> 渐进叙事作为一种解释策略长期存在，因为它有助于解释概念。在流行文化中，它们几乎无处不在（如果不去想象那种排成一列最后进化成人的卡通形象，你能想象出人类的进化过程吗？），并且在博物馆展品中，这种从非洲到欧洲的线性的、逐件展示的传统做法几乎没有变化。许多博物馆的参观者，特别是西方博物馆的参观者，依靠文化进程的叙述——特别是维多利亚时代的人类学观念，即人类以线性的方式从原始的非洲史前历史进化到文明的欧洲——来帮助自己理解和接受人类起源于非洲。不可避免地，博物馆参观者会通过符合或还原其原有印象的方式，建立自身与故事源头的内在联系。
>
> （Scott，2007，p.2）

那么，人们会期望科学博物馆在组织所有有关进化的展品时考虑什么呢？即使我们假定一个博物馆决定专注于有关进化的主流科学叙述，避开与神创论或智慧设计论有关的任何争论，在将这些展品组合展示时，他们仍然需要做无数的（有意的或无意的）决定：

- 参观者在多大程度上会更喜欢看到哺乳动物和鸟类（很多参观者都

喜欢），而不喜欢那些不太引人注目有时却提供了更多知识的无脊椎动物和其他物种？

· 过度简化的界限在哪里（比如，简化马的进化故事）？简化的程度不够，会让典型的参观者失陷于难解的细节而几乎学不到任何知识。简化的程度过高，会导致参观者获得的知识至多不过是对错误的强化（参见上文中斯科特有关线性叙事进展的观点）；

· 博物馆馆长们应该在多大程度上专注于科学共识，他们应该在多大程度上展示科学争议，例如在间断平衡论和拉马克学说（Lamarckism）在进化论中的地位之争，以及微观进化和宏观进化的关系之争？

· 应该在多大程度上展示进化论的社会和文化语境（例如，维多利亚社会及法国社会在 1859 年对达尔文《物种起源》的接受）？

· 可以尝试某些敏感话题吗，比如智力、种族和性行为？

· 如何借助今天的数字技术和对话潜力（参见 Science Museum，2012），加强参观者在博物馆内和博物馆外的学习？

· 博物馆如何使用诸如"上游参与"这类概念来形成该领域的预备知识（Stilgoe & Wilsdon，2008）？

当然，学校老师可以随时做出可比较的决定，但科学博物馆的展览和其他科学展示却不能像科学课的老师那样，根据眼前特定的学习者的需要来迅速改变它们的展品（Reiss，2012）。

第八节　在宗教场所和宗教教育课上传播进化论

有关科学家、神职人员和其他人士在宗教场所支持进化论有很多可供讨论的方面。这种对话可以在一定程度上打消某些人心中的观念，即宗教总是不可避免地与进化论相抵触。这种观念长期存在，尽管很多宗教领袖频频否认这种说法，它却得到了神创论博物馆（比如，http://creationmuseum.org/）和动物园（比如，www.noahsarkzoofarm.co.uk/）的支持。说真的，也许有些过于乐观，我会要求那些运营神创论学习场所的人对进化论做出让步。我不期望他们去宣传推广进化论，但要求他们清楚进化论是科学的共识，神创论并非是对生命的历史和多样性的现有最佳解释。当然我也完全可以接受，那些运营神创论机构的人批判进化论，并试图说服那些造访这种机构的人相信有关进化的标准解释是错误的。但就像那些没有宗教信仰的科学教师应该尊重那些持有神创论观点的学生一样，神创论者不应误会神创论是科学主流。它不是。最后，对于那些有宗教教育课程（或者至少在历史、社会研究、人文、公民或其他课程中讲述其中某些议题）的国家，我们应该思考如何在其宗教教育课程中讲述进化论和神创论。在英国，儿童、学校和家庭部与教学大纲和学历管理委员会（Qualifications and Curriculum Authority，QCA）颁布了有关宗教教育的非法定的国家框架以及相关的教学单元，其中一个教学单元的问题是"我们如何回答有关创造和起源的问题？"（QCA，2006）。这个教学单元聚焦于创世、宇宙和人类的起源以及宗教与科学的关系。这篇用心撰写的指南长达 23 页。除了对多元立场不予评价的态度之外，最让我作为一名科学教育者感到震惊的是它对学生的高期望。例如，在回答"宇宙是被设计好的吗？谁设计了宇宙？"这个问题的时候，它建议为 13～14 岁的学生授课的教师应该：

> 让学生有机会通过网站、DVD 或书面材料（参见"资源"）探索这些问题的各种不同答案，包括拥有不同信仰的人给出的答案。这些答案应该包括神创论者、进化论者、智慧设计论倡导者和宗教哲学家的观点，如安瑟伦（Anselm）、托马斯·阿奎那（Thomas Aquinas）、

布莱士·帕斯卡（Blaise Pascal）和弗朗西斯·培根（Francis Bacon）。

（QCA，2006，p.16）

我们注意到，对多元立场不予置评的态度产生于这样一种语境，自20世纪50年代末以来，英国和威尔士学校里的宗教教师已经放弃了将灌输基督教信仰作为核心目标的宗教教育形式——其中的基督教信仰通常被假定为赋予生命以意义和道德指引的唯一框架。如今人们对此采取了更多元的视角（参见Jackson，2004），这样学生在接触一系列立场的时候，便能够发展、澄清和完善自己对宗教问题的看法。这些立场与科学的立场非常不同。科学中（隐含或直述的）假定几乎永远是科学对世界的理解是有效的，或者是唯一有效的（参见Atkins，2006）。

第九节　结　　论

进化论位于现代科学的核心位置。通过思考如何在一系列情境下传播进化论，包括在学校科学课程、科学博物馆和宗教场合，我们能够探索科学传播何以应对信仰议题和证据价值。灵活的进化相关教学可以作为科学实践和科学知识界限的优秀简介。

在传播进化的科学时，我们应该明确的是：地球已经有几十亿年的历史，生命的产生是从无机物开始的自然过程，所有有机体有着共同的祖先，这是存在多年的科学共识。在某些情况下，这就是我们所需要说的全部内容。在其他情况下，我们需要应对对进化论的异议。有些异议与宗教无关，但与宗教有关的异议最常见。处理牛海绵状脑病和转基因生物事件中的公众反应的历史教训表明，当人们不想学习那些别人期望他们了解的知识时，对其一味指责不会给科学传播带来任何效果。我们在传播进化论时可以做到既符合科学，又尊重那些不接受进化论的人。

参 考 文 献

Atkins, P. (2006). Atheism and science. In P. Clayton, & Z. Simpson (Eds.), *The Oxford handbook of religion an science* (pp. 124-136). Oxford: Oxford University Press.

Austin, J. L. (1979). *Philosophical papers, 3rd ed.* Oxford: Oxford University Press.

Bennett, T. (2004). *Pasts beyond memory: Evolution, museums, colonialism.* London: Routledge.

Brickhouse, N. W., & Letts, IV, W. J. (1998). The problem of dogmatism in science education. In J. T. Sears, & J. C. Carper (Eds.), *Curriculum, religion, and public education: Conversations for an enlarging public square* (pp. 221-230). New York: Teachers College, Columbia University.

Dawkins, R. (2006). *The God delusion.* London: Bantam Press.

DCSF (2007). *Guidance on creationism and intelligent design.* Retrieved from http://webarchive.nationalarchives.gov.uk/20071204131026/http://www.teachernet.gov.uk/docbank/index.cfm?id=11890.

Holliman, R., Thomas, J., Smidt, S., Scanlon, E., & Whitelegg, E. (Eds.) (2009). *Practicising science communication in the information age: theorizing professional practices.* Oxford: Oxford University Press.

Irwin, A. (2009). Moving forwards or in circles? Science communication and scientific governance in an age of innovation. In R. Holliman, E. Whitelegg, E. Scanlon, S. Smidt, & J. Thomas (Eds.), *Investigating science communication in the information age: Implications for public engagement and popular media* (pp. 3-17). Oxford: Oxford University Press.

Jackson, R. (2004). *Rethinking religious education and plurality: Issues in diversity and pedagogy.* Abingdon: Routledge.

Kenny, A. (1992). *What is faith? Essays in the philosophy of religion.* Oxford: Oxford University Press.

Lawes, C. (2009). *Faith and Darwin: Harmony, conflict, or confusion?* London: Theos.

Long, D. E. (2011). *Evolution and religion in American education: An ethnography.* Dordrecht: Springer.

Meyer, S. C. (2009). *Signature in the cell: DNA and the evidence for Intelligent Design.* New York: HarperCollins.

Miller, J. D., Scott, E. C., & Okamoto, S. (2006). Public acceptance of evolution. *Science, 313,* 765-766.

Moore, R. (2007). The history of the creationism/evolution controversy and likely future developments. In L. Jones, & M. J. Reiss (Eds.), *Teaching about scientific origins: Taking account of creationism* (pp. 11-29). New York: Peter Lang.

Nagel. T. (2008). Public education and intelligent design. *Philosophy & Public Affairs, 36,* 187-205.

National Academy of Sciences and Institute of Medicine (2008). *Science, evolution, and creationism.* Washington, DC: National Academies Press.

QCA (2006). How can we answer questions about creation and origins? Learning from religion and science: Christianity, Hinduism, Islam and Humanism—Year 9. Retrieved from http://webarchive.nationalarchives.gov.uk/20110813032310/http://www.qcda. gov.uk/libraryAssets/media/qca-06-2728_y9_science_religion_master.pdf.

Reiss, M. J. (2000). On suffering and meaning: an evolutionary perspective. *Modern Believing, 41*(2), 39-46.

——(2008). Teaching evolution in a creationist environment: an approach based on worldviews, not misconceptions. *School Science Review, 90*(331); 49-56.

——(2011). How should creationism and intelligent design be dealt with in the classroom? *Journal of Philosophy of Education, 45,* 399-415.

——(2012). Learning out of the classroom. In J. Oversby, (Ed.), *ASE Guide to Research in Science Education,* Association for Science Education, Hatfield, pp. 91-97.

Reiss, M. J., & Straughan, R. (1996). *Improving nature? The science and ethics of genetic engineering.* Cambridge: Cambridge University Press.

Science Museum (2012). *Talk science … contemporary science discussion for the classroom.* Retrieved from www.talkscience.org.uk/.

Scott, M. (2007). *Rethinking evolution in the museum: Envisioning African origins.* London: Routledge.

Stilgoe, J., & Wilsdon, J. (2009). The new politics of public engagement with science. In R. Holliman, E. Whitelegg, E. Scanlon, S. Smidt and J. Thomas (Eds.), *Investigating science communication in the information age: Implications for public engagement and popular media* (pp. 18-34). Oxford: Oxford University Press.

Winslow, M. W., Staver, J. R., & Scharmann, L. C. (2011). Evolution and personal religious belief: Christian university biology-related majors' search for reconciliation. *Journal of Research in Science Teaching, 48,* 1026-1049.

Wittgenstein, L. (1953). *Philosophical investigations.* Oxford: Basil Blackwell.

第四篇　非正式学习

第十章

通过科学传播帮助学习

约翰·K.吉尔伯特（John K. Gilbert）

第一节　科学技术的重要性

科学影响着我们日常生活的方方面面：在个人生活中，我们如何努力地尽可能长久地维持温饱和健康；在社会生活中，我们如何从一个地方到另一个地方，如何与我们的人类同胞产生联系，如何与他们交流；在经济生活中，我们如何能获得维持我们温饱和健康的资源。总之，科学和技术已经成为人类的主要文化建制。

尽管科学如此重要，而且相关学科已由某种方式包含于大多数（如果不是全部）国家的义务教育中，然而有志于继续学习科学的人数比例要低于大多数政府的期望（High Level Group on Science Education，2007）。几乎所有的大学都设置了能够获得学位的一系列科技课程，只是其专业比重有所区别。针对具体行业需要而进行的培训也被广泛普及。然而，除了优秀的"开放大学"之外，几乎没有什么能让非专业的成年人参与到科技课程的学习中来。为什么会是这样？正如林迪·A.奥西亚在本书第五章中所指出的，人们对学习的态度可能会受到他们对科学抱持的消极态度的影响。然而，还有一个原因是许多青年人认为这样的学习是非常困难的。这种困难性的记忆会延续到成年生活，从而将科学排除在个人志趣范围之外。

第二节 为什么对于许多人来说，学习科学是很"困难"的？

19 世纪中叶，正式的科学教育在西欧与北美的院校和大学里开始产生，这种教育受到规定课程的约束。其目的是确定并培养相对少数的人员，让他们快速地带领并开展科学研究和发展活动，从而来支持新兴的、基于工程的产业。这些具有极强上进心的人员能够轻而易举地记住那些大量的事实和抽象概念，这些构成了现在众所周知的科学知识。随着时间的流逝，接受科学教育的人员范围逐渐扩大。如今大家认为所有的年轻人应该学习一些科学知识："全民科学素质"是现在的流行语。尽管如此，我们所学的课程内容仍然在很大程度上要适用于针对"预备专业学生"所假定的需要，而不是大部分的年轻人。许多学生不能了解为什么他们要学习这些：成年人记得在他们年轻时学习这些内容时的疏离感。

考虑到教授内容的相关性，这种疏离感是复杂的。19 世纪和 20 世纪，科学迅速发展，那些详尽的事实和解释性概念的范围在成倍扩大。这种日益扩大的范围也包括正式的科学课程，课程充斥着零零碎碎的信息，而这些信息也会被重新评估。我们在科学中使用的许多基础概念是在 19 世纪被确立的，而且它们的重要性并没有衰减。然而，这些概念最明确的重点却被事实周围的迷雾所遮蔽。此外，那些在现代科学中，例如电子学、遗传学、生态学和天文学等新的、令人兴奋的主题全都涵盖在内，并且还没有很快地为它们找到一席之地。尽管一些课程内容不时被删除，但许多人对学校的持久记忆是必须学习很多的内容，而其中大部分内容与当今世界和人们所面临的挑战无关。

可能对于许多人而言，最大的困难是教师对于学习方法，特别是学习科学的方法，所做出的假设。在正式教育中，三种学习模式相继出现并被使用：传输模式、个人建构主义模式和社会建构主义模式。

在印刷业普及之前，传输模式是被普遍使用的方式，第二次世界大战以后，这种传输模式作为主导模式成为巩固通识教育的基础，它在第二次世界大战的冲突中被成功地运用到基本的军事训练中。假设一个学习者不知道某个特定的主题，要么他从未学过，要么他忘记了。教师的任务就是用高度合乎逻辑的方式来呈现材料，学生的任务是记住这份材料的"副本"，在这种情况下他们的成功与否是通过定期的记忆力的测试来评估的。在这种情况下看来，学习的失败证明学生"智力"的缺乏或者懒惰：前者导致学生失去未来的学习机会，后者则导致学生会受到某种形式的惩罚。学习的成功则会得到对主题进一步研究的鼓励和推进，整个模式的学习由"行为心理学"所支持。这种方法逐渐失去了卓越的地位，因为人们发现所学到的东西往往是扭曲的版本：这些就是所谓的"迷思概念"或者"相异概念"。尽管行为心理学无法解释迷思概念的存在，但是传输模式在今天仍然支撑着包括科学教育在内的许多学科的教学。

有几种建构主义的学习模式，其共同之处是假设学生的思维是活跃的，学习的过程就是建构的过程，对新事物的发展，或者对于现存事物的适应，能把思考中的和已知的观念联系起来。这一方法的开创性人物是皮亚杰（Jean Piaget），他的理论是建构这些思维网络的能力，会随着年龄的增长以一种定性的进阶性方式发展起来（Piaget，1969）。尽管皮亚杰的实验研究方法已经被证明是具有持久价值的，但很多例子都显示年轻人在比皮亚杰所预测的年龄更年轻的时候就在思维上有着深入的理解。尽管他的理论在现今没有被广泛用作学习的研究基础，但是在课堂的教学中，仍然有这种隐含的观点，那就是一些学生在学习抽象观念时，依然被贴上"没有准备好"的标签。这种方法似乎对成年人的学习没有太大的意义，因为皮亚杰发展计划的"最高"阶段已经发生了。

后来的发展是与乔治·凯利（George Kelly）的名字联系在一起的个人建构主义，这意味着一个人所能学习的并没有自然极限（Kelly，1955）。皮亚杰认为，迷思概念/相异概念是由于智力发展不足而产生的，凯利的理论则认为他们是已有知识在学习过程中产生的不同形式的适应状态。这种方法开启了"纠正"这些概念的途径，这些观念存在于所有受到正式教育和非正式教育的所有年龄段的人群中。然而，皮亚杰和凯利的理论都认为个体间的心理互动是以语言为中介的，其重要性在学习中只占次要地位。

与维果茨基（Vygotksy，1962）的名字密切相关的社会建构主义模式，却非常强调学习发生的社会背景。个体的学习在很大程度上受到了社会互动的影响，既包括与老师和其他学生的互动，同时也有与正在学习知识的表达方式的互动，例如文本、图表、视频和音频，以及实践工作。个体不仅学会了思考，而且学习了如何通过这些互动来思考，这被恰当地称为"学徒式学习"（Rogoff，1990）。不可避免地，这些互动的本质是控制所学习内容的质量，特别是通过教师直接或者间接呈现的思考模式。我将很快回归到一个关键问题，这就是学生对所使用的语言的理解。社会建构主义模式包括个人建构主义模式：学习的是个体，但是学习的是什么以及这是如何产生的，在很大程度上都受到了社会环境的影响。

第三节　让学习更容易

基于个人建构主义模式或者社会建构主义模式的教学方法的普遍使

用是成功学习的关键。它们可以让所有年龄段的人在所有教育环境中的学习更容易，包括正式的（见第十一章）和非正式的学习（见第十二章）。这将促进学校和大学科学教育的成就和改善人们对它们的态度。在第十一章，肖恩·佩雷拉（Sean Perera）和苏珊·斯多克迈尔（Susan Stocklmayer）论述了如何通过探究式学习来完成这一过程。从长期来看，这应该能够引导成年人增加对科学传播的兴趣。这些方法已经在成人教育中得到了完善。

尽管如此，还是有一些能够确保这些建构主义方法成功的其他措施。其中第一种措施是借助对学习者来说重要的、直接的，并容易辨识的个人、社会和经济的媒介，这将确保所学到的观点实际上能直接用于当今和未来世界；第二种措施是确保学习者能够完全理解通常复杂且特定的科学语言；第三种措施是确保所探究的情况和所使用的语言都能够得到充分的理解，如果有具体的、口头的、视觉的、象征的以及手势等这些不同的表现形式，更能够起到帮助作用。这些问题都会在下文中依次进行讨论。最后，问题提出来了：如何能确保高质量学习已经产生？

一、让学习更容易：代入熟悉的和重要的情境

让学习变得更容易的关键方法是，不要孤立地教授个别概念，不要脱离它们对工程的重要性和社会的影响，要让它们在所处的"情境"中被吸收。这种广义的例子有：复杂对象（例如，移动电话）；一个地方（例如，制造工厂）；一个问题（例如，提供纯净水）；一个当代事件（例如，核电站的事故）；或者一个历史事件（例如，"发现"美洲）。为了具有教育价值，为学习者选择的特定的例子对学习者来说必须是——或必须是易于——熟悉的。

这需要确保个人、社会和经济层面的相关性都是容易被掌握的。将其作为系统性探究的结果来理解，情境就变成了"研究的背景"。基于杜兰蒂和古德温的理念（Duranti & Goodwin，1992，p.3）：

•情境可以定义为空间的、暂时的或社会的情况，具有个人、社会、经济或文化上的重要性。这一重要性必须以某种特定方式得到学生的认可；

•情境中的特定事件或某些方面，可以很容易地成为学生学习的主题，这必然涉及语言的获取和使用；

•在这种学习中，使用的语言必须至少在一定程度上是针对这种情况的；

•学习必须要唤醒学生相关已有知识的运用。

作为学习的基础，情境的应用对于识别和充分理解这些概念是非常有效的方式，这些概念是科学及其相关领域的关键工具。通过这种方式，所谓的"事实性内容泛滥"的问题就会被规避。使用这种方法并不容易，因为并没有关于判定潜在情境的规则。这种方法将会从日常生活的考虑中，从科学的历史知识中，以及近期科学的发展中，从当代社会和政治事件的新闻报道中得出。同时，成年人承认他们只愿意学习他们特别感兴趣的内容，因此这种方法在学校应该逐渐加快应用，这将保持人们的童年和成年教育之间的连续性。

为了有效地学习，基于情境的学习对教师和学生都产生了挑战。持续参与其中的一种情境——暗含有价值的"课程时间"的使用——需要教师非常熟悉涉及道德的所有事项和解释性概念。学生必须愿意参与到这种深度体验中，这将与他们通常接受的教学方式形成对照。必须能够将关注的情境因素本身相互联系起来——正在发生什么——或者能够理解针对当前情况的解释性概念——为什么会发生那样的情况。当这些条件都满足时，有证据显示（Bennett，2003）：

•学生对科学的兴趣是持久的或者增长的；

•学生能够更容易了解科学概念和经验世界之间的关系；

•学习关键概念至少与传统课程一样有效；

•比起教师们在接受传输模式假设的教育中仅仅考虑概念的使用，他们现在对课堂活动更有"掌控"的感觉。

然而，仅仅以情境为基础的课程并不能让人们愿意去继续学习科学和技术（Bennett，2003，p.114）。要使学习变得更容易，还必须考虑另一个主要方面。

二、让学习更容易：采用富有意义的语言

不言而喻，语言在任何学科的学习和教授中都至关重要。与人们的普遍看法相反，词语不只是教师传输给学习者的概念编码。更确切地说，词语是老师用来在学习者的头脑中创造概念的。当然，教师和学习者都希望学习者所需要的解释与老师教授的内容是一样的。然而，有几个潜在的、通用的语言障碍必须加以克服或避免：

● 学习科学往往会涉及获取到很多新的词语。例如，莫兹恩（Merzyn，1987）发现 14～16 岁的学生每节课获取的新词语为 6～8 个。这些新词语必须在引入时加以定义，以免被错误理解。

● 很多这样的词语是专门为了科学上的使用而被创造的，例如"伏特""根茎""熔"。尽管不像曾经认为的那样会让学生产生问题，但是在第一次引入时都需要被定义。

● 日常生活中使用的词语在科学上可能有不同的含义，例如，"力"或者"重量"。使用一个词语的具体情形（"日常"与"科学"的比较）可能不会被学生所理解，会导致误解。因此，必须向学生认真地解释这些情形，最好是通过实际演示来解释。

● 逻辑连接词的意义可能无法被理解，如"因此"、"因为"或"然而"，但它们在科学解释中至关重要。加德纳（Gardner，1975）发现 15 岁的青少年对于书面语言的理解更加困难。虽然这是普通的语言教育的一个主题，但这一潜在问题不应被科学教师所忽视。

● 一些常用词汇，尽管其在科学里的用法是一样的，但对学生来说还是陌生的。例如，许多英国中学生发现大量的词语在这种情况下是"困难的"，比如"充裕""邻接""对照""事件""成分""对比"（Cassels & Johnstone，1985，p.14）。同样，这主要是语言通识教育的问题。

有一种语言问题超出了特定词汇的范畴。该问题涉及隐喻和类比的使用，二者被广泛应用于各个阶段的科学传播和所有受众中（Duit，1991），在科学（Galaburda，1997）和工程学（Ferguson，1993）中都发挥了重要的作用。隐喻是两个实体之间的泛化比较，可以表示"X是Y"。换句话说，一些必须被理解的事物被看作是与它有很强相似性的事物。例如，"原子是一个行星系统"。

这些简化是有用的，因为它们以明喻的形式定义事物，并就其细节进行对比，例如，"X就像Y"，又如"原子就像一个行星系统"（玻尔模型）。问题是："像"这个词的边界在哪里？海森（Hesse，1966）将潜在的类比分成三个部分："正面"的关系是指那些看起来具有可比性的部分；"负面"的关系是指那些看起来似乎没有可比性的部分；"中性"的类比是指那些不能达成一致的部分。一个不恰当的隐喻和/或对其组成部分不准确的评估可能导致迷思概念。因此，有两个可以令科学传播更加成功的命题。首先，是仔细选择要使用的隐喻：对学习者来说一定非常熟悉它们的来源；其次，是理解学习者如何分析和使用这些隐喻。

无论是口头的、阅读的还是书面的，语言对描述和交流科学思想都具有重要意义。除此之外，还有其他的表征方式，每一种方式都有确定的表意能力，通常与词汇的使用有关。如果将这些方式恰当地综合应用在学习中，科学传播将会取得巨大的成功。

三、让学习更容易：增强可视化思维

思维常被认为是涉及"可视化"：一个想法确实、也许或可能意味着什么。这个常用的词有两个截然不同却相互关联的含义。作为"外在表象"，可视化意指某些学习内容，可以通过普通的词语、图表、图解、图片与其他人分享。作为"内在表征"，可视化意指个人在头脑中创造出来的心理模型。外在表象是教育的宝贵工具：对教师来说，是为了传达意义；对学生来说，是为了探索和巩固他们的理解。内在表征是所有学习的工具，尤其是在科学领域，能对未来事件做出预测并验证，这是非常重要的方面。感知外部现象和创建相应的内在表征这两种活动共享着相同的大脑机制。佩奥（Paivio，1986）建立了一种用于采集、心理操纵和使用内在表征的模型。它将外在表象分为两组：语言的，即口头或书面形式的表达；以及非语言的表达，即通过有意义的手势、图像（物体、图解、图表等）、声音或触摸进行的表达。这些都是通过大脑中不同的结构来处理和存储的。

在语言系统中，单词的含义被分开存储。然而，独立的存储可以被结构化，从而使复杂的现象或关系能够被理解。例如，"循环系统"包含了"心脏""动脉""静脉"的单独含义，即整体可由其部分组成。

在非语言结构中，其他类型的外在表现的含义也被分开存储。同样地，它们之间也可以形成结构，这样复杂的现象就能被理解。例如，不同子类型的循环系统图可以通过构成的整体来给出全面的解释。也许最重要的是，两种存储类型之间（语言和非语言）也可以形成链接，这样，两个系统不同的表征能力就可以对一种现象产生影响。无论是语言的还是非语言的，这两个系统的输出都是由它们内部和它们之间创建的结构所连通的。

如果在教育过程中充分利用语言和非语言系统，那么，学习科学就会更加容易。只有在了解了各种表征方式的能力后，才能做到这一点。外在表象有五种相区别的一般模式，分别是语言、物质/材料、图像、手势和符号，它们各有其特定形式的表征能力。在每一种方法中建立良好的实践都是很复杂的，原因有两个。首先，每个通用模式都有几个子模式，例如，图像模式包括照片、草图和流程图；其次，在许多场合下，多种模式被结合使用，比如讨论一个物质模型或诠释一张图表。然而，在使用这些方法时，必须先建立良好的实践，然后才能评估其最有效的组合。以下逐个进行介绍。

四、让学习更容易：采用口语模式

在使用时会产生的问题——语言的意义以及类比的运用——在上文中

已经讨论过了。然而，如果想要使学习变得更容易，良好的实践必须遵循语言外在表象的每一种方式，如演讲、阅读、写作。

如果你参观过众多的课堂，就不难发现大部分谈话是由教师完成的。莫蒂默和斯科特（Mortimer & Scott，2003）界定了四种类型的课堂谈话。

- 非交互式的、权威的。老师讲课，学生们听。这种类型是教育传输模式的支柱，教师的知识复制品将被传递给每个学生。这是大学讲课的主要模式——有一个恰当的题目——特别是在有许多学生的时候。
- 交互式的、权威的。这种类型的模式在许多学校中都是这样的：教师通过提出问题来发起互动；学生经常用一个词、词组或者不完整的句子来回答；教师对这种回答做出评价。这个循环是重复的，由教师做出变化，直到学生回答出预期的答案。
- 非交互式的、有对话的。这里每个学生可以提出问题并提供答案，教师对这些问题和答案进行评估。这种模式在许多课堂上都能看到。
- 交互式的、对话的。在这里，教师和学生们进入了一种接近正常的对话，任何参与者都可以提出问题，给出答案，或者评价答案。这种模式只在一些课堂上能看到。

非交互式对话和交互式对话的运用更有可能使每个学生将讲授的观点内化——这才会让学习变得更容易。然而，这些方法确实要求教师既要有所教科目的专业知识，又要有管理技巧，管理教师与学生之间及学生之间的互动。特定的技巧包括确保使用"开放式"问题的合理组合——这些问题的精确答案是未知的，及"封闭式"的问题——它们只有唯一答案；并确保提出适当数量的"高阶"问题——那些需要信息的"分析"、"综合"或"评估"，而不仅仅是叙述。

尽管学生们经常被要求使用教科书，但似乎很少有使用阅读来进行科学传播的体系。这是一个严重的疏漏，因为阅读可以使学生以一种可控的节奏学会论证，也就是建立理论事实的过程。图尔明（Toulmin，1958）提出了一个论证结构，安杜兰（Erduran，2008）对它在科学传播中的地位进行了评估。总之，一种有效的论证形式由五部分组成：做出断言的说明；支持该断言的数据；在断言和数据之间的联系；能够支持这些断言的其他证据；在断言被质疑的情况下，做出反驳说明和驳论。学习科学更容易的方法是把重点放在论证上，而不是简单地断言。这将确保学生必须全身心投入教科书中，这样的阅读需要充足的专注时间。

学习科学并不经常要求学生写作，实验室工作的公式化"写作"是个例外。这一疏漏忽略了一个帮助学习的机会，因为撰写文本的行为要求学生以外在的形式来表达他们内在消化的观点，从而明晰这些观点。以下三种类型的写作都能做到这一点：为学习而写作，从而关键的概念通过表达而得到理解；为推论而写作，这是为了形成论证；为传播而写作，这是为了培养目的和受众观念。科学传播方面的写作技巧只能逐步地形成，这是本书各章节的作者都会证明的常理。

五、让学习更容易：采用物质／材料模式

物质／材料模式是最常用来表示实体结构的模式。实体之间的空间或时间的关系可以以这种模式强化。类比可以广泛使用这种模式。例如：DNA的"球－棍"模型；人体静脉／动脉系统的"彩染"模型；计划中的新型建筑的"分解"图像（模型）。这种模式的吸引力在于：①原始物的三维性质被保留；②有效利用了视觉——也许是感官中最有价值的东西；③取决于所关注的焦点，原始物的各个方面能够被强调或者被删除；④如果原始物是非常大的（如工厂）或非常小的（如病毒），那就可以按照适合的比例来呈现。

物质／材料模式成功应用的关键在于，学生们必须详细地了解对特定表达与原始现象之间联系的"诠释"。这可以通过个人经验和解释具体实例相结合，以及通过关于呈现系统的直接指示来完成。

需要这种双重的方法是因为这种模式的用途如此之广，大量的子模式已经开始使用，每一个都有不同的表征焦点，因此也有不同的类比应用。

一个很好的例子是其用于表征分子结构时的灵活性（表 10-1）。三种主要的子模式（"开放式的""空间填充的""轨道的"）都能使分子模型的各个方面被表征（"+"）或不被表征（"−"）。

表10-1　化学中使用的物质/材料表征子系统模拟状态的范围和限制

系统	开放式的				空间填充的				轨道的	
子系统	球-棍模型		骨架		分子		离子			
相似性	+	−	+	−	+	−	+	−	+	−
性质	★		★		★		★		★	
型号	★			★	★		★		★	
形状		★		★	★		★		★	
角度	★		★			★		★	★	
表面		★		★	★		★		★	
本质		★		★	★		★			★

资料来源：Gilbert, Reiner & Nakhleh, 2008, p.10. *Visualization: Theory and Practice in Science Education.* Dordrecht: Springer.

六、让学习更容易：采用图像模式

图像模式包括一系列子模式，这些子模式构成了由弱到强的表征能力谱。一端是"照片"，另一端是"图表"，两者中间有许多版本的"图解"。

照片是一种很方便的方式，它用来展示实际上是什么样子的情况，因此，它们被广泛地应用在教科书中。任何一张照片的传播价值将受到它的标题及嵌入文本的严重影响。博泽和罗斯（Pozzer & Roth，2003）在生物教科书中发现了四种形式的关系。第一，装饰性的：没有标题或在文本中没有直接说明的照片；第二，说明性的：有标题说明照片中的物体，但在文本中没有提及；第三，解释性的：有标题说明照片中的物体，而且关于它们的一些解释也在标题中，但是周围的文本与那个解释没有关系；第四，补充性的：有标题解释照片，这些解释不存在于文本中，是添加的内容。

尽管"标题"相当于在视频中使用语言的表达，但这里有四种选择。从照片中提高学习能力并不意味着摄影师在创作"镜头"时拥有高超的技巧，而是运用"补充"形式的文本。

图像表现形式的另一端是"图表"的使用。各种广泛的子模式都是可用的，包括维恩（Venn）模式、方块图和传统线形图。如果学生知道每一种形式的"解释代码"，以及对每一个特定例子的组成部分都能清楚地标记，它们就会支持学习。如果还能在一定程度上对文本进行图形补充，那么它的使用将会再次得到加强。

在照片和图表之间是"图形"的概念的无限变化。图形可以被认为是由物体的图像组成的。通过简单的物体素描，物体的图像可以是照片到代表它们的符号。其链接可以是隐式的，也可以是显式的，并且涉及方向、时间或因果关系的维度。因此，图可以包含大量的信息。但是，如果学生清楚地知道它们的使用习惯，它们就会支持学习。

七、让学习更容易：采用手势模式

手势是当表示某些信息时使用的手和手臂的动作。它们在学习上似乎很重要，但很少有针对它们进行的研究（Radford，Edwards & Arzarello，2009）。任何例子似乎都服务于四个目的中的其中之一：①指向正在讨论的真实或虚构的对象；②画一个常见的物体来模拟解释所讨论的对象；③表明趋势，例如事件的重复；④对于所说的进行强调。大多数学习者——甚至是他们的老师——在解释过程中不会意识到他们使用的手势。这种使用手势的意识可以增强学习的能力。

八、让学习更容易：采用符号模式

在科学教育中，经常会出现两种符号性的表达方式，但这在科学传播中却很少。第一个是数学方程式。科学的学习可以通过以下三种方式得到帮助：①确保学习者对使用的特定形式有充分的理解；②在给出解释的时候使用最简单的形式；③用语言解释数学方程式，而不是让它们"为自己说话"。第二种符号模式是化学方程式。在使用这种模式时遇到的主要问题是，这种类型在 20 世纪已经发展起来，在教科书中仍然有各种形式的使用。现在有一个关于方程式书写和学习的国际惯例（IUPAC 系统），如果这个系统始终保持一致，并且学生们对它完全熟悉，那么无疑可对学习形成支持。

九、让学习更容易：解释的明晰性

以上所有的建议都应该使学习科学更容易。然而，产生最大影响的问题是学习者对所寻求的传播目的、解释类型是否有一个明晰的认识，模糊不清的目的一定会导致学习质量下降。

在任何的传播情况下都有六种不同类型的解释，分别如下。

● 语境化解释。回答了这样的问题："被解释的现象是什么？"经验世界的一部分被分离出来并被命名。

● 意向性解释。回答了这样的问题："为什么要调查这些现象？"这些解释可能会涉及它们作为技术基础的重要性。

● 描述性解释。回答了这样的问题："这些现象的属性是什么？"这确定物质的属性、测量方式、价值范围。

● 说明性解释。这里的问题是："这些现象是由什么构成的？"这些答案是我们肉眼不能直接看见的实体。

● 因果性解释。问题是："这些现象为什么会这样？"这将会产生的答案是"包括先前确定的描述性解释，这些原因会产生的这些属性，要么是决定性的，要么是统计性的"。哲学家认为这些解释的类型最有价值。

● 预测性解释。预测的产生和检验是科学的基础。如果问题的答案是"这些现象在其他特定情况下具有什么属性？"通过实验工作产生的预测结果是持久的，那么，相关的描述性和因果解释将被证明是有价值的。

（Gilbert，Boulter & Rutherford，2000）

所以，所有尝试进行科学传播的人都应明确说明他们将提供何种类型的解释。

第四节　如何辨别科学传播是否有效？

尝试学习总是需要时间、注意力和精力。一个学习者，如何在做了这样的尝试之后，能评估出它是否值得呢？我建议以三个问题作为标准：

- 我现在可以解释我想要解释的了吗？
- 经过修改，我可以把我的解释转移到我曾经研究过的那种情况吗？
- 我是否对自己所学的知识有足够的兴趣，以便将来能更多地了解这个课题？

对这三个问题的正面回答表明所提供的科学传播是成功的。

参 考 文 献

Bennett, J. (2003). *Teaching and Learning Science*. London: Continuum.

Cassels, J., & Johnstone, A. (1985). *Words that matter in science*. London: Royal Society of Chemistry.

Duit, R. (1991). On the role of analogies and metaphors in learning science. *Science Education* , 75(6), 649-672.

Duranti, A., & Goodwin, C. (1992). *Rethinking context: Language as an interactive phenomenon*. Cambridge: Cambridge University Press.

Erduran, S. (2008). Methodological foundations in the study of argumentation in science classrooms. In S.-A. Erduran, *Argumentation in Science Education* (pp. 47-70). Dordrecht: Springer.

Ferguson, E. (1993). *Engineering and the mind's eye*. Cambridge, MA: MIT Press.

Galaburda, A. (1997). Profiles, Part 1: Faraday, Maxwell, Einstein. In T. West, *In the mind's eye* (pp. 97-129). Amherst, NY: Prometheus Books.

Gardner, P. (1975). Logical connectives in science: A summary of the findings. *Research in Science Education* , 25(3), 9-24.

Gilbert, J. K., Boulter, C. J., & Rutherford, M. (2000). Explanations with models in science education. In J. Gilbert, *Developing Models in Science Education* (pp. 193-208). Dordrecht: Kluwer.

Hesse, M. (1966). *Models and analogies in science.* Notre Dame University, Indiana: Notre Dame University Press.

High Level Group on Science Education. (2007). *Science now: A renewed pedagogy for the future of Europe.* Brussels: European Union.

Kelly. G. A. (1955). *The psychology of personal constructs.* New York: Norton.

Merzyn, G. (1987). The language of school science. *International Journal of Science Education* , 9(4),483-489.

Mortimer, E., & Scott, P. (2003). *Meaning making in secondary science classrooms.* Maidenhead, Berks.: Open University Press.

Paivio, A. (1986). *Mental representations: A dual coding approach.* Oxford: Oxford University Press.

Piaget, J. (1969). The child's conception of the world. Totowa, NJ: Littlefield, Adams and Co.

Pozzer, L., & Roth, W.-M. (2003). Prevalence, function, and structure of photographs in high school biology textbooks. *Journal of Research in Science Teaching*, 40(10), 1089-1114.

Radford, L., Edwards, L., & Arzarello, F. (2009). Introduction. *International Journal of Mathematics Education*, (70),91-95.

Rogoff, B. (1990). *Apprenticeship in thinking: Cognitive development in social context.* Oxford: Oxford University Press.

Toulmin, S. (1958). *The uses of argument.* Cambridge: Cambridge University Press.

Vygotksy, L. (1962). *Thought and Language* Cambridge, MA: MIT Press.

第十一章

科学传播与科学教育

肖恩·佩雷拉（Sean Perera），苏珊·斯多克迈尔（Susan Stocklmayer）

第一节 引　言

科学家和科学传播者迈克尔·法拉第（Michael Faraday）曾经说过，不能激发学生对科学的热情的教育体系，"在某些非常重要的原则上，一定存在着很大的缺陷"。本章认为，许多科学课堂所缺乏的元素正是对科学和技术传播的有效原则的理解。着眼于探究式教学法，我们将挑明科学教师在施行改革方针时面对的挑战。我们认为，一个从已有科学传播原则出发的建构主义职业发展框架可能有助于在科学课堂上施行探究式学习。

几十年乃至几百年来，探究和动手经验一直是科学学习的重要组成部分。事实上，据说它起源于炼金术士，他们认为学徒应该在实验室里发现化学世界的更多秘密：

> 年轻人不能止步于训练概念、推测和口头争论，还应该习惯手头劳动，将手指伸向熔炉，如此他们才能洞悉焰火制造术所发现的奥秘和化学带来的奇迹……除非他们拥有实验室和图书馆，在火焰之际工作，这比空中造阁要好。
>
> （John Webster[①]，1654，p.106）

然而，人们真正注意到近代开放式的动手实践所发挥的作用，可以说是始于 20 世纪 50 年代末美国物理科学研究委员会（PSSC）物理学的推行。在冷战的刺激下，为了招募更多的学生学习物理学和工程学，一群顶

---

① 约翰·威斯特（John Webster），外科医师、炼金术士。

尖的物理学家聚集起来，意在抵抗苏联方面的科学成就以及：

> ……在公众中间日益高涨的非理性主义和猜疑，他们认为这直
> 接威胁到美国科学的长久健康和进步。虽然军事冲突打开了改革的大
> 门，但正是这种文化冲突从根本上形塑了改革的实质内容。

（Rudolph，2006，p.2）

为了反击这种"非理性主义潮流"，科学家认为他们应该为实现"更
理性的公民"（Rudolph，2006，p.2）提供知识培训。这个项目明确针对
精英学生，不仅是培养未来的科学家，还有未来的政治家、律师和商业领
袖。它融合了历史、实验和媒体的元素："大量的教师指南……非常棒的
简单的原创性实验"和"精彩的影片"（French，2006）。总而言之，它已
经远远超越了那个时代。许多杰出的美国物理学家的职业生涯都归功于这
项计划。它经历了七个项目周期。

随着认为公众对科学的看法需要改变的声音越来越多，美国物理科学
研究委员会诞生了。在第一次探索太空的狂喜之后，科学家和教育家开始
担心社会对科学的支持正在减弱，于是出现了美国物理科学研究委员会物
理学和大西洋另一端的纳菲尔德（Nuffield）科学。

1962 年，英国纳菲尔德基金会（Nuffield Foundation）科学教授项目
创办，它是科学对众多的社会经济、知识和国家层面影响的回应，这些影
响指向学校科学改革的必要性，特别是需要建立一个负责科学课程的官方
机构（Waring，1979）。教育部成立了一个课程研究小组，主要的领导者
是科学大师协会，还有程度较低的女性科学教师协会[1]。当时审议这些问
题的科学政策咨询委员会主席正好是纳菲尔德基金会的理事，这才有了纳
菲尔德基金会为改善科学教学的长期计划捐赠的 25 万英镑，才有了后来
众所周知的纳菲尔德项目（Nuffield Project）。

纳菲尔德科学聚焦于科学的本质，目标是点燃智识生活。它也有大量
的教师指南，强调实践的探索、提问技巧，以及探究式学习。

重点在于鼓励批判性探究的态度，发展权衡证据和评估概率的能力，并熟悉科学的主要原理和方法。教学策略……是避免告诉学生全部答案，而是给他们时间和空间，在解决科学问题的过程中学习。

（Meyer，1970，p.1）

美国物理科学研究委员会科学和纳菲尔德科学的最初形态均未能延续，尽管两者都对后续课程产生了相当大的影响，但是对老师和学生来说，它们太有挑战性了。老师和学生的习惯根深蒂固，调整起来有困难。美国物理科学研究委员会策划人员的反思性评论包括："不得不承认，只有少数参与者有能力玩好这个游戏……一部分人确实是力不从心……我的一些参与者可能更擅长教授传统课程……"（French，2006，p.2）

林登费尔德（Lindenfeld，2006，pp.1-2）问："为什么美国物理科学研究委员会课程会消失呢？首先，它太难了……它成了精英的课程。"里格登（Rigden，2006，p.2）发表评论说，尽管美国物理科学研究委员会课程的开端是非常快乐和积极的，但是"美国物理科学研究委员会课程没有能够在（教科书）市场中占有相当部分的份额，因为它要求美国物理科学研究委员会的教师和学生都要去思考"。它被归类为"硬核"课程，区别于"那些有教无类的靠方程式书写内容的介绍性物理教科书"（Rigden，2006，p.2）。

在英国所做的一项评估研究也得出了类似的结论。该研究对学习了三年纳菲尔德科学的学生们做了评估，对照组是接受"传统"方法教学的学生。学生期望通过实践经验"发现"科学观点的期望并没有实现。"对GCE[①]平均水平的学生来说，这门课程太难了"，并且"与学生的个人社会环境没有联系"（Meyer，1970，p.295）。

迈耶还做了许多其他的评论，既有负面的也有正面的，其中包括他的发现，即随着学生年级增加，在纳菲尔德科学中取得成功的学生具备了强化的思维技能。然而从如今的观点来看，考虑到彼时科学的角色，我们引用了一个有趣的推测，即学生们可能"被过度训练，以发展解决问题的兴

---

① 通用教育证书（General Certificate of Education，GCE）是一种使用英语教育系统国家的考试制度。——译者注

趣，甚至对普遍接受的科学事实吹毛求疵"。

这也许是一个合理的反驳，因为以前的教学中普遍存在过于强调知识点的情况。然而，如果过分强调这一目标，而以牺牲其他目标为代价，那就会对我们的文化遗产价值，甚至是整个社会秩序的价值产生愤世嫉俗和怀疑的危险。当然，一定程度的愤世嫉俗是合理的，特别是在科学领域，但这必须在尊重过去的成就以及对人类在过去3万年积累的大量知识的理解和欣赏的基础上形成。

（Meyer，1970，p.293）

因此，探究式方法在某种意义上是具有威胁性的。

之所以纳入关于这两个非典型项目的广泛讨论，是因为它们代表了当时的传统方法的挑战。美国物理科学研究委员会科学和纳菲尔德科学不仅对美国和英国有影响，英联邦国家也尝试过纳菲尔德科学，而且美国物理科学研究委员会物理学的观念也已被证明具有深远影响。尽管其推动探究式学习的努力值得称道，但它们最终还是失败了。因为教师和学生都不知道如何去实施。它们从来就没有真正"流行起来"，而且被看作某种无政府主义。这一时期的其他教科书显示，当时对科学教育的期望通常立足于一种依靠数学和记忆、不鼓励批判性思维的学习方法。这些教材依旧是首选的类型。

第二节　20世纪80年代与90年代的科学传播和教育

直到20世纪80年代，传统的科学教材仍然是科学教育的主要资源。"动手做"并不是一个广泛使用的表达方式，动手实践基本上不是开放式的，也不是探索性的。学校的考试是关于解决日常问题和记住知识点的。探究式教授和学习的观念在许多年中都处于休眠状态。即使在 21 世纪的第二个十年，关于这个话题的许多网站仍然有一些板块的标题是"什么是探究式教学"以及"为什么要这么做？"

在谈到科学与技术传播的领域时，我们注意到，与正规教育强调事实知识的同时，20 世纪 80 年代也见证了公众理解科学运动的诞生。在英国和其他许多国家，

> ……在那段时间，科学界更担心公众对科学的冷漠而不是憎恨。基础研究不能获得投票，而且资助也在萎缩——或者至少是停滞的，研究人员倾向于认为这是同一件事。知情的公众会更倾向于支持科学，以及在科学帮助下产生的技术。提高公众对科学的理解将有利于招募未来的研究者，并且有利于经济发展。
>
> （Turney，2002，p.1）

公众理解科学运动引起了公众的"缺失模式"，本书在其他地方详细讨论了这个问题。可以说，这个模型的精髓在于，公众有责任学习和理解更多的科学。杜兰特、埃文斯和托马斯在《自然》上发表了一篇开创性论文（Durant，Evans & Thomas，1989），就源自若干学科的各类科学事实做了调查，强调部分公众缺乏对科学的理解，并抨击了中学科学教学的水平。有其他研究表明（Stocklmayer & Bryant，2012），被调查的问题本身就有很大的问题。尽管如此，被测试（公众的得分不高）导致相当多的精力被用在了更广泛地宣讲科学信息上，并且此后世界上几乎所有国家都持续了这一做法。

20 世纪 80 年代的这些努力中的一种是加强学校课程中的科学性（Gregory & Miller，1998），比如 2061 项目。该项目是美国科学促进会于 1985 年策划的，旨在于 2061 年哈雷彗星再次掠过地球之前，形成一种具备科学素养的美国公民身份体系。该项目来源于题为"面向全体美国人

的科学"的报告，该报告定义了具备"科学素养的"人是

> 能认识到科学、数学和技术是相互依存的人类事业，它们既有力量又有局限性；理解科学的关键概念和原理；熟悉自然界并认识到它的多样性和统一性；在个人和社会行为中使用科学知识和科学的思维方式。

> （AAAS，1985）

这个定义以及它对理解和知识的强调反映了当代公众理解科学运动的根本思想。

然而在 20 世纪 80 年代，作为公众理解科学的一部分延伸，科学中心运动登场了。在最初十年里，科学中心数量很少：著名的例子有美国旧金山探索馆、英国伦敦科学博物馆、澳大利亚安大略科学中心、澳大利亚堪培拉国家科技馆和新加坡科学中心。科学中心已经有了巨大的增长：2008 年第五届科学中心世界大会上发表的《多伦多宣言》表明："每年有 2.9 亿位公民积极参与全球 2400 个科学中心组织的展览、项目、活动和拓展活动。"（Ontario Science Centre，2008）自科学中心诞生以来，教师们就工作坊向其咨询，就演示和活动寻求协助，等等。就科学中心而言，一直在向教师和学生提供各种资源和精修课程。它们的影响明显而深远，并持续至今。我们的观点是，在一种互动和轻松的环境中传播科学的科学中心运动，以及最近对科学传播观念的重大改变，为重新强调学校的探究式学习铺平了道路。

20 世纪 90 年代，有几位作者试图改变公众存在缺失的观点，特别是在科学争议导致公众信任受到侵蚀的情况下。逐渐地，人们开始认识到，公众并不是一个缺乏知识和学识的无组织群体（Gilbert，Stocklmayer & Garnett，1999）。科学与公众之间多面性的关系开始出现。与此同时，建构主义学习是科学教学的适宜方法这一观点得到普遍认可（尽管在 20 世纪 90 年代初，这个术语引起了激烈的争论，而且未能被清楚地阐明以供在课内有效施行）。认识到建立先验知识和经验基础的重要性后，科学中心开始推行"既动手又动脑"的观念。

第三节　当代科学传播与教育：变革的时代

2000 年，英国政府制定了一份重要的报告，它影响了大多数国家在实践和教授西方科学方面对科学与公众的思考（House of Lords, 2000）。它有效地反驳了"自上而下"和"傲慢"的"公众理解科学"运动，并主张对科学与社会的关系采取不同的方法。

> 虽然科学家是人口中的少数，但在现代社会中，民主的公民身份，除了其他事情以外，取决于公民理解、批评和使用科学思想和主张的能力……科学的应用引发或增进了复杂的伦理和社会问题……
>
> （Section 1.11）

因此，所强调的重点已经从知识转移到在日益科技化的世界中理解科学的影响及其含义。这份报告刺激了一系列受资助项目的诞生，它们旨在吸引公众参与，而不是教育他们。同时，对科学教育的目的提出了新的问题。这些问题都源于意识到大多数公众都没有参与科学的经历，并且先前对缺乏兴趣的人的教育大多是失败的。

> ……科学课程的内容并没有相应地演变。在当今世界，一个"健康而充满活力的民主体系"需要公众"对重大科学思想有广泛的理解，在欣赏科学价值及其对文化贡献的同时，可以批判性地参与与科学有关的问题和争论"。
>
> （Section 6.15）

该报告建议，课程应该加以调整，"吸收更多的技术和更多关于'科学的观点'"，这将有利于"将更多的时间用于观察事实背后和超越事实的缘由和含义，以及涵盖这些事实的过程"（Section 6.16）。因此，探究式学习坚定地重新回到了该议程。然而显而易见的是，早期课堂上进行的开放式探究学习所带来的困难仍然是阻碍其实施的障碍。因此，我们需要回答这个问题：教师到底想要什么？

第四节　探究式教学法

探究式学与教强调学习者的责任，这种责任促进了具有个人意义的学习经验（Simon & Johnson，2008）。为达到这一目的，教师应该较少地传送信息，更多地为学生创造积极的学习经验。如今，许多国家和文化中的国家科学教育准则都强调探究式教学法。例如，澳大利亚《全国教师专业标准》（MCEETYA，2003）含蓄地将这种方法与未来的科学参与联系起来：教师应该发展学生的批判性思维、创造力和解决复杂问题的能力（包括其他技能）。类似的文件不胜枚举：《美国国家科学教育标准》（NRC，1996年）；加拿大各省的科学课程，如艾伯塔省的《聚焦探究》（2004年）及《安大略科学课程》（2008年）；印度尼西亚的《2004年课程》；新加坡的《中学低年级科学课程大纲》（2008年）、《斯里兰卡科学与技术课程》（2004年）等。总的来说，这些课程的发展与公众在科学和技术方面角色的变化观点是一致的。

这种以学习者为中心的方法与建构主义学习紧密地联系在一起，它规定新知识应该建立在现有理解的基础上，从而使实际学习转化为更积极、更有意义的个人经验。通过探究学习科学，要求学生们搭起已有知识的构架（建立起一个相互连接的网络），形成理解，评估不同的概念，在社会文化背景下应用观点，并参与开放式问题、合作学习和反思（Shymansky et al.，1997），所有这些都是建构主义课堂的典型要素。

第五节　变革实施中的问题

尽管科学教育改革准则承认学校科学的学与教需要转向探究式方法，但也有共识认为科学教师才是推动这一变革的关键（Lumpe，2004）。然而有大量的证据表明，目前许多教师用来教授科学的教学法违背了这项改革的目的。例如，奥斯本指出（Osborne，2006，p.2），在许多科学教育改革的努力中，教师们未能在课堂上采纳探究式教学法：

> 尽管40年前施瓦布（Schwab，1962）就认为科学教育应该被视为一种对于探究的探究，但近一个世纪之前，约翰·杜威于1916年就主张（Dewey，1916）课堂学习是一个以学生为中心的探究过程，我们发现要在科学课中完成这一实践依然很困难。

相反，更传统的教学法在全世界的科学课堂上盛行。与传递的传输模式一样，传统教学法主要以抽象、困难和脱离语境的内容为主要特征。例如在澳大利亚，传统教学法仍然像30年前一样流行（参见 Rennie，Goodrum & Hackling，2001；Staer，Goodrum & Hackling，1998）。佩雷拉（Perera，2011）还断言，科学的语言及其昭然的西方所有权是有问题的；这些因素剥夺了非西方学习者的科学文化归属感和所有权，让他们与科学变得疏远。

许多作者认为科学的"所有权"是良好的科学与社会关系的重要因素之一（Gilbert，Stocklmayer & Garnett，1999；Huber & Moore，2001；Rennie & Stocklmayer，2003）。倘若学生认为科学是无关紧要的，并且脱离日常生活，他们就不太可能成为参与科学的公民。在课堂上，这意味着对学生的信念和观点给予尊重与关怀，这是探究式学习的一个重要因素，但往往被忽视。

教师不情愿贯彻科学教育改革，这并非因为他们不了解探究式教学法。例如，美国的考科斯－彼得森（Cox-Petersen，2001）和以色列的艾伦、博格和班诺（Eylon，Berger & Bagno，2008）的研究已经表明，教师认为探究式教学法是教授科学的一个更好的方法。教师们也意识到以学生为中心的方法比传统的教学模式更有效。例如，澳大利亚的一项研究发现，在接受调查的教师中，几乎所有人（98.6%）都认为以学生为中心的教学方式有可能提高学生的科学资质（Harris，Jensz & Baldwin，2005）。这种矛盾之所以出现，是因为教学改革不仅仅是简单地采用已被证明行之有效的教学法。教师不愿意采用探究式教学法，而坚持采用传统的教学形式，是教师们强烈地秉承某种信念的表现（Bandura，1986；Bybee，1993）。

因此，通向探究式学习的变革对教师产生了深远的要求，正如布莱克和艾特金（Black & Aitkin，1996，p.63）所解释的：

> ……教师们将不得不改变他们专业储备的各个方面。他们将不得不完全重新审视自己：不仅是他们在素材和课堂方面的技巧，甚至是他们对学习的基本观念和态度。

改变教师课堂实践的支配观念成为科学教育改革的基本动因（Van Driel，Beijaard & Verloop，2001）。这种观念可能包括：认为学生走进教室时头脑空空（白板）；相信教科书的力量；早期训练的效果["学徒式观察"（Lortie，1975）]；学校中现存的文化以及教学哲学的影响；应用于考试的教学需要；最后，也许是最普遍和困难的，对施行以学生为中心的探究可能导致的课堂失控存有矛盾心态和担心。

教师需要支持来适应改变，教师的教学法需要深层次地改变，而不仅是针对其胜任力或首选教学法的微调（Rennie et al., 2001）。相反，教师需要职业发展来撼动一些基本假设，这些假设是他们在具体情境下开展教学的实践理性的起点（Shulman, 1990）。科学教师的职业发展目前主要有两种形式：正规职前大学教育项目和在职培训项目。本章中我们讨论后两种。

第六节 在职职业发展计划

英国科学技术委员会报告称（UK Council for Science and Technology, 2000），几十年来一直在努力为科学教师提供职业支持。早年间，特别是在后大萧条时代，这种努力强调"补充"教师的知识库，期待这种做法能带来教学方法的改进；而更多的当代模式认为，在职专业发展的任务远不止于此。基于对澳大利亚科学教育的回顾，泰勒（Tytler, 2007, p.60）指出，需要深入探讨对教师的支持，以解决他们的个人信念问题。

转向一个专注于对科学内容抱持特定观点的系统意味着挑战，这种挑战的规模，以及许多教师长期以来使用传输教育方式的习惯，不应该被低估。为了使教师做出改变，我们需要一套对科学教育本质和使命的新信念体系。此外，还需要一套新的教学和学习技能，为学生提供更多的服务，并为新知识的产生提供可能性，而不是简单地重复已掌握的知识元素。这些都是重大的变化，是单纯依靠内容分发的职业发展模式所无法达成的。

尽管人们普遍认为教师需要提高对科学的认识，并且为科学教师提供的职业发展计划需要改变重点，但是对于需要促成这些变革的手段却存在着模糊性。"补充"模式与缺失模式相呼应——只要告诉他们缺少什么，事情就会改变。一个有效沟通的新模式强调了对话方法的重要性，这种模式尊重现有的信念，强调相关性和角色示范。

只有当教师自己能够理解这种方法，并以有意义的个人方式看待科学学习中的重要内容时，才能帮助教师适应探究式课堂的挑战。与这种沟通方式极相似的是斯多克迈尔和吉尔伯特（Stocklmayer & Gilbert，2002）的科学和技术的个人意识模式（PAST）。该模式强调，需要积极地运用以往的经验，以推进（或改变）个体对于某一特定科学概念的个人认识。对于在职职业发展，这意味着建立一种通过联系教师对相关科学概念的先前认识的经验来获得科学理解的方法模式。这可能与耶格尔（Yager，1991，p.57）在建构主义学习模式下的职业发展特征的描述相一致：

● 最主要考虑的是教师观念上的改变，比如新概念是否是可以理解的、合理的、富有成效的，以及可行的；

● 如果可能，在职培训必须建立模式，但不是模仿，其策略和想法都是先进的；

● 不同群体将参加不同水平的相关知识和经验的在职培训；

● 开展在职培训的人必须体察到他们在转变观念方面的自身需求。

值得注意的是，这些关于在职职业发展的建议与学生探究式学习的建议非常相似。研究人员认为，基于建构主义原则的在职培训让教师更好地通过探究来教授科学，因为他们就像自己的学生一样，也曾面对类似的学习经验、技能和思维（Loucks-Horsley，Love，Stiles，Mundry & Hewson，1998，p.49）：

首先，通过成为内容的学习者，教师拓宽自身的理解和要向学生讲授的知识内容；其次，通过探究式学习，并亲身体验过程，教师为在自己的课堂上进行实践做了更好的准备。

以建构主义方法为基础的在职培训，具有使教师掌握教学自主权的优势，因为他们掌控了自我的学习，从而使教师从受轻视的技术员式方法攀向他们的专业实践（Davis，2001）。这种形式的在职培训还可以借鉴探究教育学的特点，如合作学习、动手调查以及科学的其他实用性的方面。

第七节　基于有效科学传播原则的在职培训框架

位于堪培拉的澳大利亚国立大学做了一项研究（Perera，2010），针对为中学科学教师举办的职业发展研究工坊。这些工坊融合了涵盖探究式学习各个方面的系列活动，包括概念制图、合作学习、示范、游戏、解决问题、预测－观察－解释、模型构建等。此外，还有关于建构主义、迷思概念、类比的使用的理论研讨。参与者对工坊给予了高度评价，人们发现工坊连带惠及了课堂内的教学。针对工坊的配置和展示方法及其成功的原因的分析表明，其强烈的建构主义元素在很大程度上代表了当前的科学传播的实践准则。这些元素可分解为三个不同的阶段（图 11-1）。

检查、告知和构架——这三者分别刻画了工坊内的不同传播阶段：调查教师进入工坊时的科学意识；通过积极的建构来提高科学意识；最后将教师的意识与他们的日常经验联系起来。因为构架使教师得以建构对科学的深层意识和理解，最后这个阶段使他们对新的科学意识保持开放（因此，图的边缘用虚线表示）。

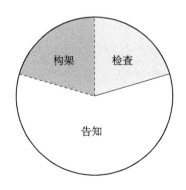

图 11-1　建构主义原则下的职业发展模式框架

科学和技术传播的实践是本框架的重要内容，比如加强工坊内容的传输，施行探究式建构主义学习原则（Perera，2010）。教师在工坊上的具体传播实践经历包括交互式对话、叙述、简单的"动手和动脑"实验、生动并有目的的口头表达，以及容易理解的语言。尽管有时也出现于科学教育的语境，但这些实践与科学教育截然不同，科学传播才是它们真正的起源。表 11-1 给出了与典型科学传播实践相关的每个阶段的特点。

表11-1　以建构主义原则为专业发展模式的科学传播实践

建构主义学习阶段	科学传播实践
第一阶段： 检查	以不具威胁性的活动（例如讨论学生可能持有的其他观点）来熟悉教师的科学意识
第二阶段： 告知	●使用简单且廉价的设备进行触觉的和可辨识的展示 ●历史地描述人类的科学成就 ●用修辞手段来强调口头的传达，例如视觉图像、隐喻、想象实验 ●表演手法增强口头表达，例如不同的语调及投入感情的肢体语言
第三阶段： 构架	参考、联系常见和当前发生的事，例如来自教师日常生活中的事件和对象，或者当前的科学问题

第八节　结　　论

　　显然，探究式学习的引入需要从根本上改变科学的教授方式。在第十章中，约翰·K.吉尔伯特概述了各样的学习模式，这些模式对于相关的以及感兴趣的参与是非常重要的。如果学生要在课外继续参与科学，成为科学的终身学习者，那么课堂教学将需要改变。要施行这些挑战性的理念，必须对一线的和正接受职前教育的教师提供协助。科学传播已经接受了改变的迫切性，而且重新审视了公众参与的目标。现在人们普遍认识到，建立于缺失模式的单向过程不太可能得到成功的结果。科学教育也需要承认这一点，并且认识到获得改变的唯一途径就是允许教师有时间去探索他们自己的信念以及传播实践。

　　研究工坊证明，个体意义建构的方式有可能促进教师群体的科学认识和理解。有效的科学与技术传播实践在这方面至关重要。反过来说，教师同其学生的实践模式将会促进有助于持续科学参与的学习。

　　为了总结这些实践的经验，我们可以做得更好，而不仅是引述（转引自Porter & Friday，1974）前人——例如下面两位杰出的早期科学家的说法，他们相隔一个世纪，同是伟大的传播者（图11-2）。法拉第（Michael Faraday，MF，1791—1867）依靠其科学家的技能，通过演讲和演示向他的崇拜者分享他的发现。诺贝尔奖得主劳伦斯·布拉格爵士（Sir Lawrence Bragg，LB，1891—1971）是一位杰出的演讲家，他也为科学家同行写了大量文章来阐述成为一名好的传播者意味着什么（我们为这些引述中的历史性性别偏见道歉）。

> **找出你的听众所知道的：**
>
> 在演讲的最初十分钟可以知道演讲是成功的还是失败的。这时候……已经要唤醒听众一半的知识、了解了……我听过那么多的具有极好素材的演讲都失去了听众，因为演讲者没有认识到听众不知道他在演讲中想讲什么，然而，如果在珍贵的最初十分钟精心准备，那么他就能够让听众留下来继续听以下的演讲。（LB）
>
> **保持简单**
>
> 在一个小时内我们能完成多少个"要点"？我想答案应该是"一个"。（MF）
>
> **信息传递与参与**
>
> 激情在最开始的时候被点燃，并且一直保持着辉煌的生机直到最后。（MF）
>
> **相关性的重要性**
>
> 一个好的演讲的指导原则是以听众完全熟悉的日常生活中的事情开始的，并且以此为基础进一步引导。（LB）
>
> **剧院的技巧**
>
> 表达不应该快速而匆忙，结果就是难以理解，而是应该缓慢且深思熟虑，这样容易传达思想……（MF）
>
> 在我看来，我们回到其本质特征……就是演讲和听众之间的情感联系。（LB）
>
> **幽默感**
>
> 总之，笑话有明显和持久的效果。（LB）
>
> **激发好奇心**
>
> 演讲者希望给予观众美学上的愉悦感，这种愉悦感是以正确的方式考虑令人费解的现象，从而使观众能够理解这种现象是如何变清晰的。因此，要确定观众首先是有疑惑的……（LB）
>
> **展示**
>
> ……对一项实验的描述与实际看到这项实验是不同的，这种差别与在地图上看到一个国家与实际到这个国家参观的不同一样大。（LB）
>
> **语言的重要性**
>
> 他可能会诚实地避免使用技术语言，但远远不止于此。他必须把自己定位为一个聪明的外行人，并意识到那些他熟悉的想法和经验对他的观众来说都是陌生的。
>
> **对观众的尊重**
>
> 他所有的行为应该证明他对观众是尊重的……他应该让观众完全相信为了令他们快乐和满意，他已经发挥了所有的力量。（MF）
>
> **令演讲充满娱乐性**
>
> ……人们一般的耐心不能超过一小时，除非是在布满鲜花的小路上。（MF）

图 11-2　来自法拉第和劳伦斯·布拉格的一些传播原则

资料来源：根据Porter & Friday（1974）修改

　　法拉第和布拉格关于科学传播技巧的思想历久弥新。然而，这并不意味着它们已经实现了普遍的传播。事实上，他们尊重和关心受众及其参与的理念正在今天的科学传播语境下被重新表述。然而，他们留给我们的信息是：像探究式学习一样，好的理念永远不会真正消失。

注　释

1. 两个协会于 1963 年合并，成立了科学教育协会。

参 考 文 献

American Association for the Advancement of Science, The. (1985). *Project 2061— Science for All Americans*. Oxford University Press, http://www.literacynet.org/ science/all.html, Retrieved 5.7.11.

Bandura, A. (1986). *Social foundations of thought and action: A social cognitive theory*. Englewood Cliffs, NJ: Prentice-Hall.

Black, P., & Aitkin, J. (1996). *Changing the subject: Innovations in science, mathematics and technology education*. London: Routledge.

Bybee, R. W. (1993). *Reforming science education*. New York: Teachers College Press.

Cox-Petersen, A. M. (2001). Empowering science teachers as researchers and inquirers. *Journal of Science Teacher Education, 12*(2): 107-122.

Davis, S. K. (2002). "Change is hard": What science teachers are telling us about reform and teacher learning of innovative practices. *Science Education, 87*(1): 3-30.

Durant, J. R., Evans, G. A., & Thomas, G. P. (1989). The public understanding of science. *Nature, 340*, 11-14.

Eylon, B. S., Berger, H., & Bagno, E. (2008). An evidence-based continuous professional development programme on knowledge integration in Physics: A study of teachers' collective discourse. *International Journal of Science Education, 30*(5): 619-641.

French, A. P. (2006). *PSSC 50 years later. Discovering the PSSC: A personal memoir*. American Association of Physics Teachers, http://ajp.aapt.org/, p.1 3. Retrieved 23.6.11.

Gilbert, J. K., Stocklmayer, S. M., & Garnett, R. (1999). *Mental modelling in science and technology centres: What are visitors really doing?*. In S. Stocklmayer and T. Hardy (Eds.), Proceedings of Learning Science in Informal Contexts. Canberra: Questacon. pp. 16-32.

Gregory, J., & Miller, S. (1998). *Science in Public: Communication, Culture and Credibility*. New York: Plenum Trade.

Harris, K.L., Jensz, F., & Baldwin, G. (2005). *Who's teaching science? Meeting the demand for qualified science teachers in Australian secondary schools*. Report prepared for the Australian Council of Deans of Science. http://www.usq.edu.au/resources/who's_teaching_science.pdf, Retrieved 4.4.2007.

House of Lords (2000). *Third report of the select committee on science and society*. London: House of Lords.

Huber, R.A., & Moore, C.J. (2001). A model for extending hands-on science to be inquiry based. *School Science and Mathematics, 101*(1): 32-41.

Indonesian Ministry of Education. (2004). Guidelines for Physics Teaching. In *Kurikulum 2004*. Jakarta: Curriculum Centre. pp. 11-13.

Lindenfeld, P. (2006). *PSSC 50 years later. From New Brunswick to Tirupati with PSSC.* American Association of Physics Teachers, http://ajp.aapt.org/, p.1-2. Retrieved 23.6.11.

Lortie, D. (1975). *Schoolteacher: A sociological study.* Chicago: The University of Chicago Press.

Loucks-Horsley, S., Love, N., Stiles, K. E., Mundry, S., & Hewson, P. W. (1998). *Designing professional development for teachers of science and mathematics.* 2nd Edition. Thousand Oaks, CA: Corwin Press.

Lumpe, A. T. (2004). Editorial. *Journal of Science Teacher Education,* 15(3): 173.

Meyer, G. R. (1970). Reactions of pupils to Nuffield Science teaching project trial materials in England at the Ordinary Level of the General Certificate of Education. *Journal of Research in Science Teaching,* 7, 283-302.

Ministerial Council on Education, Employment Training and Youth Affairs. (MCEETYA). (2003). *A National Framework for the Professional Standards for Teaching.* Melbourne: Author.

Ontario Science Centre. (2008). *Toronto Declaration.* 5th World Congress of Science Centres. Ontario: June, 2008, http://www.ontariosciencecentre.ca/aboutus/torontodeclaration.asp Retrieved 5.7.11.

Osborne, J. (2006). *Towards a science education for all: The role of ideas, evidence and argument.* Paper presented at the 2006 ACER Research Conference: Boosting Science Learning - What will it take? Canberra, Australia.

Perera, S. (2010). *Exploring the implication of science communication practices on a model for teacher professional development: Serving up the Pierian Waters.* (PhD thesis). Canberra: The Australian National University Digital Repository: http://research.anu.edu.au/access/.

——(2011). Science teachers from non-Western backgrounds challenged by Western science: A whole other ball game. *The International Journal of Science in Society. Volume 2,* (2): pp.11-22.

Porter, G., & Friday, J. (1974). *Advice to lecturers: An anthology taken from the writings of Michael Faraday and Lawrence Bragg.* Sussex: The Royal Institution.

Rennie, L., Goodrum, D., & Hackling, M. (2001). Science teaching and learning in Australian schools: Results of a national study. *Research in Science Education, 31:* 455-498.

Rennie, L. J., & Stocklmayer, S. M. (2003). The Communication of Science and Technology: Past, Present and Future Agendas. *International Journal of Science Education, 25,* 759-773.

Rigden, J. S. (2006). *PSSC 50 years later. With PSSC, teachers and students had to think.* American Association of Physics Teachers, http://ajp.aapt.org/, p.1-3. Retrieved 23.6.11.

Rudolph, J. L. (2006). *PSSC 50 years later. PSSC in historical context: Science, national security and American culture during the Cold War.* American Association of Physics Teachers, http://ajp.aapt.org/, p.1-3. Retrieved 23.6.11.

Shulman, L. S. (1990). *Paradigms and programs: Research in teaching and learning.* Volume 1. New York: Macmillan.

Shymansky, J. A., Henriques, L., Chidsey, J. L., Dunkhase, J., Jorgensen, M., & Yore, L. D. (1997). A professional development system as a catalyst for changing science teachers. *Journal of Science Teacher Education, 8*(1): 29-42.

Simon, S., & Johnson, S. (2008). Professional learning portfolios for argumentation in school science. *International Journal of Science Education, 30*(5): 669-688.

Staer, H., Goodrum, D., & Hackling, M. (1998). High school laboratory work in Western Australia: Openness to inquiry. *Research in Science Education, 28*(2), 219-228.

Stocklmayer, S. M., & Bryant, C. (2012). Science and the public: What should people know? *International Journal of Science Education Part B: Communication and Public Engagement, 2*, 81-101.

Stocklmayer, S., & Gilbert, J. K. (2002). New experiences and old knowledge: Towards a model for the personal awareness of science and technology. *International Journal of Science Education, 24*(8): 835-858.

Turney, J. (2002). *Understanding and engagement: The changing face of science and society.* Wellcome Trust. http://www.wellcome.ac.uk/News/2002/Features/WTD004756. htm. Retrieved 24.6.11.

Tytler, R. (2007). *Australian Education Review: Re-imaging Science Education.* Australian Council for Educational Research. Melbourne: Australian Council for Educational Research. http://www.acer.edu.au/documents/AER51_ReimaginingSciEdu.pdf Retrieved 14.12.2007.

UK Council for Science and Technology. (2000). *Science teachers: A report on supporting and developing the profession of science teaching in primary and secondary schools.* London: Author.

van den Berg, E. (2001). Impact of inservice education in elementary science: Participants revisited a year later. *Journal of Science Teacher Education, 12*: 29-45.

Van Driel, J. H., Beijaard, D., & Verloop, N. (2001). Professional development and reform in science education: The role of teachers' practical knowledge. *Journal of Research in Science Teaching, 38*(2): 137-158.

Waring, M. (1979). *Social pressures and curriculum innovation: A study of the Nuffield Foundation Science Teaching Project.* London: Methuen & co Ltd.

Webster, J. (1654). *Academiarum examen, or the Examination of Academies.* http://books. google.com/books?id=wIBBAAAAcAAJ&printsec=frontcover#v=onepage&q&f= false. Retrieved 24.6.11.

Yager, R.E. (1991). The Constructivist learning model: Towards real reform in science education. *The Science Teacher, 67*(1): 44-45. (Republished in 2000).

第十二章

科学博物馆中的科学技术传播实践

莱奥妮·J.雷尼（Léonie J. Rennie）

第一节 引 言

在非正式的环境中学习科学（包括技术和其他学科）是一个持续的、终身的过程。校内教育给其课程的部分内容贴上"科学"标签，以告知学生他们在学习科学；相反，对于非正式环境中的科学学习，科学是以无标签和潜移默化的方式渗入日常生活中的。家庭成员在户外涂抹防晒霜，在海边悬崖寻找化石，在电影院使用 3D 眼镜，在花园中为植被施肥，为篮球充气，或者给他们的智能手机充电，所有这些都在使用科学，尽管他们可能没有意识到身边活动中的科学的重要性。

在这些情况下，人们按其已习得的方式自发地参与到科学中，因为他们掌握的经验或结果对其自身是有趣的或有用的。然而，人们参与的许多日常活动中的科学并非含而不露，经验的形成是有意为之，不仅是为了彰显科学的存在，而且要明确地将其传播至参与的那部分公众。这些更正式的科学学习途径可以被分成三种类型（Rennie，2007a）。第一类是有教育目的的博物馆和类似设计的场所机构，有时被称为设计的场所（Bell et al.，2009），人们可以在其中追求自身的兴趣和参与科学的相关经验；第二类是社区和政府组织，向各级公众提供与科学相关的教育方案，包括为成年人和老年人开展的课外活动和项目；第三类是印刷和电子媒体，包括事先制作的节目，如科学纪录片、用于在线搜索的知识库和用于网络交流的软件。

考虑到人们在多元化语境下参与科学的各种五花八门的方式，对学习科学的定义必须超越一种认知上的概念而延伸至学习的兴趣、热情、动力以及社会环境的范畴。拓宽学习的外延意味着从更大的视角看待日常环境中传播的科学的本质。当科学的传播是有意为之时，它是如何传播的呢？例如，像博物馆、动物园、植物园、环境中心和其他诠释中心，以及纸媒、电视和电子媒体这些学习科学的非正式途径究竟如何展现它们的科学？人们能成功地参与这些场所的科学相关活动，其中是否存在共通的因素？人们在这些活动中的体验是相同还是不相同？这些问题的答案来自被传播的科学的本质以及人们参与科学的相应方式。

在日常生活中，科学与技术在非正式环境中的传播具有选择性。人们可能会选择关注并把握各种机会来学习科学，也可能不会。如果他们选择了参与，他们通常掌控了对所提供的科学信息的诠释方式。然而，待提供的科学通常与科学家眼中的科学不同。相反，这些非正式学习途径以叙事或故事形式展现信息。科学故事的发展必须经过选择、包装和呈现，以促使目标受众参与其中，并结合其自身的需要、兴趣和经验来理解与消化。

本章探讨了这些科学故事是如何发展的，并提供了实例来说明这些故事是如何被诠释的。为了增加可读性，本章以科学博物馆和类似的机构为例，来说明科学传播的非正式环境。在对科学博物馆和参观者的典型议程进行探索之后，本章将讨论科学故事如何成为基于展览的传播手段，以及影响观众对其做出反应的因素。文中提供了研究实例来说明有意和无意的受众反应，结尾部分讨论了展览设计师在有效的科学传播方面需要考虑的问题。

第二节　探索议程

因为选择对于非正式环境中的科学传播过程如此关键，成功的传播要求科学博物馆这样的非正式机构必须充分理解其受众，确保所呈现的科学故事是有趣且相关的，使参观者愿意参与其中。做到这一点并不容易。非正式机构有其存在的目的，参观者的到来也有其原因。换句话说，双方都有各自的议程，需要将两方议程结合起来，在一起使科学信息的渠道与其受众之间形成双向互动，以便产生有效的沟通对话。哪些类型的议程是典型的呢？

国际博物馆协会章程对博物馆的定义如下："博物馆是一个为社会及其发展服务的、非盈利的永久性机构，并向大众开放。它为研究、教育、欣赏之目的征集、保护、研究、传播并展出人类及人类环境的物证。"（ICOM，2007，Article 03-3）就科学传播而言，传统的自然历史博物馆、艺术画廊以及专门针对特定事件、人物或文化的专业博物馆如果选择将其收藏或展览的科学面相呈现出来，就都能发挥各自的作用。

最普遍地来讲，我们认为科学博物馆和科学中心、以环境为基础的机构，如水族馆、植物园、动物园、其他的诠释中心是科学传播最有可能发生的场所。这些场所通常都涉及教育特别是科学教育有关的宣传目的或使命宣言。例如，我们当地的科学中心的使命宣言是"提升对科学技术的兴趣和参与"。我们当地的国家博物馆有一个使命："激励人们探索并分享他们的身份、文化、环境和归属感，并体验我们世界的多样性和创造力。"作为自然历史博物馆，相当多的探索与科学技术有关。因此，科学博物馆和其他博物馆的一部分议程是提高人们对科学技术及其当代角色的认识，并且为人们提供探索、参与和认识它们的机会。

非正式机构的另一部分议程涉及资助。科学博物馆和类似机构依靠参观者生存。有些机构有入场费用，有些机构拥有赞助方或受资助的展览，很多都接受政府的资助，大多数机构都有这样的复合性支持来源，还有一些完全由政府资助。除非他们能为参观者提供值回票价的体验，否则这些机构将无法吸引足够的参观者，并有可能失去资助方或政府的资金支持。公众问责的压力迫使一些更大型的、以收藏为基础的博物馆从评鉴和研究驱动的机构转变为以教育和受众驱动为主的机构。随着教育工作者在展览发展中的角色加重，博物馆逐渐成为教育、社会和文化变革的源头（Scott，2003）。因此，议程越来越聚焦于吸引以及服务受众。这些机构可能通过网络、宣传册和其他媒体来宣传它们的产品，为了鼓励参观者，宣传往往聚焦于家庭乐趣和娱乐，而不是学习。事实上，"寓教于乐"的元素，特别是针对科学中心，经常被批评将注意力集中在娱乐方面而损害了教育。这些机构要面对一条微妙的红线。

在选择参观博物馆时，参观者头脑中也有一个议程。当被问及他们来访的目的时，大多数人说他们是为了乐趣和消遣。家庭式团体参观者的正当理由也可能是为了增加孩子接受教育的机会。自我教育往往不是成年参观者的首要目的，通常是其次要目的（Falk，Moussouri & Coulson，1998；Shields，1993）。长期的研究认为，学习要么发生在参观期间，要么发生在参观之后，往往是其他的经历强化了参观经验而促成了新的理解（Rennie，2007a）。学生们去科学博物馆的实地考察是一种特殊的参观形式，可能出现一种混合议程，因为老师比学生们更加注重议程的教育意义。尽管如此，多份关于实地参观结果的综述表明（DeWitt & Storksdierk，2008；Rennie & McClafferty，1995；Rickinson et al.，2004），如果实地参观可以与学校课程很好地整合（Anderson，Lucas，Ginns & Dierking，2000），并且学生也融入了实地参观的目的和情境（Griffin，2004），便可以实现有价值的学习以及后续的传播。

第三节　在博物馆和科学中心的科学传播

在博物馆和科学中心这类非正式机构中，可以传播什么科学呢？在科学教育的背景下，霍德森（Hodson，1998，p.191）写道：

> 学习科学——习得并养成概念化和理论化知识；认识科学——养成对于科学方法和本质的理解，对其历史和发展的体悟，以及对科学、技术、社会和环境之间复杂相互作用的认识；以及实践科学——参与并养成科学地探究及解决问题的专业能力。

实际上，考虑到机构议程的限制，参观者最有可能通过参与以传播知识为主要目的展品和展览来学习科学。惠灵顿（Wellington，1990，p. 250）认为，科学中心的知识大都关于"是什么"，而不是"如何"或"为什么"。但重要的是"是什么"的知识是学习"如何"以及"为什么"的前提。只有少数展览旨在传达一些关于科学的本质、发展及其社会背景。这些展览使参观者能够认识科学，融入与科学相关的某些态度和价值观，也可以提供实践科学的机会，尽管是借由简介感受或"思想实验"。这样的传播是如何进行的呢？

从其他人的工作出发（Layton，Jenkins，Macgill & Davey，1993），我提出了一种模式，描述在一个交互式传播过程中，科学信息由不同的媒体来选择、包装和呈现，随后以多种方式在不同的公众群体间得到诠释（Rennie，2007b）。在科学博物馆或类似机构的环境里，传播的起点是科学家所熟悉的科学以及科学研究的产出和过程。该种科学代表了在科学共同体内工作的科学家群体对现实世界现象的诠释，通过术语、文化和价值观来表达。要让外行公众接触科学，就要求科学被重新诠释或建构为一种更容易坦解的形式。在博物馆中，这种重构形成了针对目标观众的一个或一系列展览。我用"科学相关的故事"来描述对目标科学信息的这一解构和重构过程，依据是米尔恩（Milne，1998，p.176）的观点："一旦在科学上有选择地呈现观点，我们就不是在讲事实了，而是在讲故事。"当一个参观者与支撑博物馆展览的相关科学故事产生交流时，他所理解和学到的东西很可能是个人独有的，因为个人和社会背景——背景知识、经历、兴趣和参与动机——决定了参观者与展览的互动。福尔克和迪尔金在其情境学习模式中更完整地描述了这种体验（Falk & Dierking，2000）。

第四节　参观者与展品的互动及科学的传播

参观科学博物馆为科学对话提供了机会。对话的重点主要是展览所讲述的与科学有关的故事。在基于展品的展示中，博物馆对参观者的传播通常基于对静态展览的诠释，例如一个物体或实景模型。给参观者提供的帮助是通过可视的方式，例如文本标签，有时可以在现场或手持设备上进行影片或视频的循环播放，也可以通过便携式耳机（语音导览）或通过安装扬声器进行简短的解释。在互动式科学博物馆中，几乎所有的展品都是为展示某些概念或现象而专门设计的，参观者可以通过触摸或其他感官反应积极参与展览体验，以促成展览的回应或互动。

参观者和展览间的对话是否有效，取决于参观者是否愿意融入展览并寻求对结果的诠释。展览的质量、解说者的参与和参与者之间的社会互动可能会（也可能不会）增强传播的效果。如果我们以促进对话的能力来衡量展览的质量，那么它首先必须吸引参观者。有一大类研究致力于定义一个成功的展览，并就其许多特征达成了共识。例如，佩里（Perry，1989）认为，展览应该：提升好奇心；引发胜任感、自信感及支配感；提出挑战；提供游戏和欣赏的机会；以及通过社会互动实现传播。森珀（Semper，1990）建议展览提供多种学习模式，从而迎合各种各样的参观者。亚伦（Allen，2004）引入了"即时领悟力"的概念（意即参观者能瞬间领会与展览互动的方式），将其视为一个优质展览的重要属性。

社会互动是促进参观者与展览对话以及传播的另一个因素。与解说者、讲解员或其他指导者（例如实地参观时的教师）的互动可能会有所帮助。有效的指导者鼓励参观者自行参与和探索而非讲述或灌输，从而压抑了参观者的学习欲望。家庭是重要的学习机构（Ellenbogen，Luke & Dierking，2004）。麦克马纳斯（McManus，1994）将家庭形容为"狩猎采集部族成员"的团队——这是一个贴切的比喻——参观有趣的展览，同家庭成员分享有趣的发现。父母对孩子提出问题，构架他们的思维，这些都可以加强孩子的学习经验（Crowley et al.，2001）。

第五节　参观博物馆的学习成果研究

围绕博物馆参观效果的研究始于一个世纪前，在过去的几十年里快速升温。研究的方法和理论基础自然遵循了当代范式。目前的理论框架倾向于将建构主义和社会文化方法结合起来。福尔克和迪尔金（Falk & Dierking，2000）的情境学习模式在博物馆领域引发了相当大的关注，因为它把物质的、社会的和个人的因素组合在一起，作为决定结果的影响因素，重点是它强调了时间的面相：学习并不一定发生在参观当下，而可能发生在一段相当长的时间之后，当一段新的经历令参观者回想起之前的参观经历时（Stocklmayer & Gilbert，2002）。

在雷尼和约翰斯顿（Rennie & Johnston，2004）的文章里，我们分析了研究人员在非正式环境中面对的困难。选择、参观的短暂性、参观者的多元背景以及参观者的各种体验等多重因素交织起来，使得参观效果的研究变得非常困难。研究方法需要考虑参观者们对同一个展览的不同反应，例如，他们是否与他人交往，因为这些因素会影响到任何学习的本质。一个完整的研究项目需要寻找认知、情感和技能层面的效果，以及预期之外的效果，所以需要仔细斟酌收集数据的技巧。一方面，我们认为，研究人员需要"进入参观者的头脑"去了解他们的想法和观念；但另一方面，冒失的测度方法改变了参观体验的本质。此外，时间因素指向博物馆参观效果的纵向研究，但这类研究相对较少，部分原因是参观者分散，开展跟踪研究非常困难。尽管如此，纵向研究能够揭示有趣的结果。例如，由福尔克、斯科特、迪尔金、雷尼和琼斯（Falk, Scott, Dierking, Rennie & Jones, 2004）在科学博物馆和科学中心进行的平行研究表明，在参观刚结束时进行测度，与参观几个月后进行测度相比，参观者体验到的效果有明显的差异。还有很多东西需要研究，特别是在参观中传播的科学的本质。

第六节　在科学中心和博物馆中科学传播的研究实例

如我们所知，每位参观者的体验都是独一无二的。除了参观者的个人背景外，他们的参观动机、对展览的选择性以及参观背后的社会语境都各有不同。研究证实，参观者有能力学习到一部分科学知识（尽管在知识量上有所区别，哪怕是在团体参观中），也对科学的过程能有所认识。他们拥有多少学习机会取决于非正式机构的展览所传递的科学故事的性质。在接下来的章节中，我们将概述科学中心和博物馆参观方面的两个研究实例，以说明其间可能出现哪些类型的科学传播。这两个研究针对不同的语境，使用了不同的研究方法。我们的研究（Rennie & Williams, 2006a）

探讨了两个不同地点的参观者对科学的认识，并报告了参观前和参观后的调查和访谈结果，意在测度参观者有哪些关于科学的收获。佩德雷蒂（Pedretti，2011）在关于参观者的书中使用访谈、观察和参观者手册中的评论，报告了参观者对巡回展览"人体世界"（body worlds）的反应，该巡回展在一个科学中心展出，以塑化的人类尸体为材料搭建。

一、参观者对于科学本质和传播的观念

针对成年人在参观科学中心（Rennie & Williams，2002）和自然历史博物馆（Rennie & Williams，2006b）过程中的有关科学的学习，雷尼和威廉姆斯开展了两项研究。这些研究关注参观者对于日常生活中的科学、科学知识的本质和应用以及科学家开展的传播的看法，并关注这种看法随着他们的参观可能如何改变。这项研究立足于一项为科学中心设计且确认有效的参观前及参观后调查（Rennie & Williams，2002），并修改了其中一些措辞来嵌入博物馆的环境（Rennie & Williams，2006b）。在每个场馆分别有 102 名参观者完成了调查。在科学中心的参观者中，75 人接受了采访，博物馆那边的受访者有 67 人。访谈资料的分析结果补充了调查发现，有助于对其的阐释。科学中心和博物馆的工作人员也接受了调查和采访（参见 Rennie & Williams，2002，2006b），不过其重点放在参观者对科学以及博物馆呈现的科学本质的认识。

我们在科学中心和博物馆的调查结果中报告了极为相似的模式（Rennie & Williams，2006a）。不足为奇的是，由于参观者已经选择了特定场所，全部参观者对科学的兴趣和对其价值的看法都是正面的，并且这种正面的态度在参观之后还有所增加，尽管这种增加（按调查测度）在统计学意义上不一定是显著的。参观者们还认为，场馆中的科学很容易理解，而且大多数人认为他们学到了一些新的东西。全部接受采访的科学中心参观者和 83% 的博物馆参观者都说，场馆展出的展品帮助他们认识了更多的科学和技术。参观者们还认为科学研究是有益的，该观点在参观前后的变

化不大。两个场所的参观者对科学知识的本质都有了相当的认识，但是参观带来了统计学意义上的显著变化。对于科学家对其研究结果影响力的顾虑，及其向一般公众传播其研究工作的能力，参观者反馈了更加正面的看法。不过，他们也更倾向于认为科学是所有问题的答案，认为科学家们总是意见一致，认为科学上的解释是确定的，而非不确定的。这些变化也具有显著的统计学意义。

参观者在参观后所表达的认为科学本质"不那么科学"的观点有些出乎意料，但是这也表明了由于科学的不确定性和争议，科学传播是多么困难。参观科学中心和博物馆的时间往往相对较短（在这些研究中，参观科学中心和博物馆的时间分别为 156 分钟和 98 分钟），在展览上有很多东西可看，但花费在每件展品上的时间很少。参观者们在很多展览上都表现出"一时的兴趣"，因此未能深度融入大多数展品也就不足为奇了。展览设计师们意识到了这一点，以及知识和参观者兴趣的多样性，于是他们试图开发易于理解的展品。这通常意味着科学内容被简化和通俗化，从而可能被诠释为无争议的。此外，事实性知识形态的科学信息要比知识的形成过程更容易展示。要讲出科学知识的生产、修正和精进过程中的曲折与转向需要透过非常复杂的展览，所有这些在博物馆和科学中心都没有得到呈现，也没有任何展览设计是为了展示科学的人性一面。在科学中心，大多数展品以类比的形式来展示科学概念，从而拉远了与现实生活的距离。博物馆比科学中心有更多的科学家，但是"真实的"科学家对普通的参观者来说是不可见的，因为他们在"幕后"工作。总体而言，展览及其环境似乎成功地掩盖了所展示科学信息的任何不确定性和价值观。

我们的结论（Rennie & Williams，2006a，p.890）是，这两家机构都未能挑战参观者的既有思维。访谈揭示了关于科学重要性的正面观点，但"从其与科学知识本质的交流来看，参观者……似乎有一种愉悦的却缺乏挑战性的体验"。的确，一些参观者说他们看到了期望看到的东西，但没有表达出太多的兴奋或好奇。我们的结论是，如果这类机构希望更多地传达真实世界的科学本质，它们需要采用更加激烈的展示手段以挑战参观者的思维。这要求讲述科学故事的展览更侧重于展现科学与社会的关联，并且更关注争议事件中的观点和价值的多样性。

二、参观者对于"人体世界"和"心脏的故事"的反应

冈瑟·冯·海根斯（Gunther von Hagen）的作品毫无疑问地展示了更具争议性和挑战性的人体展览。他完善了展品的塑化技术，在此过程中，人类尸体被解剖，然后体液和可溶性脂肪被提取出来，以树脂和弹性体取代。出于教学目的，尸体或身体部位被艺术化地摆放，然后变得僵硬并被永久保存。"人体世界"和"心脏的故事"是一个由200多个标本组成的巡回展览，它通过人体及其肌肉、器官、组织的展示，来阐明其结构和功能。佩德雷蒂（Pedretti，2011）在一个科学中心进行了研究，那里展示了被塑化的真实人体，即"塑化体"，以及与心血管系统相关的单个器官和身体切片。她的目的之一是研究参观者面对塑化体是如何反应并与其互动的，以及如何评价他们的经历。与大多数科学中心展览不同的是，塑化体是不可互动的。尽管参观者可以在其周围走动，但这些塑化体仅供参观，不能触摸。参观者们会立即与它们产生交流，因为它们本质上就是和参观者们一样的人。在某些方面，塑化体是典型的博物馆展品；是被展示的实体，但不需要诠释，它讲述的故事取决于参观者如何与其建立个体联系。

参观者的反应如何？佩德雷蒂（Pedretti，2011）从许多渠道收集了展览资料，包括两本参观者手册上的参观者评论、对参观者的54段采访录音、对参观者间互动的现场描述，以及各种媒体报道、宣传册等的内容分析。她的总体结论确证了其他报告描述的人们对人类尸体的强烈情绪反应：因人体的错综复杂而惊奇、沉迷和感叹，或者因展览缺乏尊重而反感和厌恶。佩德雷蒂在麦克卢汉（McLuhan，1964）断言的语境中诠释了她的发现，即"媒介即讯息"，也就是接收讯息由媒介决定，而不是由传递的内容决定。佩德雷蒂分析了参观者创造的意义——讯息，后者来自参观

者接触的塑化体——媒介。

无须质疑媒介产生的效果。塑化体引发了佩德雷蒂（Pedretti，2011，p.49）所谓对人体的颂扬："展览的物质性和'真实性'激发了敬畏、沉迷和审美。"此外，它们还引出了大量的个人叙事，即参观者向研究者讲述的他们自身、家庭或熟人的故事。普遍的主题是，无论肤色或种族如何，我们都是人，而参观者的倾向是将塑化体的特征"转置"到自己身体上，因而对"人体世界"产生了强烈的反应。展览没有提供有关死者生前的文字展板或其他信息，这可能刺激了以上反应的产生，因为在对媒介的反应中，它不会分散参观者将人类的特征与自身和其他人联系起来的注意力。参观者从"人体世界"接收的讯息与媒介密切相关。有关健康和生活方式的讯息，例如一个生病的肺部的展览，发出了戒烟的讯息。参观者们还认为他们获得了有关人体的知识和理解，因为他们看到了隐于躯体皮肉之下的身体部位间的联系。

佩德雷蒂（Pedretti，2011）记录了这类展览带给人们的压力。媒介——塑化体——必须同时表达对峙和敬畏的意象。这意味着某种不和谐，"沉迷和反感同时出现"（Pedretti，2011，p.55），令许多参观者难以释然。在塑化体的展示形态上也存在矛盾，对于精心设计的运动姿势，有的参观者认为其具有艺术效果，其他人则认为其缺乏尊重。佩德雷蒂称这是"人类身体的展示或再现"（Pedretti，2011，p.56），她指出这样的再现"不可避免地引出了博物馆展览的可能性及适当性边界问题……这些尸体/物体是否应该为了公众消费而被展出（同时带来大量的收益）？不可避免地，这促使人们追问'人体世界'是否已经将死亡商品化了？"

在她的结论中，佩德雷蒂（Pedretti，2011）指出了参观者是如何"异常踊跃地制造展览内/外的真实身体之间的联系。这说明了讯息、媒介（参见 McLuhan，1964，p.59）与参观者之间的一种共生关系"。很明显，"人体世界"是一个有争议的展览。冯·海根斯塑化体这类技术使高度个人化议题上的客体展示成为可能，令许多参观者感受到压力，挑战他们的道德和伦理立场。正如佩德雷蒂（Pedretti，2004）在其他处所言，这样的展览使主题个人化，刺激情绪，激发对话和辩论，并加强反身性。他们传递了有关科学和社会的好故事，为参观者提供了面对情感及相关议题时的学习机会。

第七节　讨　　论

本章论述了非正式环境中的有效科学技术传播依赖于富有成效的双向互动，即科学信息来源与目标受众之间的互动。受众在这种互动中有相当的权力，因为他们可以选择参与或不参与。有人指出，非正式机构及其参观者都有自己的议程，需要有一个"结合的"议程，以促进对话发展，并产生有效的沟通。有人认为，科学的传播要求科学家心目中的科学必须被重铸为"科学故事"，以便为目标受众所接受。受众——机构的参观者或异质公众的成员——可以根据自己的需要和经验来融入并解读这些故事。只要有众多的参观者，就会有众多的解读，进而科学传播总能取得不同程度的成功。科学如何被呈现，至少在某种程度上，可以解释传播目标与实际传播效果之间的落差。

引入上述两个研究实例是为了对比参观者在科学中心或博物馆中有可能经历的不同类型的科学传播的机会。在第一个例子中，博物馆和科学中心没有专门的展览，展览符合一般人对这类场所的预期。雷尼和威廉姆斯（Rennie & Williams，2002，2006b）发现参观者的态度是正面的（符合预期的结果，因为他们选择来到这里），他们喜欢它，发现它很有趣，并认为他们有了一次学习经历，但是就对科学的认识而言，许多人表示展览不能反映科学是如何运作的。我们把此意外结果归因于展览本质的舒适性和缺乏煽动性。开发者努力令展览能够被参观者理解。然而，正如研究者指出的那样，这通常会导致科学内容的简化，割裂日常生活中的概念或现象与人和社会及政治环境的联系。在日常生活中出现的概念或现象，脱离人群和社会以及政治环境。科学似乎是确定而没有疑问的。

作为对比，佩德雷蒂研究（Pedretti，2011）的科学中心参观者比雷尼和威廉姆斯笔下的科学中心或博物馆参观者体验到了更具挑战性和启发性的展览。对于"人体世界"的展览，参观者期望获得不同的新奇体验，因为展览历经巡回才来到中心，而且做了很好的宣传。几乎所有人都喜欢它（98%的人都这么说），但毫无疑问，鉴于展览的性质，有些人选择不参加。塑化体是曾经的活人，其展示引发了伦理、道德和尊重方面的疑问。尽管所有的尸体都是匿名的，而且是自愿捐赠的，但将其当作公共景观本来就存在争议。它可能在个体价值观和信仰层面冒犯公众。佩德雷蒂指出，这种媒介的选择"引出了一系列有兴趣的问题，诸如争议性展览的本质、客体、主体（参观者）与世界万物的联系，以及博物馆如何根据文化、社会及审美规范来设计和架构参观者的体验"（Pedretti，2011，p.59）。

我们能对这些例子中的科学传播说些什么呢？很明显，这些体验是不同的，牵连出不同的故事。在两个例子中，参观者和展品之间都有交流对话，结果则截然不同，这并不令人意外。与博物馆的典型展品不同，塑化体作为客体促使参观者创造自己的故事，而这些故事都是个人的。与传统博物馆和科学中心的参观者相比，这些参观者很有可能会有更多的情感，也许会有更难忘的体验，但没有理由说一种体验比另一种体验"更好"，因为场馆有不同的故事要讲。然而，我们可以说，为了促进有效的沟通，展品开发人员面对的挑战是双重的。首先，他们必须设计出能够激发参观者深层次思考的展品，否则不会有对话，也没有故事；其次，为了将科学展现为过程和产品，他们必须在展示明晰性与传达复杂性之间取得平衡，前者是解释科学概念、现象或问题的要求，后者则源自相关的社会因素和许多科学专题固有的不确定性。

达成这一平衡具有挑战性。展品开发人员终究受到环境的约束，包括时间和资金的分配。他们必须回答以下问题：哪些信息和对象在展览中是可用的？科学家／策展人、教育工作者以及展览开发者对于可能的展览和想要的展览有何想法？如果要展示的科学问题是有争议的，比如转基因食品，提出有争议的"事实"可能涉及多种令人困惑的解释，科学中心或博物馆应该展现有可能导致参观者困惑或不适的争议性议题吗？这些问题的答案将决定所讲述的科学故事类型，但参观者是否选择与其接触将决定什么样的科学得到传播，如果有的话。正如博物馆顾问和参观者代言人波莱特·麦克马纳斯（Paulette McManus）所言："参观者喜欢头脑中预设的简单的故事线，或清晰阐述的观点。"（McManus，1993，p.62）要实现有效的科学传播，挑战在于促使参观者积极行使其选择的权利，并且与展览的故事展开对话。

注　释

1. 有许多供外行人士搜寻科学信息的其他环境；雷尼和斯多克迈尔（Rennie & Stocklmayer，2003）提供了一些案例和讨论。

参 考 文 献

Allen, S. (2004). Designs for learning: Studying science museum exhibits that do more than entertain. *Science Education, 88* (Suppl. 1), S17-S33.

Anderson, D., Lucas, K. B., Ginns, I. S., & Dierking, L. D. (2000). Development of knowledge about electricity and magnetism during a visit to a science museum and related post-visit activities. *Science Education, 84*, 658-79.

Bell, P., Lewenstein, B., Shouse, A. W., & Feder, M. A. (eds.) (2009). *Learning science in informal environments: People, places, and pursuits*. Washington DC: The National Academies Press.

Crowley, K., Callanan, M. A., Jipson, J. L., Galco, J., Topping, K., & Shrager, J. (2001). Shared scientific thinking in everyday parent-child activity. *Science Education, 85*, 712-732.

DeWitt, J., & Storksdierk, M. (2008). A short review of school field trips: Key findings from the past and implications for the future. *Visitor Studies, 11*(2), 181-197.

Ellenbogen, K. M., Luke, J. L., & Dierking, L. D. (2004). Family learning research in museums: An emerging disciplinary matrix? *Science Education, 88*(Suppl. 1), S48-S58.

Falk, J. H., & Dierking, L. D. (2000). *Learning from museums: Visitor experiences and the making of meaning*. Walnut Creek, CA: Altamira Press.

Falk, J. H., Moussouri, T., & Coulson, D. (1998). The effect of visitors' agendas on museum learning. *Curator, 41*, 107-120.

Falk, J. H., Scott, C., Dierking, L., Rennie, L., & Jones, M. C. (2004). Interactives and visitor learning. *Curator, 47*, 171-198.

Griffin, J. (2004). Research on students and museums: Looking more closely at the students in school groups. *Science Education, 88*(Suppl. 1), S59-S70.

Hodson, D. (1998). Science fiction: The continuing misrepresentation of science in the school curriculum. *Curriculum Studies, 6* (2), 191-216.

International Council of Museums (ICOM). (2007). ICOM Statutes (Article 03-3 Definition of terms, Section 1 Museum). Retrieved September 16, 2011 from http://icom.museum/who-we-are/the-organisation/icom-statutes/3-definition-of-terms.html#sommairecontent.

Layton, D., Jenkins, E., Macgill, S., & Davey, A. (1993). *Inarticulate science? Perspectives on the public understanding of science and some implications for science education*. Nafferton, England: Studies in Education Ltd.

McLuhan, M. (1964). *Understanding media: The extensions of man*. New York: McGraw Hill.

McManus, P. M. (1993). Towards a general communication philosophy for the National Technical Museum. In J. Bradburne & I. Janousek (Eds.), *Planning science museums for the new Europe: Proceedings of a seminar held at the Národní Tecniké Muzeum, Prague* (pp. 55-62). Prague: UNESCO/ Národní Techniké Muzeum, Prague.

——(1994). Families in museums. In R. Miles & L. Zavala (Eds.), *Towards the museum of the future: New European perspectives* (pp. 81-97). London: Routledge.

Milne, C. (1998). Philosophically correct science stories? Examining the implications of heroic science stories for school science. *Journal of Research in Science Teaching, 35*, 175-87.

Pedretti, E. (2004). Perspectives on learning through critical issued-based science center exhibits. *Science Education, 88*(Suppl. 1), S34-S47.

——(2011). The medium is the message: Unravelling visitors' views of body worlds and the story of the heart. In E. Davidsson & A. Jakobsson (Eds.). *Understanding interactions at science centers and museums—Approaching sociocultural perspectives* (pp. 45-61). Rotterdam, The Netherlands: Sense Publishers.

Perry, D. L. (1989) The creation and verification of a development model for the design of a museum exhibit. (Doctoral dissertation, Indiana University, 1989). *Dissertation Abstracts International, 50*, 3296.

Rennie, L. J. (2007a). Learning science outside of school. In S. K. Abell & N. G. Lederman (Eds.), *Handbook of research on science education* (pp. 125-67). Mahwah, NJ: Lawrence Erlbaum Associates.

——(2007b). Values in science portrayed in out-of-school contexts. In D. Corrigan, R. Gunstone, & J. Dillon (Eds.), *The re-emergence of values in science education* (pp. 197-212). Rotterdam, The Netherlands: Sense Publications.

Rennie, L. J., & Johnston, D. J. (2004). The nature of learning and its implications for research on learning from museums. *Science Education, 88*(Suppl. 1), S4-S16.

Rennie, L. J., & McClafferty, T. P. (1995). Using visits to interactive science and technology centers, museums, aquaria, and zoos to promote learning in science. *Journal of Science Teacher Education, 6,* 175-185.

Rennie, L. J., & Williams, G. F. (2002). Science centres and scientific literacy: Promoting a relationship with science. *Science Education, 86,* 706-726.

——(2006a). Adults' learning about science in free-choice settings. *International Journal of Science Education, 28,* 871-893.

——(2006b). Communication about science in a traditional museum: Visitors' and staff's perceptions. *Cultural Studies of Science Education, 1,* 791-820. (http://www.springerlink.com/content/b4k408256169618/).

Rennie, L. J., & Stocklmayer, S. M. (2003). The communication of science and technology: Past, present and future agendas. *International Journal of Science Education, 25,* 759-773.

Rickinson, M., Dillon, J., Teamey, K., Morris, M., Choi, M. Y., Sanders, D., et al. (2004). *A review of research on outdoor learning: Executive summary.* Retrieved September 13, 2004 from http://www.field-studies-council.org/documents/general/NFER/NFER Exec Summary.pdf.

Scott, C. (2003). Museums and impact. *Curator, 46,* 293-310.

Semper, R. J. (1990). Science museums as environments for learning. *Physics Today, 43*(11), 50-56.

Shields, C. J. (1993). Do science museums educate or just entertain? *The Education Digest, 58*(7), 69-72.

Stocklmayer, S. M., & Gilbert, J. K. (2002). New experiences and old knowledge: Towards a model for the public awareness of science. *International Journal of Science Education, 24,* 835-858.

Wellington, J. (1990). Formal and informal learning in science: The role of interactive science centres. *Physics Education, 25,* 247-252.

第五篇　科学与社会中的当代议题传播

第十三章

传播全球气候变化：议题与困境

贾斯汀·迪伦（Justin Dillon），玛丽·霍布森（Marie Hobson）

第一节 引　言

　　澳大利亚正在全国发起一项崇尚科学的运动。气候学家在上周
遭遇了死亡威胁，澳大利亚国立大学加强了对 9 位气候学家和行政
人员的安保工作，此次事件的曝光成了运动发起的导火索。随着政
府开始征收碳税，有关气候变化的全国辩论愈演愈烈，科学家不得
不起身应战，用澳大利亚科学技术联合会（Federation of Australian
Science and Technological Societies）最高行政官安娜-玛莉亚·阿拉
伯（Anna-Maria Arabia）的话说，他们面对的是"一场由气候变化
否认者发起的喧嚣的信息误导运动"。

（ Times Higher Education，2011，p.16 ）

　　本章通过气候变化这个社会面临的重要环境议题，来严格地检验
科学、科学家与科学传播之间的关系。这些议题大多与科学传播者相
关，无论他们在何处工作。气候变化引发的挑战具有长期性，这意味
着我们可以认清这种关系的演变；该主题不会快速"消亡"，这让人们
得以思索科学传播的未来趋势和潜力。气候变化是一项可在专业群体
与普通公众中间激起强烈回应的议题，如同《泰晤士高等教育》（Times
Higher Education）的报道所表明的，它已渐渐成为一项生死攸关的
议题。

　　在讨论气候变化的传播问题时，需要考虑一系列的主题。这些主题包

括媒体的角色；公众对科学家群体的信任；公众对科学的理解；气候科学的本质，特别是证据的认定。

因此，本章将提出气候变化或全球变暖的多种概念，并审视近年来科学、科学家与公众间的关系如何发生改变。我们还会就科学的运作方式以及科学家的运作策略问题，检验科学传播是应该促进科学共识还是鼓励争论。本章各节使用的经验资料来自伦敦科学博物馆及其新的气候变化专题展区的设计规划（"大气……探索气候科学"，于2010年开放）。

首先要强调，气候变化与许多其他议题一样，带有政治成分。几年前在《卫报》（*The Guardian*）的一篇文章中，专栏作家波利·汤因比（Polly Toynbee）如此描述右翼人士在公共卫生及环境议题上反对科学证据的倾向：

> 右翼人士自诩为头脑冷静的现实主义者，喜欢用自己的意识形态对抗科学的效力。座椅安全带？摩托车头盔？含氯氟烃与臭氧层？禁烟？儿童垃圾食品广告？科学实在论者往往是左翼人士，激进派信徒往往属于右翼。
>
> （Toynbee，2006）

5年过去了，汤因比（Toynbee，2011）就美国极端右翼对英国政治辩论的影响发表了评论，他注意到"否认气候变化的古怪偏执狂身上散发着一股茶党[①]的气质"。汤因比的立场是，"在有关事实的问题上，我们这些不是科学家的人只能听取科学家的意见，去信任这种压倒性的全球共识"，这一立场同样反映于英国主要政党的公共政策中。对许多人而言，听取"科学家的意见"是受到媒体以及互联网、博物馆和科学中心的科学传播者调控的。

然而问题在于，这种调控的作用何在？比如说，调控是否展现了科学共识，并从不同方面审视了气候变化的预期冲击？又或者，调控是否展现

---

① 指那些惯于发泄不满的保守派民粹主义者。——译者注

了气候变化科学饱受质疑的一面？凡此种种都成为伦敦科学博物馆在决定创立"大气……探索气候科学"新展区时必须面对的问题。

该展区的设计目标如下：①达成一种沉浸的、愉悦的和难忘的（裨益人生的）经历，以提升兴趣，加深理解，足以对抗某些顽固的信念；②被认可为英国向非专业人士提供清晰、准确和最新的气候科学相关资讯的圣地。

展览的目标人群是独立的（非专业）成年参观者；拥有 8 岁以上儿童的家庭；高中科学教师、地理教师及其学生（11～16 岁）。

展览的开发在很大程度上得益于第二作者以及她在受众研究与宣传部门的同事所开展的研究。该项研究包括咨询、桌边访谈和原型测试（prototype testing）。起初是目标受众咨询，包括小组讨论和深度访谈，以发现其关于气候变化和气候科学的先验知识、观点和"迷思概念"。咨询还明确了潜在参观者对于展览形态的期待，并设法找出影响参观或参与的任何障碍。研究团队对学术论文、民意测验以及其他（伦敦科学博物馆和别处的）气候变化展览的资料进行了梳理。研究的最后阶段是互动展览的原型测试，以减少和消除在可用性、理解和动机方面的障碍。

该研究的一个关键步骤是针对 30 名成年参观者，调查其对于术语和概念的熟悉与理解程度，例如"温室气体""修复""碳排放"等，以此建立一个心理模型来评估参观者在气候变化问题上的归因行为或可能的反应。研究者以两页的图表将研究发现提交给展览团队，上面清晰地标注出迷思概念发生的领域，以便在内容讨论环节做参考，确保团队对必要的术语进行定义，避免迷思概念的加深。该研究表明，参观者难以将头脑中有关气候变化的知识融会贯通，也说明参观者需要对气候变化背后的科学的清晰解释。以下是对研究发现和意义的详细说明。

第二节 气候变化的科学及术语

20 世纪 80 年代以来，我们对气候变化作为一种科学现象的理解在快速发展。气候变化是指一个地区或全球的天气模式发生长期性改变。全球变暖是指近地表空气和海洋的平均温度在近年间相对上升以及在未来持续上升的过程。温室效应是指来自地球的热辐射被大气中的气体吸收并再次辐射回地球的过程，这种再辐射提高了地球的温度。

斯蒂夫·琼斯（Steve Jones）是伦敦大学学院（University College London）的遗传学名誉教授，他在 2010 年开展了研究，并且向英国广播公司信托基金（BBC Trust）提交了一份独立报告，其中总结了人们对气候变化的理解的演变以及近期的公开辩题：

> 早年间，也就是 20 年前，关于气候变化的真实性曾经有过一场纯正的科学辩论（尽管鲜有人知）。现在，全球变暖作为一个事实已得到公认，尽管温度的上升速度和幅度还存在不确定性。目前是悲观者占上风，日益增多的洪水和降雪（变暖的大气会留存更多的水分）站在他们一边。辩论还会继续，如同任何其他悬而未决的议题，它理应被尽量客观地报道。
>
> （BBC Trust，2011，p.68）

政府间气候变化专门委员会的第三次评估报告（IPCC，2011）总结了关键议题上的科学共识。报告的主要结论是：20 世纪末以来，全球平均地表温度上升了 0.6±0.2℃；20 世纪 70 年代以来，每 10 年上升 0.17℃；有全新并更强的证据显示，过去 50 年间观测到的全球变暖主要归因于人类活动。政府间气候变化专门委员会的结论是，如果温室气体继续排放，气候也将继续变暖；1990~2100 年温度预计将上升 1.4~5.8℃；伴随这种温度上升的是某些类型的极端天气增加，以及海平面预计上升 9~88 厘米。

连同这些发现，有关气候变化的科学共识越来越多。科学家循其本性应该对反面证据和新观点保持开放的态度，这些证据和观点可能会融入未来的研究中。科学具有在证伪旧观点的过程中产生新知识的传统。关于气候变化将在多大程度上对地球造成冲击尚存在争论——科学可以预测现实世界的现象，但并非总能做到 100% 的精确——然而关于那些曾受质疑的观点的争论已悄无声息。问题是，科学家和科学传播者在多大程度上展现了这些观点，又在多大程度上将文明所面临的某些至关重要的议题教给了公众。

第三节　公众知道和相信什么？

根据 21 世纪初开展的一项大规模调查，大多数英国人听说过"气候变化""全球变暖""温室效应"这些术语（DEFRA，2002）。最初，公众似乎对"全球变暖"比"气候变化"更为熟悉（DEFRA，2002；Whitmarsh，2009）。但是到了 21 世纪的最初 10 年，一般认为人们对这两个术语的认识程度变得相近（Upham et al.，2009）。

对"气候变化"和"全球变暖"这二者的熟悉度增加，意味着公众将其视为同义词。在阿珀姆（Upham）的调查回应者中，只有 4% 的人在不经提示的情况下能清楚地区分"全球变暖"和"气候变化"（Whitmarsh，

2009，p.410）。这种情况也许因为记者和科学家对这两个术语交替使用而加剧。总体而言，媒体更喜欢用"全球变暖"，而科学家和政策文件更喜欢用"气候变化"（Whitmarsh，2009）。

美国环境决策研究中心（Center for Research on Environmental Decisions, CRED）建议使用（CRED，2009）"气候变化"而不是"全球变暖"，因为"气候变化"更好地表达了地球生态系统的广泛变化以及全球温度的逐年变化（CRED，2009，p.2）。与"全球变暖"不同，"气候变化"一词避免了"世界每个区域都在一致变暖"的误导性暗示，以及"温度上升是温室气体增加的唯一顾虑"的观念（CRED，2009，p.2）。

公众调查表明，环境决策中心的建议是正确的。比起"全球变暖"，公众似乎的确将"气候变化"与其对气候和天气的更广泛的系列影响（例如，炎热的夏天、更潮湿的冬天、降雨、干旱）以及更广泛的系列成因（包括自然与人类两方面）联系起来（Whitmarsh，2009，p.410）。与"全球变暖"一词相联系的是热量被"困住"的概念、温度上升、人类自身的原因以及有关臭氧层损耗的迷思概念。

第四节　大气科学：争议与混淆之源

大气科学比气候变化早几年出现在公众意识中。1985 年在臭氧层中发现的一个"洞"吸引了大量媒体的关注。臭氧层损耗是 20 世纪 70 年代发现的一种现象，它既指平流层中的臭氧总量的相对逐渐减少，也指极地上空的臭氧密度的季节性下降。自此，臭氧损耗的概念与人类的物质消耗水平联系起来，例如某些制冷剂的消耗。该现象长期存在并被认为与气候变化相关，尽管其联系机制尚不明确。

20 世纪 90 年代初期，博伊斯（Boyes）和斯塔尼斯特里特（Stanisstreet）注意到全球变暖可能向教育者提出了重大挑战。他们调查了大学生的认知，识别出一系列的迷思概念，包括对于全球变暖和臭氧层损耗的混淆（Boyes & Stanisstreet，1992）。与许多科学现象一样，关键概念是抽象的，对学生而言有一段距离。进行相关实验或动手探究有困难，于是大量的气候变化教育依赖于数据诠释（无论有没有计算机辅助）、讨论或观看视频。

具有讽刺意味的是，尽管关于臭氧洞的媒体报道成功地提高了公众对该议题的认识，并且促进了人们根除含氟氯烃（CFC）使用的实际行动，但现在这类报道则成为气候变化更广泛地传播的一种障碍。2010 年，作为伦敦科学博物馆"大气……探索气候科学"展览的规划和筹备的一部分，受众研究和宣传团队开展了一项针对参观者的气候变化背后的科学知识的调查（Science Museum，2010a）。1/3 的受访者认为温室气体导致了臭氧层空洞。一位受访者是这么说的："它们（温室气体）正在损耗我们的臭氧层——带来了大量辐射，我们正在被加热。"

伦敦科学博物馆的成年参观者调查发现，温室的比喻孕育了迷思概念，特别是与臭氧层有关的迷思概念。受访参观者认为温室气体在大气中形成了实体层，像一个天花板，臭氧洞就位于这一层。由此，在展览设计中，伦敦科学博物馆的人员煞费苦心地绕开了任何关于温室气体形成"天花板"的形象描述，而尽可能去展现气体的浓度变化。

第五节　公众相信什么，相信谁？

在气候变化的问题上，人们的理解水平或心理模型与其信念水平之间是相互影响的。对于气候变化传播者而言，触动其中任何一个都是一项巨大的挑战，这源自个体的"证实偏见"——倾向于以加强其先验知识的方式来诠释信息（CRED，2009）。在臭氧层的问题上，怀疑者可以将空洞诠释为热空气的出口，来维护他们关于气候变化并未发生的信念；而相信气候变化的人可以将空洞诠释为更多热空气的入口，来维护他们关于气候变化正在发生的信念。

不同国家的公众对于气候变化的观点存在显著差异，同国公众的观点也随人口学特征而有所区别。在英国，相信源自人类活动的气候变化的人往往是儿童、18～40岁的成年人或女性；而怀疑者或否认者一般是40岁以上（特别是60岁以上）的成年人和男性（Science Museum，2010b）。总体而言，大部分人相信气候变化正在发生，但未必源自人类活动。根据英国广播公司在2010年开展的一项调查，尽管75%的人相信气候变化正在发生，但其中只有1/3的人认为其源自人类活动（BBC，2010）。这一发现与卡迪夫大学（Cardiff University）的研究相吻合，后者发现78%的受访者相信气候变化，但仅有31%的人认为其主要由人类活动所致（Spence，Venables，Pidgeon，Poortinga & Demski，2010）。此外，对气候变化的信念水平正在随时间降低。卡迪夫大学的研究发现，在其2005年和2010年的两次调查期间，有13%（相信者比例从91%下降到78%）的人从相信转变为不相信。对比2009年11月及2010年2月的两次调查——中间只隔了几个月，英国广播公司发现这一转变比例高达8%（相信者比例从83%下降到75%）。

2010年，乔治·梅森大学（George Mason University）气候变化传播中心（Centre for Climate Change Communication，C4）发布了一份报告（Leiserowitz，Maibach，Roser-Renouf & Smith，2010），比较了2008年11月和2010年6月的美国公共舆论。在两次调查中，被归类为对气候变化感到"焦虑"或"关心"的受访者比例从51%下降到41%，被归类为"怀疑"或"轻视"的受访者比例从18%上升到24%。这些数据反映了气候变化传播者所面对的挑战，也反映了公共舆论的可塑性。C4 报告采用的受众细分分析表明，需要对不同的公共（或公众）群体传递不同的信息。

第六节　信任问题

前面我们提到了波利·汤因比的声明——在有关事实的问题上，我们这些不是科学家的人只能听取科学家的意见，去信任这种压倒性的全球共识（Toynbee，2006）。对科学和科学家的信任支撑起所谓科学教育的相当一部分内容。学校里关于科学的教授内容大多仰赖教师和课本的智慧。如若不然，学生凭什么相信地球在绕着地轴自转呢？然而这种信任是可以破坏的，近年来的事件清楚地说明了这一点。

2009 年的"气候门"事件——涉及东英吉利大学（University of East Anglia）气候研究小组的 160Mb 邮件和数据泄露——改变了气候科学家的处事方式，以及科学家彼此间及其与公众交流的方式。该事件的报道也许正是相信气候变化的那 8% 的人转变立场的主要原因——英国广播公司调查发现的转变正好发生于 2009 年 11 月到 2010 年 2 月间。

英国对"气候门"的相关政治回应，以及首相戈登·布朗（Gordon Brown）后来被迫发表的评论——"哥本哈根（峰会）只剩几天了，我们不能在过时的、反科学的、复古的气候怀疑论者身上分散精力"——给公众对政府的气候变化政策的信任带来了潜在伤害。如里奥·西克曼（Hickman，2011）在《卫报》的一篇博客中指出的，这样的语言未必有利于建立对政府立场的信任。西克曼注意到新术语"气候民科"加入了已然很长的名词表，表中包含从相对中性到贬义的各类名词，如"怀疑论者、否认者、唱反调者、实在论者、异议者、复古论者、误报者和混淆者"。用如此负面的名词来描述社会的各个部分，可能会导致使用这些偏激字眼的人引火烧身。

第七节　公众信任层次

根据 TWResearch 的资料，伦敦科学博物馆在展览开发过程中组织了小组座谈，当时是在 2008 年 4 月，距离"气候门"事件发生还有一年多。研究揭示了影响气候变化信息来源的信任度的三项因素。①虚伪，因为人们不想被告知应该做什么，除非看到其他人行动的证据，看到"他们言行一致"。②利益，因为存在两种令人困惑的分歧：首先，是商界提倡的对抗气候变化的利他行为间的分歧，例如能源公司鼓励业主改用可再生能源等；其次，是政府或商界资助的"非独立"科学家之间的分歧。③自相矛盾，按理说，资料来源应保持一致的立场，而非如公众察觉的那样顺应最新动向来改变观点。其结果是，政府、商界和媒体最不被座谈小组成员所信任，而科学家、慈善团体和非营利公共机构（例如伦敦科学博物馆）最受信任。于是，在媒体工作的科学传播者似乎处在一个奇特的位置上——因其科学资历而受到信任，又因其媒体人的身份而不被信任。

公众将"科学"与"真相"和"事实"联系起来，这塑造了科学家作为独立的真相探索者的主要形象（TWResearch，2008）。于是，当科学家之间无法就气候变化议题达成一致的时候，困惑就产生了，这种可察觉的"自相矛盾"经常被引证为对气候变化缺乏信任的原因之一。这一观察表明，为了有效地进行气候变化的传播，需要更多地向公众传播科学的本质。

伦敦科学博物馆作为以科学为基础的教育性机构，被视为基于证据来发现可靠信息而不是发现观点的地方。然而，为了克服某些妨害展览的公众信任的潜在障碍，博物馆采取了以下措施：雇用了一位可持续发展顾问；建立了碳减排工作组，2009～2010年成功地将博物馆的碳排放减少17个百分点；对所有资助方保留编辑自主权；聚焦于展现气候变化背后的科学。

第八节　教师对气候变化的看法

对于学校在许多博物馆组织的参观活动，教师对全球变暖的理解非常关键。在参观的准备阶段及后续环节，展览的信息可以得到强化或调控。然而，科学博物馆组织的学校科学教师和地理教师的小组座谈表明，部分科学教师并不确信气候变化的成因是人类活动（TWResearch，2010）。达夫（Dove，1996）针对实习教师开展了有关温室效应、臭氧层损耗和酸雨的调查，发现了与早前博伊斯和斯塔尼斯特里特针对大学教师的调查类似的概念混淆。但是达夫的困惑是，为何这些未来的教师理解了臭氧层背后的科学，却不能理解温室效应。

在对职前教师进行调查后，达夫假设虽然含氟氯烃与臭氧层损耗之间的关联已充分建立，但全球变暖仍存在争议。另一个可能的挑战也许是温室效应背后的科学比臭氧层损耗背后的科学更难。达夫注意到，对不同现象的理解的差异引发了一个问题："理解是否仅通过展现概念就能得到改善，是否还需要其他的教授方法来让信息更明确。"（Dove，1996，p.99）尽管达夫的研究开展于 20 世纪 90 年代中期，但他的发现在今天或许仍有意义。

梅森和桑蒂（Mason & Santi，1998）主张教师在全球变暖问题上使用建构主义方法，包括就证据的不同诠释进行讨论。伦敦科学博物馆的小组座谈表明，教师感到难以处理相互冲突且在不断更新的证据，因为这种不确定的感觉违背其作为"真相"传授者的自我认知（TWResearch，2010）。这对于教师而言实在是个矛盾的问题，因为他们还需要教授科学的本质，例如某些暂定性的科学知识，以及对自然现象的解释提出质疑的价值。

第九节　改变态度或行为

气候变化的人为成因方面的科学共识在加强，全球变暖的政治共识也变得更加紧迫，有些教育者主张调整面向学生的教育形式。泽尔（Uzzell，1999）批评许多环境教育使用自上而下和由里及表的方式，认为它无法有效追踪记录学生对环境的态度和价值观的变化。特别是最近，教育者支持在气候变化教育中使用新的模型和策略，例如利用社区行动的效力（Moser & Dilling，2004）。

科德罗、托德和艾贝尔（Cordero，Todd & Abellera，2008）的报告称，气候变化的教育应该使用环境足迹计算这类方法，强调学生、能源与气候变化的个体联结。他们认为该种策略能够增进学生对于个体能耗与全球变暖的关系的理解，迪瓦恩－怀特、迪瓦恩－怀特和弗莱明（Devine-Wright，Devine-Wright & Fleming，2004）对此持同样的观点。

第十节 传播气候变化的障碍

气候变化的传播是一项挑战性行动。除了前面讨论过的缺乏理解和信任的问题外，伦敦科学博物馆的小组座谈（TWResearch，2008，2009）还揭示了影响人们参与气候变化的一系列障碍，无论他们是否相信气候变化、是否同意人类是其成因、是否认为其有威胁。

●无聊：气候变化总在媒体上出现，对于小孩子，该主题出现于贯穿其学校生涯的多个科目。

●反感：公众不想被告知在生活中要做什么和怎么做，尤其是在他们乐在其中的那些行为方面，例如出国旅行。

●无力感：公众认为他们的个体行为是徒劳的，难以形成集体影响力；他们感觉不到大的改变，对于国际的努力认识不足，例如2009年的哥本哈根世界气候大会。

●担忧：公众不清楚影响到底有多严重，不清楚它会给自己带来什么，甚至担心行动是否已经太晚了。

根据罗泽-雷努夫和梅巴克（Roser-Renouf & Maibach，2010）的看法，行动已经受到政治党争和产业误导运动的拖累；在公平报道原则的纵容下，少数怀疑论者发出的声音已远超其群体分量或证据分量；他们发表的观点制造了科学争论盛行于公共领域的印象，而实际上正好相反。因此，该议题并非大多数人关心的政策，而且这种情况将持续，直到争论的印象淡去、人们清楚地理解了我们面临的危机以及为了扭转危机而必须采取的行动。

公平性是持续困扰科学传播者的议题之一。在斯蒂夫－琼斯对英国广播公司的科学报道的综述中，她提到了一项超出气候变化范围的议题：

> 对于替代药物或炼金术的信念，以及对于疫苗或转基因食品的担忧，同是对传统智慧保持强烈的不信任的表现。这样的怀疑主义应该是每个科学家、记者或政治家的一种武器。然而，怀疑可能固化为否认。这就给媒体出了一道难题，在其竭力对隐约浮现的争议做出客观的报道时，他们面临陷入虚假平衡的风险——面对固执己见而易受蒙蔽的少数人和立场一致而不甚坚持的多数人，对其观点进行同等的报道。全球变暖就是这种为寻找正确立场而苦苦挣扎的议题。

（BBC Trust，2011，p.66）

第十一节　翻越过障碍

为了有效传播气候变化，传播者需要结合气候变化正在发生并主要由人类引发的证据，以持续吸引并教育公众。通过对受众的咨询，伦敦科学博物馆（TWResearch，2008）制定了以下策略来吸引公众参与气候变化议题：

● 聚焦于人：公众似乎会被人的故事所吸引，特别是当这些故事是关于：①英国：有感染力的故事，建立议题与个人的相关性；②阶级斗争：不公正的故事有激发作用；③已受到冲击的国家：对人们已经造成的冲击可以令议题显得不那么遥远而更加紧迫。

● 个人相关性：许多参观者无法代入全球议题。他们想知道气候变化对自身产生影响的方式和时间点，否则会因与己无关而忽视该议题。

●提供可能的应对及创新方案的实例：面对灰暗的前景可能或已经采取带来希望的行动实例。除了环保袋和节能灯外，参观者对更全面的方案所知甚少。

●提供其他国家的具体方案：参观者会被其他国家的实际做法及其产生希望的缘由所激励。

为了达到教育效果，传播者需要展现人为的气候变化正在发生的证据，而且是公众认可的证据。要切记，公众并不认为气候变化的影响（例如海平面升高），以及科学观点上的共识，可算作是气候变化的证据（尽管有频繁的媒体报道）——它们可能被归结为许多不同的问题，而非仅仅与气候变化有关。相反，公众想看到，为何这些影响、应对和观点与气候变化有特定的联系。在"大气……探索气候科学"展览中，伦敦科学博物馆的做法如下：

●展现描绘二氧化碳浓度或温度上升的图像，例如基林曲线[①]；

●展示科学家在推断气候发生了什么变化时的研究实体（比如一块冰芯），或在推断气候可能如何变化时的研究实体（比如一个气象气球）；

●开发互动展览，解释碳循环和温室效应；

●设计一个展览，鼓励参观者比较气候变化的自然和人为成因，推断哪一种情形更可能导致了现阶段的变暖；

●建立一个单独的展区，说明科学家如何通过气候建模来预测未来。

C4 报告注意到，"无论他们对全球变暖持何种信念，大量美国人自称开展了家庭节能行动——关灯、关电、减少暖气和空调的使用、节水、用节能灯替换白炽灯"（Leiserowitz et al.，2010，p.6）。该发现表明有一系列因素影响着公共消费模式，包括经济因素以及对社会责任的认知。教育只是影响公共行为的因素之一。消费行为的改变本身可能对个体公众产生影

---

① 在 1957～1958 年国际地球物理年期间，查里斯·大卫·基林（C. D. Keeling）团队在美国夏威夷岛的莫纳罗亚山测得的大气中的二氧化碳浓度随年份变化的曲线。——译者注

响，从而产生新的行为模式。气候变化传播者的策略之一是对公共行为模式的改变进行宣传，例如重复利用或安装节能灯（实际上，节能的说法并不准确，更准确的词是"节约燃料"）。

伦敦科学博物馆的调查以及后续的小组座谈表明，参与了诸如"节能"行动的受访者并不清楚除此之外还能做些什么。他们想知道他们还能做什么，但不想被耳提面命。他们也不想生活方式发生太大的变化，比如说不乘坐飞机，因为这会对其生活带来更多的不便。他们关于防治或补救的知识有限，他们看不到某些行动的价值，例如写信给国会议员，或者像哥本哈根世界气候大会这样的事件。

第十二节　结　　论

气候变化给科学传播者带来了巨大的机会和挑战。科学共识逐年增加，科学传播者现在似乎没有理由展现怀疑论者和否认者的论述，除非是将其作为反例，以说明要说服特定的社会人群有多么困难。

我们知道公众对议题的理解是不完整和碎片化的。一般来说，公众信任科学家和他们的解释。我们怀疑科学传播者面临挑战的部分原因是，公众无法准确把握科学共识的边界。在预测未来几十年的可能变化时，科学家有时会表现出不确定性——这被视为他们对气候变化是否源自人类活动持有不同观点的证据。科学传播者可以发挥作用，向人们说明不确定性是科学运作的一部分。

伦敦科学博物馆关于公众对气候变化的理解和观点的研究方法为其他机构提供了一个范例。研究发现为展览开发者提供了坚实的基础。意识到参观者经常表现出严重的误解之后，展览开发团队将焦点转向解释气候变化背后的科学，而不是像最初设计的那样将焦点放在气候变化所引发的更宽泛的影响和议题上。

未来将会怎样？气候变化导致的严峻经济后果将促使政府和产业界采取行动，哪怕公众舆论还是犹疑不决。即便是在美国这样似乎有某种无视科学证据的乖张趣味的国家，公众舆论最终也将转向接受，接受人类对气候施加了灾难性的影响。对科学传播者的挑战是保持公众对该主题的兴趣，同时说明每个人都有能力和责任不遗余力地减少燃料消耗。

参 考 文 献

BBC (2010). *BBC Climate Change Poll.* Available at: http://news.bbc.co.uk/nol/shared/bsp/hi/pdfs/05_02_10climatechange.pdf. (Accessed on August 11, 2011).

BBC Trust (2011). *BBC Trust review of impartiality and accuracy of the BBC's coverage of science.* London: BBC Trust.

Boyes, E., & Stanisstreet, M. (1992). Students' perceptions of global warming. *International Journal of Environmental Studies,* 42(4), 287–300.

Center for Research on Environmental Decisions (CRED). (2009). *The Psychology of Climate Change Communication: A Guide for Scientists, Journalists, Educators, Political Aides, and the Interested Public.* CRED: New York.

Cordero, E. C., Todd, A. M. & Abellera, D. (2008). Climate change education and the ecological footprint, *Bulletin of the American Meteorological Society,* 89, 865–872.

Department for Environment, Food and Rural Affairs (DEFRA) (2002). *Survey of public attitudes to quality of life and to the environment—2001.* London: DEFRA.

Devine-Wright, P., Devine-Wright, H. and Fleming, P. (2004). Situational influences upon children's beliefs about global warming and energy. *Environmental Education Research,* 10(4), 493–506.

Dove, J. (1996). Student teacher understanding of the greenhouse effect, ozone layer depletion, and acid rain. *Environmental Education Research,* 2(1), 89–100.

Hickman, L. (2011). The need for caution when "calling out the climate cranks". *The Guardian.* Available at: http://www.guardian.co.uk/environment/blog/2011/feb/14/climate-cranks-caution-sceptics-protest [accessed on August 8, 2011].

Intergovernmental Panel on Climate Change (IPCC 2001). *Climate Change 2001. IPCC Third Assessment Report.* Cambridge: Cambridge University Press.

Leiserowitz, A., Maibach, E., Roser-Renouf, C. and Smith, N. (2010). *Global Warming's Six Americas, June 2010.* Yale University and George Mason University. New Haven, CT: Yale Project on Climate Change.

Mason, L., & Santi, M. (1998). Discussing the greenhouse effect: Children's collaborative discourse reasoning and conceptual change. *Environmental Education Research*, 4(1), 67–85.

Moser, S., & Dilling, L. (2004). Making climate hot: Communicating the urgency and challenge of global climate change. *Environment*, 46, 32–46.

Roser-Renouf, C., & Maibach, E. (2010). Communicating climate change. In S. Priest (Ed.), *The Encyclopedia of Science and Technology Communication*, Sage Publications.

Science Museum (2010a). *Visitors' Mental Model of Climate Change* (unpublished).

——(2010b). *Audience's Attitudes Table.* (unpublished).

Spence, A., Venables, D., Pidgeon, N., Poortinga, W., & Demski, C. (2010) *Public Perceptions of Climate Change and Energy Futures in Britain: Summary Findings of a Survey Conducted in January-March 2010.* Cardiff: Cardiff University.

Times Higher Education (2011). Science is fair dinkum. *Times Higher Education*, June 30, 2011, p.16. Available at: http://www.timeshighereducation.co.uk/story.asp?story Code=416621&sectioncode=26 [accessed on August 10, 2011].

Toynbee, P. (2006). The climate-change deniers have now gone nuclear. *The Guardian*. Available at: http://www.guardian.co.uk/commentisfree/2006/jul/18/comment. politics3 [accessed on August 8, 2011].

——(2011). Britain must resist Tea Party thinking. *The Guardian*. Available at: http://www.guardian.co.uk/commentisfree/2011/aug/01/britain-resist-tea-party-thinking [accessed on August 8, 2011].

TWResearch (2008). *A Climate Change Gallery at the Science Museum* (unpublished).

——(2009). *Developing the Climate Change Exhibition* (unpublished).

——(2010). *A Climate Change Toolkit for Teachers* (unpublished).

Upham, P., Whitmarsh, L., Poortinga, W., Purdam, K., Darton, A., McLachlan, C., & Devine-Wright, P. (2009). *Public attitudes to environmental change: a selective review of theory and practice.* Swindon: Economic and Social Research Council. Available at: http://www.esrc.ac.uk/_images/LWEC-research-synthesis-full-report_tcm8-6384.pdf. Accessed on August 10, 2001.

Uzzell, D. L. (1999). Education for environmental action in the community: New roles and relationships. *Cambridge Journal of Education*, 29(3), 397–413.

Whitmarsh, L. (2009). What's in a name? Commonalities and differences in public understanding of "climate change" and "global warming". *Public Understanding of Society,* 18(4), 401–420.

第十四章

短期危机中的科学传播：严重急性呼吸综合征（SARS）案例

李杨涌（Yeung Chung Lee）

第一节　引　言

2002 年年底起源于中国南方的严重急性呼吸综合征（SARS）被认为是因为一名临床医生在治疗 SARS 患者时被感染而传播到中国香港地区的。在旅馆停留期间，这名医生将疾病传染给十余名住客，后者进而在飞行途中将疾病扩散到中国香港和其他国家（World Health Organization, 2003a）。2003 年内，这种疾病感染了 29 个国家的人口，夺走了上千人的生命。2003 年 7 月后，发作的疫情以其暴发时的速度倏然消退。SARS 在相对这么短的时间内得到控制，可能要归功于科学在搜寻知识和解决人类问题方面的效用。然而在这表面的成功背后，仍然存在大量的议题、困难、矛盾以及有关科学在科学共同体和社会中运作的争议。理解科学传播的复杂性及其潜在影响，对于化解未来的类似危机非常重要。限于篇幅，本章采用必要的快照方法（snapshot method），聚焦于危机中的若干关键事件，来阐明不同层面的科学传播的重要议题。对这些议题进一步反思，以期更清晰地阐释从此特殊背景中汲取的经验教训。在分析 SARS 危机的案例之前，回顾一下科学的社会角色非常重要，正是这些角色支撑了危机中的科学传播。

第二节 科学和科学传播的角色

　　似乎有共识认为，科学的主要角色是解决问题，其动机要么是好奇心，要么是对人类生活产生积极影响的渴望（Dawson，1991）。然而有清晰的迹象表明，当代的科学研究扮演了越来越多的角色（Layton，Jenkins，Macgill & Davey，1993；Ziman，2000）。莱顿等（Layton et al.，1993）提出将科学划分为三种类型，分别刻画其某种特定角色：由理解自然现象的渴望所驱动的基础型科学；支持技术进步的战略型科学；辅助制定政策或建立标准的托管型科学（mandated science）。还有人强烈主张科学对每个公民都是有用的，因为它提供了必要的知识，促成个体的个人决策（Bybee，1977；Irwin，1995），个体由此参与到民主社会中（AAAS，1990）。基于以上，科学的运作至少具有四种角色——增强我们对自然的理解、支持技术进步、辅助公共决策、培育公民行动。

　　本章的论点是：在SARS危机中，科学这四种角色的实现促成了科学在科学家群体与各种利益相关者之间的传播。起源于这种多边传播的任何议题都可能影响科学在化解危机过程中的效用。于是对这些议题的分析就极具意义，理想的方案是使用多层的分析框架将科学传播细分为三个层次。第一层是理解和治疗疾病所必需的科学传播，主要涉及科学家和医学技术专家。相关的技术高度依赖于SARS案例中的科学发现，还有少量高度专业化的临床技术与人工制品的发展有关，例如试剂盒和药物。相应地，这一层的分析主要聚焦于传播的科学方面。第二层是面向决策的科学传播，主要涉及政府官员、科学家和卫生专家。第三层是面向公民行动的科学传播，需要全体公众的参与。除了各层面的科学传播外，多边传播发生于三层之间的界面，引发复杂的互动模式，可以用三边关系表示（图 14-1）。

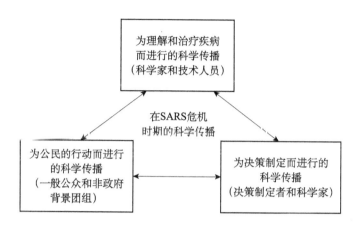

图 14-1　SARS 危机中的三层科学传播的三边关系

为了进一步阐明这一复杂的传播模式，也为了指明研究焦点，我提出以下贯穿全章的问题：①各层的科学传播扮演了什么角色？科学在各层内和各层间是如何传播的？②科学的传播如何受到科学和社会语境的相关因素的助力或掣肘？③这些因素间的互动引发了哪些议题、矛盾或困难？④科学的传播对危机产生了什么影响？科学的各种角色实现的程度如何？⑤这场危机对科学传播有什么启示？⑥在化解未来的类似危机时，科学传播要面对哪些挑战？

一、面向理解和治疗疾病的科学传播

在 SARS 危机期间，为了探索疾病的诸多方面，例如病原体、传播方式和病原体来源，科学家之间的科学传播是必要的。由于科学知识的生产最终由科学的本质支配，为了理解其中的动力学以及该层面的科学传播所涉及的议题，有必要简单回顾一下科学的本质。

科学的本质可以定义为认识的方法，或者是科学知识发展中的内在价值和信念（Lederman & Zeidler，1987）。科学的本质也被形容为"'科学是什么、如何运作、科学家作为社会群体如何运营、社会自身与科学事业如何互动'的核心"（McComas，Clough & Almazroa，1998，p.4）。麦克马斯（McComas）等界定了科学本质的 14 条宗旨，可以分类为哲学的、心理的、历史的和社会的方面。从哲学的角度来看，科学是一种解释自然现象的努力。对科学知识的探寻依赖于观测、实验证据、理性论证和怀疑主义。科学知识既是持久的，又是暂定的。从心理学的角度来看，科学家是创造性的，必须乐意接受新的观点，他们的实验是被理论渗透的。[①] 从历史学的角度来看，科学反映了社会和文化传统，科学的观点受到其社会和历史环境的影响。从社会学的角度来看，一切文化都对科学有所贡献，新的知识必须被清晰和公开地报告，科学研究要求同行评议和结果复现。这些科学本质的重要方面体现于最终揭开 SARS 之谜的科学共同体内部传播，其过程可以分两个阶段来说明如下。

（一）第一阶段：搜寻 SARS 的元凶

　　在瘟疫的早期，关于何种病原体导致了 SARS 的证据是互相冲突的。多种微生物被牵扯进来，包括禽流感病毒、副粘病毒、衣原体和人偏肺病毒（hMPV）（WHO，2003a）。真正的突破来自香港大学（Hong Kong University，HKU）的研究者，他们将两名 SARS 患者的临床样本接种到猴子的肾细胞里，通过电子显微镜观测到细胞里生长了一种冠状病毒（Peiris et al.，2003）。该病毒可以在 SARS 患者的血清中诱发抗原－抗体反应。对感染细胞的随机遗传筛查结果支持一种新型冠状病毒诱发疾病的假设。尽管如此，人体变性肺病毒仍出现在各国 SARS 患者的样本中，表明存在两种病毒合并感染的可能性。

　　所有的这些发现被持续上传到互联网以供其他研究者进行同行评议。

---

① 现有的知识和经验会影响新的实验观测的目标、方法和潜在发现。——译者注

尽管其他假设的验证结果未明，但香港大学的发现得到了其他实验室的证实。根据科赫法则，冠状病毒假设的"酸性测试"是看将病毒接种到寄种或近缘种上是否引发同样的疾病（Fouchier et al., 2003）。该实验在鹿特丹的伊拉斯姆斯大学（Erasmus University of Rotterdam）进行。两只猕猴被接种了冠状病毒，均出现了 SARS 的症状。作为对比，对人体变性肺病毒的后续接种并未导致更严重的病症。根据这例证据，科学家的结论是冠状病毒是该疾病的单一真正的病因。这一发现不仅充分体现了科学在解释自然现象方面的效用，而且生动地说明了科学如何通过基于逻辑规则的迭代评议程序进行传播，以及如何在传播中完成对某种假设的证实以及对竞争性假设的证伪。

这种传播在促使科学共同体达成共识方面的潜力，也许比其在探寻一个绝对答案的过程中的角色更加重要，特别是当证据如以上案例一样不明确的时候。接下来的场景说明了这一论点。

（二）第二阶段：淘大花园之谜

2003 年 3 月底，香港的多区住宅群淘大花园暴发了不寻常的 320 例 SARS 集群感染，这个 8 区住宅群的 E 区也出现了不寻常的大集群感染。这些患者不约而同地出现了腹泻症状，促使研究者将调查方向锁定于通过污水下水道系统的传播。

淘大花园的污水下水道系统的设计是将同一栋侧楼各层的污水排到公用的垂直脏水管中（Whaley，2006）。香港特别行政区政府卫生署（Hong Kong Department of Health）的科学家推测，由于每间公寓的卫生间都装了大功率排气扇，风扇制造的负压导致空气回流，回流的空气被脏水管中的飞沫污染，再通过地漏进入卫生间。进一步的推测是受污染的飞沫也许扩散到了楼区相邻侧楼之间的天井里，进而通过开着的窗户进入了其他侧楼。油滴测试的结果显示，天井的气动力会产生一种"烟囱效应"并导致飞沫上升（Hong Kong Department of Health，2003）。然而推论主要来自间接证据，并未发现冠状病毒的痕量，可能是因为间隔时间太长了。

关于"污水下水道系统"的推测并未得到一致同意。吴（Ng，2004）主张受污染的飞沫很难通过污水下水道系统到达顶层，并且该理论无法解释病毒在 E 区以外的多个楼区的广泛传播。他认为可能是楼群里大量寄居的老鼠充当了病毒的动力源（"媒介"）。世界卫生组织对事件开展了独立调查，得到了与香港特别行政区政府卫生署相同的结论（WHO，2003b）。尽管这两个官方机构的推断在当时被认为更容易接受，但科学家后来承认吴的理论也是可能的（Ellis，Guan & Miranda，2006）。

从以上两个阶段判断，该层面的科学传播讲究的是通过对证据的诘难、论证和同行的推断，探寻证据和假设间的完美联系。然而在现实中，科学传播未必导向所有人都接受的唯一方案。当不能取得明确无误的结论时，必须寻求共识以指导进一步的行动，意味着新的反面证据出现时传播将再次启动。

二、对科学共同体内部传播的影响

（一）合作与竞争

科学家之间的传播不仅由逻辑或理性所刻画，而且由其面对相同目标时的微妙互动所刻画。发现艾滋病毒用了 3 年时间，确认 SARS 病毒只用了不到 3 个月，二者形成鲜明对比。如此非凡的知识生产效率归功于前所未有的大规模协作，协作不仅发生于单个研究团队的科学家之间，更发生于不同的全球研究实验室和研究机构之间。在世界卫生组织的协调下（WHO MCNSD，2003）——其在这次危机中的具体角色将在后续章节中进一步讨论——全球著名流行病学研究实验室组成的网络得以建立并连接到一个共享网站，实现了日常的实时交流。不同实验室的化学品和样本培养物在数小时内快速传递，研究发现在数日内即可在线发表，由此将知识生产推向不可思议的程度。以下是该网络在一天内的工作，生动展现了此期间的协作的典型特点：

> 3 月 20 日，人偏肺病毒引物在另外的四个实验室完成测试。香港中文大学（Chinese University of Hong Kong）在呼吸道样本中发现了疑似副粘病毒的颗粒……鹿特丹实验室向新加坡和中国香港实验室寄去人偏肺病毒的试剂盒，并通过网络共享了被分离的副粘病毒的系统发生树。加拿大实验室运往鹿特丹的用于后续分离物测试的恢复期血清装船。在日常电话会议中，新加坡实验室报告了样本中的多晶结构，德国和中国香港的科学家报告了类似的发现。
>
> （WHO MCNSD，2003，p.1730）

矛盾的是，在这种广泛的协作背后，各支研究团队在紧锣密鼓地彼此竞争。冠状病毒的基因测试就是明证。同一时间至少有四支研究团队开展了这方面的工作。香港团队的负责人梁（Leung）如此形容竞争的紧张气氛："压力非常大，但这正是做出发现的好机会。竞争是一种常态。"（HKU Genetic Sequencing Team，2003，p.9）

最终加拿大团队率先出线，他们的文章发表在《科学》上（Marra et al.，2003）。不过，梁认为竞争背后的公平性是一个问题。不公平的是游戏规则，而非每支团队手里的资源。梁有所不满的是，在他的团队将发现上传到互联网后，获胜者不得不对先前报告的测序结果做了修正。这使梁认为他的团队才是胜出者，尽管其未获得在这一知名杂志上发表论文的殊荣（HKU Genetic Sequencing Team，2003）。

亚伯拉罕（Abraham，2004）报告了科学家之间的激烈竞争的又一例证：世界卫生组织希望以所有协作实验室的名义发表一篇发现 SARS 病毒的论文，但是中国香港、美国和德国争先恐后地单独发表了他们的发现。亚伯拉罕如此评论这种竞争气氛："尽管世界卫生组织高度赞扬各参与实验室的无私精神，但实际上原来的竞争传统还在。"（Abraham，2004， p.95）他将此旧有传统归因于"人类的抱负和科研资助的现实"（Abraham，2004，p.93）。

科学家之间的竞争已升级为一种昭然状态，原因是有些成果带来的收益已远远不限于发表论文或获得研究经费。相关的例子是 SARS 基因的专利权之争，竞争涉及最先发现 SARS 病毒的中国香港大学，以及最先完成病毒基因测序的美国疾病控制与预防中心（US Center for Disease Control，CDC）和英国哥伦比亚癌症机构（British Columbia Cancer Agency，BCCA）。据报道，争议的症结是该基因信息能否在公益事业中得到最有效的管理和利用，而矛盾的是美国疾病控制与预防中心、英国哥伦比亚癌症机构和香港 Versitech[①] 这三支团队均声称能够比对手做得更好（Gold，2003；Tsui，2003）。

有人会争论说，科学家之间的竞争能够促进发现，因而是一种必要之"恶"。然而，过度竞争会妨碍科学家之间的传播和信息流动，从而耽误更具复杂性的科学发现。很明显，如何鼓励科学家在竞争文化下开展协作是一项需要化解的重要矛盾。

（二）社会和文化环境的影响

讨论科学本质的文献表明，科学是在特定的社会和文化环境中运作的。在 SARS 案例中，有两个关键事件展现了社会环境对科学传播的外在和内在影响，这两个事件的结果截然不同。

第一个事件同样发生于香港大学基因测序团队的基因测试过程。根据王等（Wong et al.，2008）对团队负责人的采访报告，其团队取得的数据和美国疾病控制与预防中心的数据有冲突。以下谈话摘录说明了团队在决定报告哪些数据时的困境：

> 在美国的测序中，打头的第一对碱基是"A"，但我们的是"T"……我的学生问我应该输入"A"还是"T"……一次又一次，

---

① 香港大学注册的技术转移公司。——译者注

我们发现应该是"T"……他（一名学生）说，"……美国疾病控制与预防中心不会错"。而我说，"……我们的研究多次确认了打头的是'T'而不是'A'，那我们就应该输入'T'而不是'A'"。

（Wong et al.，2008，p.113）

这一插曲不仅说明诚实报告数据的重要性是科学本质的一条重要宗旨，它还显示了社会环境的内在影响：科学家，尤其是资历尚浅的科学家，在传播中容易受到同行的影响。第二个事件反映了类似的困境，但结果令人遗憾，导致了后面的灾难性结果。

在其发表了《科学》上的论文《中国错过的机会》（*China's Missed Chance*）中，基于对中国科学家的大量采访，恩赛林克（Enserink，2003）报告了影响并妨碍了北京 SARS 危机期间的科学进程的政治、社会和文化因素。恩赛林克发现，北京军事医学科学院（Academy of Military Medical Sciences，AMMS）早于香港团队几周即已发现了 SARS 病毒。然而，该团队缺少挑战衣原体假说（chlamydia hypothesis）的信心，该假说当时在中国内地占有统治地位。衣原体学说的提出者洪（Hong）是一位德高望重的资深微生物学家，"挑战它是一种缺乏尊重的表现"（Enserink，2003，p.294）。中国科学家将他们的失败归结为"中国科学的体制问题：缺少协调和协作，缺少挑战权威的勇气，与世界缺少交流"（Enserink，2003，p.294）。

这些社会-文化影响反映了该层面的传播矛盾。在传播其发现时，科学家能在多大程度上践行独立科学理性，而不受其社会-文化或社会政治背景的影响？这引出一个更为宽泛的问题：在可能关系到其研究经费甚至是其生计问题的社会、经济和政治压力面前，科学家如何保持公正性？

三、第二层：面向决策的科学传播

在 SARS 危机中，一方面，科学为决策者提供了基于证据的指导；另一方面，为了有效决策而提出的调查课题也推动了科学研究。很难说科学家与决策者之间是谁在影响谁，公允的说法是双方在相互影响。一个突出的例子是，"未发现 SARS 在发病前传播的任何案例"作为一个重大发现，促成了对未发病患者的立即隔离策略。另外一个例子是，该疾病具有2~10 天的潜伏期，这为政府部门针对任何近距离接触过 SARS 患者的人采取 10 天检疫期提供了依据。第三个例子是，当果子狸被发现是一种与冠状病毒极为相似的病毒的携带体后，中国广东省马上禁止了果子狸的饲养和销售，同时捕杀了成千上万只果子狸（Normile，2004）。

由于知识的暂定性，以科学为依归的公共政策总有回弹的风险。基于 SARS 通过飞沫或近距离人身接触传播的知识，结论是将淘大花园的居民隔离在自己的公寓里可将传染面降至最低。然而（采取了隔离措施后），E 区的感染人数仍然在上升。新的证据显示，SARS 病毒在粪便中相对稳定，大楼的污水下水道系统可能是一个传播渠道。据此，隔离令似乎将居民置于了更危险的境地。于是政策从隔离调整为疏散，居民在夜间被转移到假日营以接受检疫（Whaley，2006）。

该事件反映了突发事件中细致、费时的科学证据收集过程与政府及时决策以降低生命风险的压力之间的固有矛盾。然而鉴于科学的暂定性，特别是前沿研究的暂定性，尽管所做决策是基于证据的，重要如公共卫生事件的决策往往还是缺少所需的坚实基础。

矛盾的第二个来源是国家对公共卫生的顾虑与源自其文化或经济的社会实践传统之间的冲突。当证据明确显示野生动物与 SARS 冠状病毒有所关联时，这些动物的售卖被广东省临时禁止了。

四、第三层：面向公民行动的科学

面对 SARS 危机，在帮助公民更好地理解该疾病的本质并合理地开展行动方面，科学通过期望公民遵守的公共政策来发挥作用，或通过公民与科学家的直接交流来发挥作用。这一切的发生离不开大众传媒，包括新闻发布会和观众热线。SARS 疫区的公民听从科学家的建议，在公共场所戴上口罩，使用消毒剂对住宅消毒，自己检查体温。

然而，一些政治－经济、社会－文化和个人因素妨碍了传播过程。第一，对信息流动的限制阻碍了科学信息的公众参与。在 SARS 发现初期，由于缺少相关的科学传播，中国公民依靠民间医学来指导行动。例如，许多人在家煮醋，认为醋蒸汽对空气传播的病原体有消毒作用。

第二，当基于科学理解的公共决策与感知利益有冲突时，人们通常会选择利益，淘大花园居民中断隔离就是一个明显的例子（Beech，2003）。这提出了"个体行动自由与全社区免于感染的自由之间的平衡"问题（Weiss & McLean，2007，p.112）。第三，危机期间人们往往会随内在感受和主观推理而行动，经常引发污名化和歧视问题。例如在多伦多，有些人看待当地中国城的眼光"带着怀疑，充满指责"（Abraham，2006，p.131）。同样的想法还表现于团体行动。美国一所大学要求中国香港学生和他们的亲属不得参加毕业典礼（Lee & Gibb，2003），中国香港的运动员被禁止参加都柏林的世界特殊奥林匹克运动会（Doran & Maitland，2003）。

这些事件反映了向公民传播以及在公民中传播科学的　个大问题。看起来即便是科学传播没有被切断，许多公民仍拒绝以科学的观点来指导行动。这也许源自在各类议题上可察觉的科学不确定性、科学传播的低效或科学家与公民在证据诠释上的分歧。许多人不正面应对这个问题，而诉诸主观判断、民间科学或伪科学，与他人交流彼此的看法，最后以大规模行动收场。这部分人的某些判断反过来又影响了国家决策。例如，家长呼吁暂时关闭学校，担心孩子会因近距离接触其他孩子而感染，尽管科学家主张学校没有必要关闭，并且因为采取了例行卫生措施，孩子待在学校实际上更加安全（Chiu & Galbraith，2004）。基于有哪些地区和建筑的居民感染了 SARS 的公开报告，有些公民建立了网站来发布相关信息（Loh & Welker，2004）。不过，也有些公民行动导致了不同程度的社会动荡，比如抢着购买醋或任何被误认为可有效治疗或预防 SARS 的东西。

第三节　世界卫生组织的角色

SARS 危机见证了由世界卫生组织精心策划的顶层科学传播的出现，世界卫生组织在三个层面的科学传播中都发挥了基础协调作用。在科学家和技术专家的层面，世界卫生组织作为领导者和协调者，将世界不同地区的科学家联系起来以发挥他们的专长；对于国家决策者，世界卫生组织扮演了顾问角色，通过专家意见和资源来提供支持，这种支持被证明对发展中国家极为重要；在公民层面，世界卫生组织扮演了信息提供者和建议者角色，向公众提供最新信息和疾病预防方面的建议。

费德勒（Fidler，2005）概括了 SARS 期间世界卫生组织在全球卫生治理方面的三项突破。第一项突破是通过在 20 世纪 90 年代埃博拉疫情暴发后建立的全球公共卫生智慧网络（GPHIN）（Heymann，Kindhauser & Rodier，2006），对非政府信息源进行全球监督。该网络使世界卫生组织能够扫描互联网中传播的谣言或非正式报告，从而增强了世界卫生组织与那些出于经济考虑而不愿披露国家信息的政府卫生部门的周旋能力。第二项突破是吸引有实质科研能力的机构加入全球专业网络。2000 年建立的全球疫情警报与反应网络（GOARN）整合了 120 个网络和机构，此外在 SARS 期间建立了由 13 个实验室的科学家组成的虚拟网络，实现了科学家之间的实时协作和交流，从而加快了取得发现的步伐。

第三项突破是发布旅行建议通告，使世界卫生组织得以绕过国家机器与非政府机构直接交流。直接的公民参与有助于将科学理解融入公民行动，以迫使政府保持更高的透明度。然而这类绕开个体国家的行动实践催生了世界卫生组织与民族国家之间的矛盾，问题在于如何在全球危机管控中平衡国家利益与国际利益。根据世界卫生组织所扮演的关键角色，图 14-1 需要进行修改，以纳入发生于世界卫生组织与其他利益相关者之间的各类传播（图 14-2）。

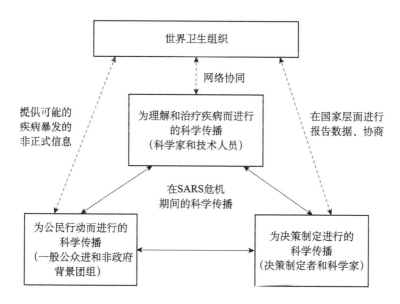

图 14-2　世界卫生组织治理下的 SARS 危机中的多边科学传播

第四节　信息通信技术和大众传媒的影响

信息通信技术（ICT）是全球化社会的基础设施的基本组成部分，其在 SARS 危机期间的作用不容忽视。世界卫生组织所协调的全球网络依靠高技术设施才能运作，例如网站、电话会议、视频会议和电子邮件。以中国香港特别行政区为例，信息通信技术在疾病的"管辖"方面发挥了必要作用，使用了原本开发用于犯罪调查的高技术设备来追踪疾病的扩散情况（Kong，Tsang，Liu & Chan，2006）。另外，信息通信技术带动的信息流大大增强了大众传媒的作用。与用于科学共同体内部传播的保密网站不同，大众传媒的传播对所有人开放使用，从而促进了各利益相关者之间的传播。SARS危机表明，大众传媒可作为科学家向公众传播其发现的渠道，以及政府或世界卫生组织与公民同步政策或建议的渠道——以中国为例（McNally，2003），大众传媒上的政府宣传动员了全体公民。此外，媒体提供了公民发表对卫生官员、政客和外行公民的看法的平台。

有些媒体通过倡导其自身的立场或政策，对决策施加了实质影响，相当于某种"倡导性新闻"（advocacy journalism），这种做法极具争议（Loh，Galbraith & Chiu，2004，p.213）。有些新闻机构还被指责利用公众情感来挑起社会动荡，尽管在重大卫生恐慌这样的混乱局面中，很难清楚划分哗众取宠与负责任的新闻报道之间的界限。连科学家还在争辩究竟什么是危机的"正确"信息，指望媒体传递不经扭曲的信息也许不太现实。

第五节　经验教训与未来的挑战

本书提出了面向未来危机的一系列见解。对 SARS 的管控强化了科学在化解短期危机中的关键角色，特别是在科学家之间开展了大规模协作的情况下。然而科学知识的传播并不能直接解决问题，除非科学知识能够有效融入公共决策和公民行动。SARS 案例表明科学传播在各个层面都充满困难，一部分源于科学的局限性，一部分源于科学传播发生的社会、政治和文化背景。后者与决策的本质、政治意识形态和公民科学素质水平有着千丝万缕的联系，这些因素之间彼此影响，并且关联到人性、本土文化和全球化等因素。这些影响引发了科学传播的相关矛盾，向所有的利益相关者提出了严正的挑战。

首先也是最重要的是，诚实和透明的传播是处理SARS这样生死攸关的危机的最佳策略（Dobersyn，2006）。如果缺少科学证据（特别是在危机初期），或缺少对证据的有效参与，公众会依赖于主观推理和伪科学观点，这已被证明不利于个人及公共卫生，并且会使某些公民群体蒙受损失。刻意限制公众接触科学证据会带来更严重的问题。但是，这不仅意味着在真相面前选择撒谎或不撒谎，以及揭露或不揭露，而关系到证据能否迅速传播并有效利用，从而在科学范围内做出合理、及时的决策。对于科学家，这是一个用诚实和用数据说话的问题。对于决策者，这关系到保持透明性、利用证据、负责任决策、有力制约和平衡卫生治理体系（McNally，2003），以及认清其决策对更广泛的利益群体的潜在影响（SARS Expert Committee，2003）。至于外行公民，这关系到正确地看待科学本质及其效用，弄清观点和证据是来自科学还是伪科学或纯粹的谣言，以及根据对危机最新认识来调整其行动。

第二点经验是，如果科学无法促进对某些方面的问题的根源的深刻反思，科学传播在化解危机方面的能力将非常有限，包括政治和社会文化、治理理念、平衡健康发展与经济发展的社会主流价值观（Plant，2003）、对自然的态度和尊重（Tang，2003）以及社会责任——包括地方和全球意义上的公民责任与国家的国际诚信（Lee，2003）。第三项挑战是如何增强公众对新危机背景下的科学的理解。外行公民获得这类科学知识也许并不容易，而且这些知识很可能与教科书里明确无误的知识有所区别。科学传播的目标应该超越对科学知识的简单掌握，走向对科学探究及证据的本质的理解。只有具备了这样的理解，公民的决策才不会被主观推理、本能反应和暴民心理左右。回应这一挑战的责任不仅落在科学教育者身上，也同样落在一线科学家身上，因为他们所处的位置最适合向公众传播科学问题的解决之道。如果主要的利益相关者在面对所有这些挑战时充满信心，我们就可以确信我们有能力有效地解决未来的类似危机。

注　释

1.本文的原始版本发表于 *International Journal of Science Education*，30，515-541。

参 考 文 献

American Association for the Advancement of Science [AAAS] (1990). *Science for all Americans*. New York: Oxford University Press.

Abraham, C. (2006). Canada: how a hospital coped. In World Health Organization, Western Pacific Region (ed.) *SARS: How a Global Epidemic was Stopped* (pp. 126-132). Geneva: World Health Organization Press.

Abraham, T. (2004). *Twenty-first century plague: The story of SARS*. Hong Kong: Hong Kong University Press.

Balasegaram, M., & Schnur, A. (2006). China: from denial to mass mobilization. In World Health Organization, Western Pacific Region (ed.) *SARS: How a Global Epidemic was Stopped* (pp. 73-85). Geneva: World Health Organization Press.

Beech, H. (2003). Doing battle with the bug. *Time*, April 14, 45-48.

Benitez, M. A. (2006). Hong Kong (China): hospitals under siege. In World Health Organization, Western Pacific Region (ed.) *SARS: How a Global Epidemic was Stopped* (pp. 86-93). Geneva: World Health Organization Press.

Bybee, R. W. (1997). *Achieving Scientific Literacy: From Purposes to Practices* Portsmouth, NH: Heinemann.

Chiu, W., & Galbraith, V. (2004). Calendar of events. In C. Loh and Civic Exchange (Eds.) *At the epicenter: Hong Kong and the SARS outbreak* (pp. xv-xxvii). Hong Kong: Hong Kong University Press.

Dawson, C. (1991). *Beginning science teaching*. Melbourne, Australia: Longman Cheshire.

Doberstyn, B. (2006). What did we learn from SARS? In World Health Organization, Western Pacific Region (Ed.) *SARS: How a Global Epidemic was Stopped* (pp. 243-254). Geneva: World Health Organization Press.

Doran, H., & Maitland, T. (2003). Athletes face Special Olympics ban. *South China*

Morning Post, 17 May.

Ellis, A., Guan, Y., & Miranda, E. (2006). The animal connection. In World Health Organization, Western Pacific Region (Ed.) *SARS: How a Global Epidemic was Stopped* (pp. 243-254). Geneva: World Health Organization Press.

Enserink, M. (2003). SARS in China: China's missed chance. *Science, 301*, 294-296.

Fidler, D. P. (2005). Health, globalization and governance: an introduction to public health's 'new world order'. In K. Lee and J. Collin (Eds.) Global change and health (pp. 161-177). Berkshire, England: Open University Press.

Fouchier, R., Kuiken, T., Schutten, M., van Amerongen, G., van Doornum. G. J. J., van den Hoogen, B. G., & Osterhaus, A. D. (2003). Koch's postulates fulfilled for SARS virus. *Nature, 423*, 240.

Gold, E. R. (2003). SARS genome patent: symptom or disease? *The Lancet, 361*(9374), 2002.

Heymann, D. L., Kindhauser, M. K., & Rodier, G. (2006). Coordinating the global response. In World Health Organization, Western Pacific Region (ed.) *SARS: How a Global Epidemic was Stopped* (pp. 49-55). Geneva: World Health Organization Press.

Hong Kong Department of Health (2003). *Outbreak of Severe Acute Respiratory Syndrome (SARS) at Amoy Gardens, Kowloon Bay, Hong Kong: Main Findings of the Investigation.* Hong Kong: Department of Health.

Hong Kong University (HKU) Genetic Sequencing Team, (2003). A race against time: cracking the genetic code of SARS coronavirus [electronic version]. *The University of Hong Kong Medical Faculty News, 8*(1), 9.

Irwin, A. R. (1995). *Citizen Science: A Study of People, Expertise, and Sustainable Development.* London: Routledge.

Kong, E. (2003). Two dead after boiling white vinegar. *South China Morning Post*, 13 February.

Kong, J. H. B., Tsang, T. H. F., Liu, S. H., & Chan, A. L. (2006). Policing a communicable disease with IT innovations: a fresh paradigm. In J. C. K. Chan, and V. C. W. T. Wong (eds.) Challenges of Severe Acute Respiratory Syndrome (pp. 59-79). Singapore: Elsevier.

Layton, D., Jenkins, E., Macgill, S., & Davey, A. (1993). *Inarticulate Science.* East Yorkshire: Studies in Education Ltd.

Lederman, N. G., & Zeidler, D. L. (1987). Science teachers' conceptions of the nature of science: Do they really influence teacher behavior? *Science Education, 71*(5), 721-734.

Lee, E., & Gibb, M. (2003). WHO rebukes US universities for SARS ban. *South China Morning Post*, 10 May.

Lee, P. S. (2003). SARS—Lessons on the role of social responsibility in containing an epidemic. In T. Koh, A. Plant, and E. H. Lee (Eds.) *The new global threat: Severe Acute Respiratory Syndrome and its impacts.* (pp. 273-282). Singapore: World Scientific Publishing Co.

Loh, C. (2004). The politics of SARS: WHO, Hong Kong and mainland China. In C. Loh and Civic Exchange (eds.) *At the Epicentre: Hong Kong and the SARS Outbreak* (pp. 139-162). Hong Kong: Hong Kong University Press.

Loh, C., Galbraith, V., & Chiu, W. (2004). The media and SARS. In C. Loh and Civic Exchange (Eds.) *At the Epicentre: Hong Kong and the SARS Outbreak* (pp. 195-214). Hong Kong: Hong Kong University Press.

Loh, C., & Welker, J. (2004). SARS and the Hong Kong community. In C. Loh and Civic Exchange (Eds.) *At the Epicentre: Hong Kong and the SARS Outbreak* (pp. 215-234). Hong Kong: Hong Kong University Press.

Ma, N. (2003). SARS and the HKSAR governing crisis. In T. Koh, A. Plant, and E. H. Lee (eds.) *The new global threat: Severe Acute Respiratory Syndrome and its impacts* (pp. 107-122). Singapore: World Scientific Publishing Co.

Marra, M. A., Jones, S. K .M., Astell, C. R., Holt, R. A., Brooks-Wilson, A., Yarron, S. N., & Roper, R. L. (2003) The genome sequence of the SARS-associated coronavirus. *Science*, 300(5624), 1399-1404.

McComas, W. F., Clough, M. P., & Almazroa, H. (1998) The role and character of the nature of science in science education. In W. F. McComas (Ed.) *The Nature of Science in Science Education: Rationales and Strategies* (pp. 3-40). Dordrecht: Kluwer Academic Publishers.

McNally, C. A. (2003). Baptism by storm: The SARS crisis' imprint on China's new leadership. In T. Koh, A. Plant, and E. H. Lee (Eds.) *The new global threat: Severe Acute Respiratory Syndrome and its impacts* (Singapore: World Scientific Publishing Co.) (pp. 69-89).

Merianos, A., & Plant, A. (2006) Epidemiology. In World Health Organization (ed.) *SARS: How a Global Epidemic was Stopped* (Geneva: World Health Organization Press) (pp. 185-198).

Ng, S. (2004) The mystery of Amoy Gardens. In C. Loh and Civic Exchange (Eds.) *At the Epicentre: Hong Kong and the SARS Outbreak* (pp. 95-116). Hong Kong: Hong Kong University Press.

Normile, D. (2004). Viral DNA match spurs China's civet roundup. *Science*, 303(5656), 292.

Peiris, J. S. M. et al. (2003). Coronavirus as a possible cause of severe acute respiratory syndrome. *The Lancet*, April 8, 2003. Retrieved from http://image.thelancet.com/extras/03art3477web.pdf.

Plant, A. J. (2003). Editorial. In T. Koh, A. Plant, & E. H. Lee (Eds.) *The new global threat: Severe Acute Respiratory Syndrome and its impacts* (pp. xiii-xxiv). Singapore: World Scientific Publishing Co.

SARS Expert Committee, HKSAR (2003). *SARS in Hong Kong: from experience to action, Report of the SARS Expert Committee*. Hong Kong: SARS Expert Committee.

Tang, S. P. (2003). Fighting infectious diseases: One mission, many agents. In T. Koh, A. Plant, and E. H. Lee (eds.) *The new global threat: Severe Acute Respiratory Syndrome and its impacts* (pp. 17-29). Singapore: World Scientific Publishing Co.

Tsui, L. C. (2003). SARS genome patent: to manage and to share. *The Lancet, 362*(9381), 406.

Weiss, R. A., & McLean, A. R. (2007). What have we learnt from SARS. In A. McLean, R. May, J. Pattison and R. Weiss (Eds.) *SARS: A case study in emerging infections* [electronic version] (Oxford Scholarship Online), pp, 112-116.

Whaley, F. (2006). Lockdown at Amoy Gardens. In World Health Organization (ed.) *SARS: How a Global Epidemic was Stopped* (pp. 155-162). Geneva: World Health Organization Press.

Whaley, F., & Mansoor, O. D. (2006). SARS chronology. In World Health Organization, Western Pacific Region (Ed.) *SARS: How a Global Epidemic was Stopped* (pp. 3-48). Geneva: World Health Organization Press.

Wong, S. L., Hodson, D., Kwan, J., & Yung, B. H. W. (2008). Turning crisis into opportunity: enhancing student-teachers' understanding of nature of science and scientific inquiry through a case study of the scientific research in severe acute respiratory syndrome. *International Journal of Science Education, 30*(11), 1417-1439.

World Health Organization (2003a). *Severe Acute Respiratory Syndrome (SARS): Status of the outbreak and lessons for the immediate future* [electronic version] (Geneva: World Health Organization).

——(2003b). *Inadequate Plumbing Systems Likely Contributed to SARS Transmission.* Retrieved February 2004, from http://www.who.int/mediacentre/releases/2003/pr70/en/print.html.

World Health Organization, Western Pacific Region (2006). *SARS: How a Global Epidemic was Stopped.* Geneva: World Health Organization.

(WHO MCNSD) World Health Organization Multicentre Collaborative Network For Sars Diagnosis (2003). A multicentre collaboration to investigate the cause of severe acute respiratory syndrome [electronic version]. *The Lancet, 261*, 1730-1733.

Ziman, J. (2000). *Real Science: What It Is, and What It Means.* Cambridge: Cambridge University Press.

Zhong, N. S., & Zeng, G. Q. (2007). Management and prevention of SARS in China. In A. McLean, R. May, J. Pattison, & R. Weiss (Eds.) *SARS: A case study in emerging infections* [electronic version] (Oxford Scholarhip Online), pp, 31-34.

第十五章

可持续性问题的传播挑战

茉莉亚·B.科比特 (Julia B. Corbett)

第一节　引　言

　　"可持续性"的概念可追溯到古希腊时期，但近来该词又重新流行并备受推崇。一时间，"可持续"变得无处不在。沃尔玛（Walmart）有一套"可持续发展指标"，英国石油公司（BP）有一份《可持续发展报告》。杜邦公司（DuPont）和可口可乐公司（Coca-Cola）聘用了首席可持续发展官，美国高尔夫业者信奉可持续性。欧盟有超过 2500 个地区政府签署了《可持续城镇运动宪章》（*Charter of the Sustainable Cities and Towns Campaign*）。许多大学设立了可持续发展办公室，众多学术期刊把"可持续"放进文章标题里。有人将可持续性称为新改进的环保主义，其他人则认为"可持续性的外延如此之大，不见得比'绿色'一词更有意义"。

　　不过，姑且不论这个词本身及其用法如何，有充足的理由对"可持续性"进行更细致的检验。有大量的科学证据表明现居地球的人类无法延续。由于海水酸化，海洋中的浮游植物正在大量减少，它们是地球上半数有机质的生产者。2010 年的温室气体排放破纪录地增加至历史碳排放最高点：306 亿吨。北极温升超过 4℃，导致大面积冰川消融。地球上有空气污染、物种灭绝、化学污染、表土侵蚀、森林退化，全球有近 70 亿的人口，每天还要增加 25 万人。数十年的科学数据告诉我们，资源"用之不竭耗之不尽"的神话该退场了。很明显，以某种迭代方式实现"可持续性"，对我们在这个星球上的生活极为重要。

　　本章从几个角度对"可持续性"进行探讨。首先，是对该术语的检验。因为它的定义有几十个，"可持续性"可以被有策略地引申并用以表达完全不同的事物。其次，检验可持续性如何被不同类型的机构概念化和实践。再次，本章讨论的"可持续性科学"是一个涵盖性术语，指的是正在形成的面向人类–环境耦合问题及实践的"跨学科"科学。最后，本章探索可持续性的传播策略和障碍。鉴于该术语的诸多用法，可持续性的传播方面同样存在一系列的正面和负面因素。

第二节　可持续性词典及其修辞用法

为了定义可持续性（sustainability），一种启发性的做法是将该词拆解为 sustain 和 ability。

动词 sustain 在词典中的第一个义项是"保持"、"继续"或"维持"。因此，事物被持续（sustained）的意思是它持久和继续。第二个义项与维持生计有关，比如食物维持生命并提供营养。第三个义项是"忍耐"或"耐久"，比如说忍耐伤痛。第四个义项引申于法学，即"确证"、"证实"或"确认"。例如，如果法官 sustain 律师的反对，意思就是她确认了该反对。

前两个定义似乎适用于环境保护和人类生存：作为一个物种我们想延续下去，这要求保护地球上所有维持生命的事物。有趣的是，第四个义项解释了为何"可持续性"的相关流行语可用于"确认"或合理化特定的世界观和意识形态，并且形成自我证实或强化的概念。

如《纽约时报》（*New York Times*）专栏作家托马斯·弗里德曼（Thomas Friedman）在其作品《世界又热又平又挤》（*Hot, Flat, and*

Crowded，2008 年）中所言，在目前实现可持续性的方案中，"每个人都有份参与，每个人都是赢家，没有人受损失，没有人需要为难……（而且）这不是在定义一场革命。这是在定义一场派对"（Friedman，2008，p.252）。弗里德曼和其他人质疑，塑造可持续性概念的是轻微变化的事物，比如能源效率或购买标有"可持续"的产品，而不是可持续性真正需要的带来显著变革的事物。有一大批学者认为可持续性轻易地迁就了（而非挑战或改变了）现有的资本主义、殖民主义、消费主义和经济增长的语境（Kendall，2011；Peterson，1997；Corbett，2006）。

ability 这个词有两种定义：①能够而且有能力做某事；②具有做某事的（先天或后天的）技能或才能。这同样引出一个有趣的思考：人类或许具有持续生存的"能力"，但我们现在的"技能"是为了不可持续地生存，这些技能也许蒙蔽了我们（个体或集体）在地球上的其他生存方式。我们许多人现在掌握的是"持续 - 无能力"（sustain-inability）。

生态足迹（ecological footprint）或碳足迹（carbon footprint）是测量和记录可持续性的一种流行概念。足迹是个人（机构、城市或国家）消耗的资源量，相当于支持此人的生活方式所需的土地大小。根据某些基于网络的计算器，哪怕你生活节约，只消耗一点点能量，但你的足迹仍由你的国家的资源消耗决定。如果你生活在美国，养活你需要近 24 英亩①土地。英国的足迹是 14 英亩，印度的是 0.2 英亩。碳足迹有助于彰显生活方式对环境的影响，但只在个体层面提倡减少个人影响远远不够，还有赖于能够显著影响可持续性的宏观层面的变革。全球足迹网络（global footprint network）的研究人员认为，我们的生活圈远远超出了地球的生活圈，这句话的意思是：2011 年 9 月 27 日是地球生态超载日（Earth Overshoot Day），在这一天，"人类一年内对生态资源和服务的需求超出了同年内地球可再生的资源和服务"（www.footprintnetwork.org）。

最常引用的可持续性的定义不是出自词典，而是出自联合国世界环

---

① 1 英亩≈4046.86 平方米。——译者注

境与发展委员会（World Commission on Environment and Development，WCED）1987 年的一份报告，一般被称为《布伦特兰报告》（*Brundtland Report*）。该委员会有志于全球的"可持续发展"，他们对其的定义是："可持续发展是既满足当代人的需要，又不对后代满足其需要的能力构成危害的发展。"（WCED，1987，p.41）

相较于任何其他定义，该定义最大程度地形塑了我们当前对可持续性的理解和讨论，值得更仔细地审视。它突出了哪些关键词？涉及哪些人？另外，漏掉了哪些重点？

联合国委员会希望将全球发展的讨论焦点从北半球发达地区与南半球欠发达地区间的矛盾上移开。他们认识到环境质量是所有国家的共同利益，至少它严重影响了（如果说没有加剧）贫穷、污染、人口增长和个人发展等状况。由此，他们的结论是，环境、社会和财务是未来"可持续"发展中亟须调和的三根支柱。

在谈论人类的"需要"时，《布伦特兰报告》的定义明显带有人本位（以人类为中心）的论调，并且没有说明这些"需要"是什么。许多欠发达国家现在尚未满足它们公民的需要，而许多发达国家不仅满足了大部分需要，还满足了相当多的"欲求"。该定义也可以诠释为了满足人类需要，可以牺牲掉各种各样的栖息地、物种和生态系统。

即便是对生态学和环境学科学家而言，可持续性也是一个有争议的术语。一般来说，生态系统的可持续条件是长期保持其内部的生物多样性、可再生性和资源生产率。生态科学提供了生态系统健康与机能方面的要素和过程的丰富数据，并且给出了生态系统转变为不可持续的临界点，意即生态系统已达到其最佳或最高的"持续产出"状态。然而对现有（仍然极为有限）的生态学知识的依赖可能使资源利用正当化，例如，设定一种鱼类的"可持续产出"产量，而危及其他重要的鱼类亚种。

《布伦特兰报告》的定义着眼于人类（及其后代），从某种程度上将人类置于与生态系统相分离的位置，尽管我们栖息和扎根其间，并与其密不可分。这种二元论——认为我们分立于自然世界——不仅妨碍了对可持续性的定义，而且妨碍了对其的坚持，妨碍了我们抛弃修炼已久的"持续－无能力"并学习新的技能。

由于缺少普遍和统一的"人类环境"的定义，"可持续性"沦为服务于特定目的的诠释和附会。传播学者认为"可持续性"的修辞力量在于其哲学上的模糊和广度（Peterson，1997）。该词的用法中出现的许多矛盾起源于人们对概念及所含利益的不同主张。当人们想用可持续性表达特定含义时，他们可以有策略地利用其固有的灵活性。

可持续性——作为词语或概念——要求我们整合人类－环境议题，不仅在生物和物理学领域，也在社会科学、人类学和其他领域。理解可持续性意味着考虑该术语的所有使用语境——公平、自由、伦理和环境政策——无论是在个人层面、机构层面还是全球层面。在任何机构或个人谈论可持续性时，重要的是提出问题："可持续性指的是什么？符合谁的利益？"

第三节　实践可持续性

如果为了可持续性我们需要考虑这么多学科和语境，那么，我们究竟怎样才能具备可持续能力并真正去实践它呢？这似乎是个天大的难事。有一个方法是考虑各个层面的可持续性。个人行动固然是共同的焦点（Paavola，2001），也别忘了在机构层面实践可持续性。

几乎每家公司、相当一部分市政府或国家政府以及非营利机构和贸易机构的网站均包含可持续性或"绿色"承诺。这种普遍的重视证明了可持续性的普及以及认同它的"好处"，但是这真的证明了对可持续性的承诺吗？

这依然取决于"可持续性的出发点是什么"，还取决于对此宽泛概念的测量方式。有些机构开展自述报告和评级，声称它们在向可持续性努力。独立的评级体系逐渐涌现，有些由有社会责任感的投资公司推动，其理念是可持续性评级可能影响股票价格或债券利率。测量体系千差万别，不过通常都包含资源指标，例如废物最少化、水资源保护、减少用纸、温室气体减排和能源利用等。有些评级体系还包括大量的非环境指标，例如纳税额、安全、领导力以及首席执行官对雇员的薪资比例。

许多可持续性评级体系涉及三方面的基准，例如"社会、环境和财务"。如果将这几个要素想象成维恩图里的三个相互重叠的圆，社会与财务的重叠部分称为"社会公平"，财务与环境的重叠部分称为"生态效率"，社会与环境的重叠部分称为"可持续环境"，三个圆的共同重叠部分才是真正的"可持续"区。

麻省理工学院的《麻省理工斯隆管理评论》(*MIT Sloan Management*) 2011 年的一篇研究报告认为（Haanes，2011），大多数公司基于公司、雇员和客户的长期生存能力定义可持续性，而非基于气候变化或环境问题，这二者的重要性被排在最后。这种定义落在"社会公平"的重叠区上，符合 sustain 的"持久的"和"稳定的"定义，但一样试图将人类与自然世界分开，不认为人类终归是自然世界的一部分。

麻省理工学院的报告还发现，将公司商业模式转向可持续发展的"拥护者"认为可持续性将打开新的市场，吸引雇员，并改善其口碑。如果考虑到公司运营的条件，这种强烈的生存本能是有道理的。资本主义经济环境中的全球商业运营大部分是基于持续增长的。只有每年赚到更多的钱（以及更多的资源消耗、更多的产品生产），股市和股东才认为公司是成功的。但是这不叫可持续性。

尽管如此，地球上的人们还是需要吃饱、穿暖和安身（姑且先不考虑"欲求"问题）。更可持续地利用地球资源的一个核心步骤是准确地"评价"地球资源。如果人们评价了某样东西，就会善待它而不致浪费；个人可以做这种评价，市场经济体系对其也可做评价。有些经济学家认为"自由市场环境主义"（只依靠市场来评价地球资源）足以对环境进行评价。然而有许多经济学家指出，尽管市场的"看不见的手"能够给 1 令纸或 1 蒲式耳[①]玉米定价，却不能解释其他的大宗环境成本（即定价）。

这类成本之一是"外部性"，即生产者没有支付的生产成本，它会对未参与经济交易的人产生影响。例如，在天然气生产者销售其产品时，其成本体现于钻井、运输、配送等环节；并不包括随之而来的环境影响，例如钻井区的空气污染以及天然气及其消耗产生的健康、社会和环境成本。同样地，如果一家工厂向河里排放污水，污染的成本由下游的其他主体（包括但不限于人）来承担，而不是由工厂老板乃至购买工厂产品的人来承担。污染代表低效，各种各样的废物都属于未经市场定价（评价）的外部性。

外部性成本可以很大，可能是决定可持续性的关键。调查性报道中心（Center for Investigative Reporting）的结论是（cironline.org/reports/price-gas-2447）：如果纳入所有外部性成本，1 加仑[②]天然气（3.8 升汽油）的成本最高将达到 15 美元（而非 2012 年的每加仑约 3 美元）。另一项未经市场定价的成本是科学家谓之的"生态系统服务"，将在下一节讨论。

有些可持续性专家（以及工程师和科学家）推荐的可减少外部性的做法是"闭环"，意即消除废物和低效，乃至设计出更贴近自然世界流程的产品和业务。"仿生学"学习自然界的设计和功能，然后仿效它们来解决人类的问题。例如，学习叶子如何吸收阳光，能够帮助工程师设计出更好的太阳能电池。

有些企业已经在减少废物和提升效率方面取得了大幅进步。但是要真正走向可持续性，还要求环境会计、政策和治理方面的重大变革。比如说，可持续社会的建设或运行绝不能依赖不可再生的化石燃料（古代的太阳能，说得好听一点）。然而，我们的工业、城市、运输和食品体系的发

---

① 蒲式耳是一个计量单位，即使同一种油料或谷物也因不同品种或产地实际换算有所差别。1 英制蒲式耳（1.0321 美制蒲式耳）合 36.3677 升。——译者注

② 1 英制加仑≈4546.10 立方厘米；1 美制加仑≈3785.41 立方厘米。——译者注

展都围绕着大量的廉价化石燃料供应。对它们的支付能力部分源自以上讨论的外部性。它们便宜的另一个原因是政府的长期大力补贴及税收抵免，这被某些经济学家质疑为对市场的干扰，特别是在一个发生严重空气污染和气候变化的世界里。将基于化石燃料的体系改造为可持续的体系，需要巨大的政治决心、投资和文化合作。

可持续性专家认为，农业是另一个需要全面检视的行业（McConnell & Abel，2008）。农业与能源一样接受大量的政府有差别补贴，这拖慢了可持续进程，而且往往对环境不利。为了更具可持续性，大量的食品供应必须在当地生产并最终采用有机方法（McConnell & Abel，2008；Montague，2009）。不断增加的全球肉类需求也必须正视。工业化的肉类生产附带了巨大的环境成本（废物、污染、激素和合成化合物），并且占据了（雨林等）多样化生物栖息地——这些大片的土地已转作肉类和谷类生产。

第四节 高等教育中的可持续性

作为一个案例，我将探讨高等院校这类机构在可持续性方面的实践。校园和大学的可持续发展历史短暂、热烈并遍及全球。美国 3/4 的大学校园可持续发展官设立于 2003～2007 年。高等教育可持续发展协会（Association for the Advancement of Sustainability in Higher Education）创建于 2006 年，目前拥有 800 个学院和大学会员，主要分布于加拿大、美国和墨西哥，当然也有来自其他国家的会员。在英国，大学和学院环境协会（Environmental Association for Universities and Colleges）拥有超过 300 个机构会员，致力于将可持续性植入大学校园。2009 年，国际研究型大学联盟（International Alliance of Research Universities）发起了一项可持续性倡议，成员包括中国、澳大利亚、日本、印度尼西亚和欧洲的大学。

有些人将这种成长归因于对可持续性议题的意识以及气候变化问题上的全球不作为。其他人认为可持续性向大学生提供了一种强烈的个人参与感和自我效能——聚焦于人类对自然资源的利用，将气候置于讨论的核心。此外在 20 世纪 90 年代，通过服务学习课程、市民参与研究和服务项目以及宿舍生活办公室的课外活动，当时有越来越多的大学在推广多种形式的参与式学习和连接社区活动；可持续性的实践正逢其时。《高等教育纪事报》（Chronicle of Higher Education）上的一篇评论说，大学校园的可持续性将视角从环境保护主义转向想象的未来和地球的自身需要，可持续性取代污染威胁成为新焦点，其理念是西方社会自身与地球存在深刻的矛盾（Wood，2010）。

从其自主性和资源使用来看，大学的运行很像一座小城市。事实上，我的大学核算了自己的足迹，相当于 2.4 万个美国普通家庭。以上实践发生于数以千计的学生、教师和职工之间，在各个方面对大学运行产生潜移默化的影响，因此需要一位校园可持续发展官将其（无论好坏）制度化。可持续发展官与校园利益相关方共同工作，监测运行和机构方面的变化，工作范围从交通到食品服务，乃至制订计划促使大学运行实现"碳平衡"。一所校园的学生（与教师合作）提交了改进校园可持续性的提案，内容包括在走廊灯上安装运动传感器、建设校园花园和改装实验室里的风扇。有竞争力的提案由小笔征收的学费资助。

直到最近，对校园可持续性的审计和会计方法才达成了相当的共识。早期的评级体系和自陈调查报告没有使用特别相关或有效的评价，大都是"形象工程"。2010 年，可持续性追踪、评价和评级系统（Sustainability Tracking，Assessment and Rating System，STARS）上线，这是首个高等教育系统专用并由第三方核验的综合审计和报告系统。到 2012 年，已有

300 多家大学在 STARS 中登记注册。

在其成长和普及之外，大学校园的可持续性实践还缺少学术界的批判性关注。有一份学术性刊物《国际高等教育可持续性研究》(*International Journal of Sustainability in Higher Education*) 部分填补了这一空白，尽管其主要关注实践导向类课程和案例研究。

与所有的大型机构一样，大学在变革资源利用和人类与环境之关系的问题上也面对根深蒂固的习惯和成规。它们还要克服预算不足的问题以进行必要的更新和变革，特别是那些由政府资助的学校。尽管如此，仍有一大群校园"可持续空想家"力图维护人类和自然环境的完整和质量，他们的热情促使着成千上万名年轻人相信可持续性的希望和愿景。

第五节　可持续性科学

如果在大学图书馆里搜索名称包含"可持续"的期刊，你能搜到很多，如《可持续农业杂志》(*Journal of Sustainable Agriculture*)、《可再生及可持续能源评论》(*Renewable and Sustainable Energy Reviews*)、《可持续林业杂志》(*Journal of Sustainable Forestry*)、《可持续旅游业杂志》(*Journal of Sustainable*)，不胜枚举。还有许多讨论可持续性的期刊，如《生态经济学》(*Ecological Economics*)、《生态指标》(*Ecological Indicators*)、《环境伦理学》(*Environmental Ethics*)。越来越多的期刊名称包含"可持续性科学"，这一分支如此活跃，以至于美国《国家科学院学刊》(*Proceedings of the National Academy of Science*) 为其设立专栏。

可持续性科学探索的是不危及地球支持系统的人类给养方式（参照 sustian 的定义）（Kates et al.，2001；Kates & Dasgupta，2007）。它认为人类与环境子系统是紧密联系的，承认环境向人类提供了必需的服务，不管我们对服务的认识如何，哪怕还缺少对服务的经济评价。可以想见，该研究社区与全球气候和环境变化的研究有着紧密的联系（Kastenhofer，Bechtold & Wilfing，2011）。

可持续性科学对脆弱性和恢复力问题有特殊的兴趣，这两个概念被政府间气候变化专门委员会采纳。脆弱性的概念主要发展于社会科学，关系到环境风险和危害；在可持续性科学中，脆弱性是指人类－环境耦合系统（CHES）在面临危害时的损伤程度。恢复力出自生态科学，其外延从单一生态系统的变化拓展到更大的人类－环境耦合系统的改变——也就是说，系统可以承受多大的扰动仍保持完好或正常运行（参照"sustain"的"忍耐"义项）。人类－环境耦合系统是可持续性科学研究关注的三个"轴心"之一（Turner，2010）。第二个轴心是环境服务，第三个是这些服务与人类生产和消耗之间的交易。

第二个轴心——环境服务（有时被称为"自然资本"）——是来自自然环境的直接收益和生命维持过程。有些服务运行于全球层面（比如大气），还有些是地方或区域性的（比如蓄水层或分水岭，也就是恢复或延续的地方）。人类长期以来将环境服务当作理所当然，特别是那些调节服务（比如环境和洪水调节）或支持服务（比如土壤形成和营养再循环）（Daily et al.，2000）。在大多数经济和社会－政治系统中，这些核心功能尚未得到明确评价。

交易轴心与人类利用地球物质的每一次特定活动有关，无论是耕作还是养殖。为了追求物质上的福利，我们常常竭力冲破自然系统的限制或削减其不确定性，例如使用合成肥料来提高粮食产量，或填堵河流来发电或蓄水。然而，每次活动的后果会串联至整个系统，这就产生了交易（Batterham，2006）。建造水库可以产生稳定的供水从而改进作物生产，但它会改变原生的河滨栖息地及其环境服务。

交易通常按照经济价值或实物计量如作物产量来核算。但是经济计量存在短板，原因如前所述：许多环境服务缺少市场定价。

脆弱性和恢复力可视为有区别但互补的方法。当脆弱性聚焦于人类的少量活动时（如饥荒或住房）——其中环境子系统只作为背景——该概念几乎忽略了环境服务中的交易。但是当脆弱性和恢复力均充分介入人类-环境耦合系统时，脆弱性用来识别系统最脆弱的部分，恢复力用来识别哪些特征使系统在面对干扰时更加稳健。

由于可持续性科学认为人类与环境子系统是耦合的，它尽量将焦点放在组成可持续性的三个圆的重叠核心上。尽管可持续性科学被当作一门有待深入研究的年轻学科，据其发现而形成的指标和指数代表着希望，因其能确凿和准确地判断打着"可持续"旗号的实践是不是实至名归。

该学科面临着诸多挑战，尚且不论其所用耦合方法的复杂性（Turner，2010）。此外还需要在几乎所有发生人类-环境活动的地点开展研究：来自某个地区的经验可能适用于其他地区，然而独有特征（栖息地、物种、气候等）会对特定地区的脆弱性和恢复力造成不同的影响。另一项挑战是环境变化已经在某些地区（例如北极）加速发生，迫使研究者必须不断更新研究资料。

第六节　可持续性问题的传播挑战

传播一个宏大复杂的人类-环境议题——可持续性抑或是全球气候变化——是一项巨大的挑战。根据盖洛普（Gallup）2011年4月对111

个国家的调查，全球仅有 45% 的人将全球变暖视为对自身及其家庭的一种威胁。"可持续性"甚至未进入民意调查机构的视野（Pugliese & Ray, 2011）。

人们往往认为气候变化只涉及温室气体的排放，然而它也与不可持续的生活有很大关系。气候变化和可持续性的传播者要传达的重点是，生态环境是人类栖息和活动的地方，人类与生态环境密不可分且受其影响，确保人类－环境系统的恢复力对我们的生存至关重要（Meppem & Bourke, 1999）。传播这一观点极为困难，因为城市化人口越来越与非人类世界脱节，越来越缺乏与之相关的知识。

对有些人来说，可持续性也许听起来更易接受并且更可行，因其与气候变化和环境保护主义的关系不大，故而更合心意。这对需要重塑陈旧信息的传播者来说是个好消息。然而，可持续性固有的模糊性和宽泛性使其易被引申为（Peterson, 1997）充其量是"可持续性的轻量版"的各种项目、产品和机构。

"绿色"一词也遇到了类似的状况。为了表示"环境友好"，该词被滥用和误用到如此程度，以致失去其原有含义和准确性。当个人或机构鼓吹某些"绿色"行动却隐去对完整的故事或经过的准确描述或陈述时，其行为就是在"漂绿"。一个著名的例子是，福特公司（Ford Company）在美国的一间汽车工厂鼓吹绿色"生命天窗"，而该厂生产的是业界有名的"油老虎"。天窗是福特的"绿化蓝色椭圆"[①]运动的一部分，企业观察（CorpWatch）为此授予其"漂绿"奖。可持续性很可能遭遇支持者追求"漂绿"而过度宣传一些小动作或面子工程的局面。

可持续性的宽泛性对传播者而言是一把双刃剑。漫无边际的挑战会令人麻木，导致个人无视、忽略和缺乏付诸行动的自我效能。当其他议题占据了头条——战争与动荡、经济困境、政治变革——相较于个人（以及国家）的日常生活，正在发生的议题似乎更关系到千里之外的事务，很难令

---

① 福特车标的主体是一个蓝色的椭圆形。——译者注

他们保持对这些议题的关注。让可持续性这类议题更具整体性并联系到日常生活，这是一项长期的传播挑战。

可持续性"狂热"的负面后果之一是行销和消费越来越与环境责任行为关联起来。消费者被告知购买了布质购物袋、节能灯管和混合动力车，便可以心安理得地"血拼"出可持续生活之路。虽说个人确实是任何社会变革的关键，但这种略显"小资"的做法给消费者造成了不正当的负担，甚至是非难。道德购物和绿色消费主义并非应对可持续性挑战的恰当策略，更何况消费主义还伴随着格外昂贵的社会和环境成本。有些学者认为，推动不可持续的消费（作为可持续性或"促进"经济的关键）是全球金融衰退、对欠发达生产国的污染"出口"以及高额贸易赤字的部分原因（Cohen，2010）。

社会变迁学者很清楚，实现有意义和实质性的改变（在任何层面，遑论全球）是困难的。原因之一是那些竭力维持现有不可持续系统的人（因其从中获益）会施加重压以阻挠根本性的改变，社会学家称此过程为"社会控制"（Corbett，1998）。学者引证了20世纪60和70年代到处可见的环境行动主义，以说明环境挑战者往往易被拉拢或妥协，他们渴望的许多改变从未完全落实（Corbett，2006；DeLuca，2005）。

一种对可持续性的正面重塑告诉我们，其宽泛性意味着可持续性必须是一个责任共享的问题。我们不能寄望于个人行动、单一的政策与法律途径或单纯的商业行为。我们需要在所有层面行动，并在所有层面进行准确而有说服力的传播。

另一种正面的可能性在于，可持续性确实将促进人们面向全球的社会和生态系统，对自身及其生活进行思考。此外，"可持续性"一词的模糊性恰恰意味着，它可以根据特定的人类－环境子系统来定义和调整，从而最好地嵌入不同的世界文化、习俗和实践。在落实可持续性的问题上没有对全世界"一体适用"的答案。

学者主张可持续性科学是实现"公民科学"目标的佳径，后者涉及提高科学知识生产和应用过程中的公众参与（Bäckstrand，2003）。科学家能够识别人类－环境子系统中的交易，但他们需要公民、决策者和跨学科的利益相关方的积极参与，以形成合理和可持续的决策。公民科学方法同样适合于引入基于地点和本土的知识，将其作为补益传统科学的基本出发点。

最后一条正面的提示：目前全世界有一批致力于人类可持续生活的企业。美国出现了后院农场和笼饲、社区支持型农业（Community Supported Agriculture）以及农夫市场的风潮。欧盟有 40 多个国家的地方政府承诺发展"地方可持续性"，在城镇层面寻求"主流"可持续性（www.localsustainability.eu）。可持续城镇运动（Sustainable Cities and Towns Campaign）的目标定位于治理和管理、自然公共品、交通、健康和社会公平（www.localsustainability.eu）。

另一个正面的例子是转变倡议（transition initiative），该运动于 2006 年在英国发起，已经传播至澳大利亚、南非、加拿大等地（Griffiths，2009）。如欧盟的运动一样，它寻求中间层面即社区的改变，人们在其间更有亲近感和能力感。每次转变活动在社区的指导下进行，训练公民进行自我组织并提出重建恢复力和二氧化碳减排的倡议。参与转变的社区查验了他们的食品生产、废物、能源利用，以及有利于自产自销的运输渠道。

目前针对可持续性的调查资料和传播研究还很有限，大多是案例研究和术语用法相关的修辞学分析。但是，现在已经有了过硬的气候变化传播的理论研究，再加上已然很丰富的针对科学、环境和健康的态度与行为变化方面以及风险传播、媒体报道、社会行销等领域的文献，可持续性的传播者拥有许多坚实的路径选择。

对于有志于可持续性的学生和公民，最具建设性的起步方向之一或许是真正领会我们与人类以外的世界的联系。正如可持续科学学者的主张，人类－环境的耦合和互动每时每刻都在发生。在教室里或杂货店里，我们被自然所包围：纸张、矿物质、衣物、内含能。我们持续呼吸着空气，喝着来自分水岭的水，在气候中活动。至于吃的每一口食物、买的每一样东西，都带来一次交易，以及一连串互动和效应。这是一堂科学基础课，它是理解和践行可持续性的关键。

参 考 文 献

Bäckstrand, K. (2003). Civic science for sustainability: Reframing the role of experts, policy-makers and citizens in environmental governance. *Global Environmental Change*, 3(4), 24-41.

Batterham, R. J. (2006). Sustainability—The next chapter. *Chemical Engineering Science*, 61, 4188-4193.

Cohen, M. J. (2010). The international political economy of (un)sustainable consumption and the global financial collapse. *Environmental Politics*, I9(1), 107-126.

Corbett, J. B. (1998). Media, bureaucracy, and the success of social protest: ewspaper coverage of environmental movement groups. *Mass Communication & Society, 1*(1-2), 41-61.

——(2006). *Communicating nature: How we create and understand environmental messages*. Washington, D.C.: Island Press.

DeLuca, K. M. (2005). Thinking with Heidegger: Rethinking environmental theory and practice. *Ethics & Environment, 10*, 67-87.

Daily, G. C., Soderqvist, T., Aniyar, S., Arrow, K., Dasgupta, P., Ehrlich, P. R.,...D., Walker, B. (2000). The value of nature and the nature of value. *Science* 289, 395-396.

Friedman, T. L. (2008). *Hot, flat, and crowded: Why we need a green revolution-and how it can renew America*. New York: Farrar, Strauss and Giroux.

Griffiths, J. (2009, July-August). The transition initiative: Changing the scale of change. *Orion*, 40-45.

Haanes, K. (2011). *Sustainability: The "embracers" seize advantage*. North Hollywood, CA: MIT Sloan Management Review.

Kastenhofer, K., Bechtold, U., & Wilfing, H. (2011). Sustaining sustainability science: The role of established inter-disciplines. *Ecological Economics*, 70, 835-843.

Kates, R. W., Clark, W. C., Corell, R., Hall, J., Jaeger, C., Lowe, I.,...Svedin, U. (2001). Sustainability science. *Science* 292, 641-642.

Kates, R. W., & Dasgupta, P. (2007). African poverty: A grand challenge for sustainability science. *Proceedings of the National Academy of Sciences* 104, 16747-16750.

Kendall, B. E. (2011). *Lay theory, communication, and organizing: A study of a university's office of sustainability*. (Unpublished doctoral dissertation). University of Utah, Salt Lake City, USA. (Direct link: http://gradworks.umi.com/34/60/3460340.html).

McConnell, R. L., & Abel, D. C. (2008). *Environmental issues: An introduction to sustainability*. Upper Saddle River, NJ: Pearson.

Montague, F. (2009). Gardening: An ecological approach to individual, community, and global health. Wanship, Utah: Mountain Bear Ink.

Meppem, T., & Bourke, S. (1999). Different ways of knowing: A communicative turn toward sustainability. *Ecological Economics*, 30, 389-404.

Paavola, J. (2001). Towards sustainable consumption: Economics and ethical concerns for the environment in consumer choices. *Review of Social Economy*, LIX(2), 227-248.

Peterson, T. R. (1997). *Sharing the earth: The rhetoric of sustainable development.* Columbia, SC: University of South Carolina Press.

Pugliese, A., & Ray, J. (2011). Fewer Americans, Europeans view global warming as a threat. Washington, D.C.: Gallup. (http://www.gallup.com/poll/147203/fewer-americans-europeans-view-global-warming-threat.aspx).

Turner, B. L. II. (2010). Vulnerability and resilience: Coalescing or paralleling approaches for sustainability science? *Global Environmental Change,* 20, 570-576.

WCED (World Commission on Environment and Development) (1987). Our Common Future. Oxford: Oxford University Press.

Wood, P. (2010, Oct. 3). From diversity to sustainability: How campus ideology is born. *The Chronicle of Higher Education,* (www.chronicle.com/article/From-Diversity-to/124773).

第十六章

21世纪本土知识系统的价值 [1]

约拿·塞勒迪（Yonah Seleti）

第一节　引　　言

过去五百年来，本土知识系统（indigenous knowledge system，IKS）透过西方的思想、语言和观念被审视和表达。欧洲在将影响力扩散至全球的同时，也将自身塑造为世界上仅有的真正知识的发源地。由此，西方世界透过现代的及其自身的世界观，来观察其他文化传统。殖民化刻意地制造了对立集：传统对现代；口头对书面及印刷；文盲对有文化；农村及农业对城市及工业化。在这种分类下，传统的、口头的、文盲的、农村及农业的事物被视为低等的和退步的，相应的知识和知识理论也一样。殖民地的人被赋予西方知识消费者的角色。在西方认知中，技术和科学用于衡量屈服于殖民化的社会的文明程度，这导致数以百万计的人的整体生活模式和精神框架的庸俗化。

然而，近年来在非洲和其他地方，英国、法国、葡萄牙和西班牙殖民地的民族自决运动已经聚焦于政治解放。伴随着政治自由的实现，作为走向独立的象征，教育和新办大学的成长见证了一次文化复兴。然而，尽管这些国家投资了教育，却未设法瓦解殖民主义强加的权利剥夺。他们欣然地追求现代化以及现代化的相应支柱——作为发展动力的西方知识系统。因此，五十多年来，非洲国家一直在无视外围知识价值的西方理论桎梏中追寻它们的发展梦想。

本土知识系统的困境集中体现于狭隘的知识定义。西方分类学继续主导了知识构成的定义，令本土知识系统备受冷落。一项重大挑战是，目前知识部门只关注外部知识（external knowledge）的扩散和协作，而忽视了相关知识（relevant knowledge）的生产。在非洲，这种情况导致非洲大学在知识上——进而在科学研究和传播上——依赖于西方知识机构。毫无疑问，国家信息系统掣肘于知识产品生产者与消费者之间的薄弱联系。

第二节　定义本土知识

为了揭示本土知识系统的价值，必须从本土人的视角出发，聆听他们口中和发生在脚下的故事。本章提出的本土知识定义是一种操作性定义，需要从历史的意义上理解。以下引用是为了说明本章的目的：

> 本土知识系统是特定地方的本土人掌握和使用以进行自我认同的知识和技能的总和。这些知识和技能奠基于文化特性与早先领土占领的结合，而非来自新近抵达的人口及其独特的继而成为主流的文化。它们通过口头代代相传。
>
> （定义于 Hoppers，2012；ILO，1989）

许多学者，特别是科学领域的学者，依然视本土知识系统为旁门左道，认为其在社会转型的知识议程中没有一席之地。对于本土知识系统学者而言，它勾勒了一种认知结构，本土人基于此结构完成对自然和文化的相关理论与认知的概念化（Hoppers，2002）。该认知结构包括实体环境、自然环境、社会环境、经济环境和观念环境的定义、分类和概念。本土知识系统作为一个知识系统，具有可辨识的知识域。该知识域包括但不限于农业、气象、生态、治理、社会福利、和平建构与冲突调解、医学与药理、法律与法理事项、音乐、建筑、材料制造、冶金、食品加工等。本土知识域还包括衣物与织造设计、医疗（药理和产科）、食品保存、农业实践、渔业、冶金、天文等一系列技术。本土知识域接受歌曲、仪式、舞蹈、时尚等文化背景及实践的包围、约束和嵌入（Hoppers，2002）。仪式和禁忌被用作知识保护以及社会免于有害知识侵扰的一种机制。知识的生产、利用和传播由实务界进行规制。在此知识系统中，知识生产并非为了获利，而是为了社会的整体福祉。知识的拥有者和实践者得以维持生计，因其职业荣耀加身，但不能利用知识追求个人显达。

为何要研究本土知识系统？近年来，人们对本土知识系统在知识生产中扮演的角色的兴趣激增。本土知识系统是政治、社会乃至经济话语中的主角，这导致了本土知识系统的迅速扩张，相关研究领域主要集中于本土知识系统如何在全球话语和语境中自我定位。这种兴趣反映于社群内产生的种种活动，这些活动记录了社群自身用于其教育系统的知识，本土知识系统在其中被视为一种宝贵的国家资源，因为它建立于——并且巩固了——社群层面的知识系统和建制。

第三节　什么是本土知识系统认识论？

认识论问题是本土知识研究的必然核心。为了拯救在预设的迷途中沦为边缘知识的本土知识系统，本土知识系统学者努力证明从解释、证据和事实层面来看，本土知识系统和科学均是社会建构与语境依赖的。探究知识构成的标准定义属于研究知识本质的认识论范畴。英语中的"认识论"的定义是"知识方法或基础的理论或科学"（OED，2012）。玛丽－约尔·布拉维斯（Marie-Joëlle Browaeys）写道，没有认识论，就不可能有科学反思（Browaeys，2004）。不过布拉维斯注意到，现代认识论建立于两种传统之上，即盎格鲁－撒克逊传统和法国传统。在当代的盎格鲁－撒克逊国家，"认识论是一个哲学术语，意思是'知识的理论'"；另一方面，"认识论"在法国哲学传统中被定义为"一般性科学的哲学"（Browaeys，2004，p.20）。在这种传统中，认识论试图理解知识的根基、发展、对象、目的和目标（Dortier，1998）。

布拉维斯（Browaeys，2004）的结论是，尽管其侧重点有所区别，但两种定义之间没有真正的冲突，只不过法国定义强调了科学思维本身。这种"思维"是巴什拉作品的核心（Bachelard，1971，p.15），他说："思维是一种力量，而不是物质。"这形成了莫林（Morin，1994）探讨的"复杂性思维"的基础，莫林认为复杂性"是对思考的挑战和刺激"。复杂性思维的原理之一是本书其他章节介绍的对话原理（比如第二章）。对话概括了两种认识论方法，因其在形式上保留了二元性，同时又能超越二元性建立整体上的统一性。它同时顾及了盎格鲁－撒克逊方法和法国方法，将二者紧密结合起来。

知识的复杂性理论的支配地位也延伸至原始的认识论概念中。复杂性理论生发于系统理论和混沌理论，试图阐明为何整个世界大于其各部分的总和，以及在系统的学习、进化和适应过程中，其各部分如何结合并产生包罗万象的模式。丹恩和巴克利（Dann & Barclay，2006）指出：

> 科学思维从根本上转变自牛顿、笛卡儿和伽利略在科学革命中的实践。他们的模型是机械论的，研究被限定于纯粹的可测量和可量化特征，"世界是一台机器"成为对该时代的隐喻。其中，发生的一切都有确定的原因，并产生确定的效应，结果和关系从而都可预测。科学分析由笛卡儿的还原论方法主导，主张现象只有被分解为越来越小的部分才能理解，只有弄清了各部分的特性才能决定整体（Capra，

1996）。几个世纪以来，机械论观点经历了一系列的反对和复活，该范式现在已让位于新的"复杂性"科学（Capra，1996，p.21）。

系统思维者（Dann & Barclay，2006，p.22）挑战了传统还原论思维，他们主张：

●系统是集成的整体，其特性不能还原为各部分的特性之和。

● 一切现象是相互关联又相互独立的。因此每个系统都是更大的系统的一部分，同时具有其自身的个体特性。这是系统在层级结构中嵌套或排列的概念。

●每个系统表现出层级结构中的较低层级所没有的特性。这些特性被称为"演生特性"，例如生命和意识。

● 观察者影响系统边界的确定，也就是确定系统包括什么、不包括什么，以及系统的目的是什么，因此系统及其组成部分的定义就成为关键。

●系统要接受"反馈"，意即某个要素对系统的正面影响（放大和提供系统中的"增益"）或负面影响（缩小，系统"缓冲"）。这被称为"非线性"行为。

根据丹恩和巴克利的说法，

> 混沌理论关联到最后一条观点，即系统的非线性行为，特别是指初始条件的微小变化可能对结果产生显著影响。罗斯海德（Rosenhead，1998）指出，混沌系统并不像通用术语"混沌"所暗示的那样，表现出纯粹的随机行为。这些系统既非稳定也非不稳定；相反，它们在稳定和不稳定两个区间的边界上运行，这条边界被称为"混沌边缘"。混沌系统指的是具有特定规律但行为会偏离预测的那类系统（Rosenhead，1998，p.22）。

一、本土知识系统认识论的构成要素

事物始终处于变化状态的概念衍生出一种观念，即变化被视为知识生产的动力。在大多数本土社会，人们认为世界处于永久的运动和变化中，事物持续发生着转化、形成与消灭以及复兴。在这种世界观下，生命和存在的精髓在于运动。没有运动，就没有任何生命，也没有任何存在。运动是存在的表达和表现。这种永久的移动、变化和运动在事物之间形成了一个"蜘网式"关系网络。在这种世界观下，万物都相互关联和相互联结。在大多数非洲社会，人们设想每个存在的事物都包含一种独特的能量波组合。根据这种观点，空中或地面的一切有生命的事物都包含着能量波和相互关系。所有的事物都充满了能量波或灵气。在班图人的社会，这种能量波被称为恩图（ntu）。恩图是一种实现运动和变化的生命力量。因此，每个生物体都充满了这种生命力量。

人际关系从来都是社会的核心，非洲的乌班图（Ubuntu）观念最能反映这一点。乌班图是恩图的容器，它携有恩图的生命力量，它携带、描绘、给予和传播恩图的生命力量。要获得乌班图，必须对其他人表现出关爱、慷慨、友好和同情。一个人如何与其他人联结是其永远的主题。从乌班图的角度来看，和谐、友谊和社群是最好的社会福利，为社会所尊重和推崇。相反地，由愤怒、怨恨、报复和激烈竞争得到的成功侵害社会福利而不受鼓励，因为其传播了负能量（Hoppers，2002）。乌班图不追求征服或削弱自然，而强调所有现象的相互关联和相互依赖。在此语境中，知识的生产、利用和传播关系到创造集体的和共有的福祉。抵触或违背这种社会福祉的任何事物会被视为负面的力量，也就是巫术之流。乌班图不追求精通、确定性和支配权，而追求和谐、共识和所有人的尊严。根据这种观点，知识生产、利用和传播的成果就应该是在共识和为所有人带来尊严的基础上促成一个和谐的社会。

大部分非洲南部人的世界观集中体现于祖鲁人的个人宣言中，引用于下：

邻我同根同源

我们生死与共

我们一体两面

我们永远平等

我们心心相印

我们唇齿相依

我们相得益彰

邻苦即我苦

邻乐即我乐

邻我相扶皆满足

邻活我方活

我为我生之主

他为他生之主

社乃集体之主

社保吾为人之诺

我之所有皆可予邻

我即全部，全部即我

我来自永恒

今乃永恒一瞬

我属于将来

生不为邻便是极恶

共识乃吾生存之道

我之为我在我之待邻

（转引自 Asante & Aubrey，1996）

在本土知识系统范式中，复兴是一个很重要的方面。从永恒的变化中，人们观察到特定的规律模式，例如季节、动物迁徙或天体运动。在这些知识系统中，人类与这些规律模式有内在的联系。通过规律的典礼、仪式和经济活动，他们维持着生命的节奏，召唤复兴以及特定规律的延续，这些规律是他们持续存在的基础。无法维持这些模式将带来生计的消亡。因此，从社群中演化的知识生产、利用、管理和传播系统主要是为了维持确保其生存的知识生态。该种知识的一部分用于在典礼中标记季节的更替，通常编码于公开和私下表演的仪式，表演者是这种神圣知识的监护人。从旁观者的角度来看，这些典礼似乎是一成不变和例行公事，但是对社群而言，每年的惯例向其传达了人类与自然之间复杂的相互联结、相互依赖和相互关联关系。该系统产生的知识反映了一种知识理论，这类知识嵌入一个相互关联和相互依赖的复杂网络里，并且关联和依赖在不断更新。

在这种范式中，陆地是一个重要的参考系。几百年来，本土人从陆地上观察到模式、循环和现象。陆地在精神性以及社群的社会－经济福祉方面扮演着重要角色。陆地和天空的概念在多个方面与动物迁徙、植物枯荣、季节变化和天体运动的种种互动相联系。人们从特定的空间位置观察这些现象和活动。本土知识系统认为存在必须回避和保护的神圣之地。也就是说，本土社群将现象的相互联结映射于空间的布局和属性上。河流和山峰等自然现象在社群的精神和构成方面扮演着重要角色，赋予其开展生态保护实践的责任和义务。发源于社群与陆地和地点的亲近关系的知识是一种语境化的地方知识。

格雷戈里·卡耶特（Gregory Cajete）提出了一段有益的讨论，是关于他谓之"本土科学"的本土知识的进程（Cajete，2000，pp.66-71）。他描述了作为本土知识基础的方法论要素和工具。这些关于知识生产、利用和扩散的方法论包括观测、实验、意义和理解归因、客观性、统一性、模型、因果性、仪器、适用技术、精神、诠释、解释、权威、宇宙学、表征、路径等。

为说明本土知识和现代西方方法论的异同，若干关键问题被提出和讨论。对此二者，观测均是知识探索的中心方法论。对植物、动物、天气、天文现象、愈合过程、自然实体的结构以及自然生态的细致观察，构成了本土知识的核心。区别于西方人利用实验室开展的控制实验，本土人开展实践性实验是为了寻求其社会的最高福祉。本土知识认为客观性问题建立于主观性基础上，其主观性来自个人和集体与作为研究对象的自然界的紧密联系。在因果性问题上，本土知识认为原因可以是物质的或精神的，但二者均带有导致变化的转换能量。本土知识实验旨在寻求有意义的关系，以及设法理解个人对实体的责任，这些关系和责任是人们维持生计的基础。本土知识的目标并非寻求对自然的控制。因此，本土知识对自然现象的解释纳入了大量隐喻性的故事、象征和意象并不令人惊讶。

本土知识被关联到"地方知识"或"民族科学"等术语，意指针对特定社会中或历史语境下的文化或社群的知识系统。将"本土"作为这种知识的前缀是为了划清界限，一方是所谓的普适、价值中立、不变的真理，另一方是所谓的局限、价值依赖、变化的本土知识文化信仰。然而自 20世纪 80 年代以来，社会学家已经将本土知识视为与科学思想相一致的信仰和解释的连贯系统，并认为相对于那些普适的科学理论，这些信仰和解释可以更好地说明地方现象。

第四节　西方现代科学及其批判

许多学者对西方现代科学及其对本土知识系统的排挤和诋毁作用提出了严厉批评。本土知识学者认为，对多样化知识的打压——通过对本土知识系统的系统化曲解、歪曲和排挤——起始于本土人与殖民者的遭遇。作为历史进程的致命同谋，殖民主义、资本主义和现代西方科学合力促进了欧洲的扩张，扩张不仅以征服和殖民全世界为终结，而且导致了被殖民者生活方式的庸俗化。本节提供的部分例子不是简单地重复，而用以具体说明对现代性的有力批判。

在《我们从未现代过》（*We Have Never Been Modern*，1991 年）一书中，布鲁诺·拉图尔[2]（Bruno Latour）强调了形塑现代世界的四个现代性前提：①自然与社会分离，通过突出自然定律的超越性；②社会与自然分离，通过突出社会的固有性，即社会由人工建构并完全自由，可不受任何约束；③自然与社会之间的机能分离，自然离开社会将保持原状；④"被划掉的上帝"，即无神的仲裁机制。

必须仔细理解拉图尔的意思，他对现代性乃至后现代性的批判并非全盘否定，因为他对必须保留的价值还是认可的。为了避免将本土知识系统范式与反现代主义混为一谈，必须认真领会他对反现代哲学的警示。二者不是一回事。本土知识系统学者应该抵制非洲学校成功制造的殖民编史学镜像的传统。非洲主义编史学拒绝接受奉欧洲人为主角的殖民地史，代之以非洲为中心的活动，让非洲人成为英雄。本土知识系统通过与其他知识系统的交流，追求知识系统之间的相互尊重和认可。

拉图尔的批判意在寻找第三空间，其中人类与机器、社会与自然的裂痕在新的范式中得以弥合。

欧多拉·胡珀（Hoppers，2002）对现代性的严厉批判说明了现代性在被征服者身上留下的印记：①认识论的权利剥夺；②强加的西方范式：残酷而盲目，对弱势知识或替代知识理论不留余地；③对本地情况缺少认识和道德敏感性；④认知不公；⑤居高临下和家长式的态度；⑥制造对立集：传统对现代、口头对书面及印刷、文盲对有文化、农村及农业对城市及工业化；⑦数以百万计的人的整体生活模式和精神框架的庸俗化。

第五节　对本土知识系统和民主政治的追求

在知识生产的全球层面，米歇尔·福柯（Michel Foucault）和雅克·德里达（Jacques Derrida）发起了一场运动，使新的道德和认知空间得以出现，促成了人与人之间以及知识系统之间的建构性对话。对于托马斯·库恩（Thomas Kuhn）而言，科学并非革命的、进步的、越来越逼近真理的行军，而是"不时被暴力革命打断的一系列和平插曲"，在此过程中一个观点取代了另一个（Kuhn，1962，转引自 Van Gelder，1996）。

在南非，促使本土知识在学科领域占一席之地的努力并非来自大学或科学委员会。事实上，非洲复兴运动（Africa Renaissance）和非洲发展新伙伴计划（New Partnership for Africa's Development）的提出已经开启了探索非洲主义倡议的理论基础的序幕。在南非，本土知识系统诞生于顶尖学术机构之外。它是知识分子行动主义和议会政治精英努力的结果。最初是历史上的弱势大学——西北大学梅富根分校（North West University-Mahikeng Campus）和文达大学（University of Venda）——对推行本土知识产生了积极的兴趣。

本土知识系统近年来成为主流的另一个原因是知识被当作民主政治固有的一部分。在对抗殖民主义和种族隔离的解放斗争中，非洲人依靠其社会内部的知识来发动运动。本土知识在挑战以往的知识不公方面扮演了关键角色。知识生产、知识及信息获取以及知识传播和扩散在现代民主国家备受争议。此外，随着公民社会在设置研究议程方面向研究机构提出挑战，社会在提出知识管理议题方面的角色——知识政治——正在成长。知识生产者正面临挑战，要求他们围绕本地社群的福祉贡献自己的力量。

社会对知识生产部门的问责作用越来越重要，这应该有助于社会发展的整体框架的建立。在此应该强调，那种包容本土公平概念的知识生产新伦理是必要的；否则，来自基层的变革冲量和压力会导致知识生产机构（例如科学研究机构）的社会边缘化。

在南非，反映于科学课程和资格体系的知识议程仍然带有西方知识系统的影子，造成了对本地或本土知识的排斥或排挤。作为一种产生于非洲内部的包容的和民主的知识网络，它必将要求一种重要的思维转向，转而承认其他知识系统的贡献。非洲的知识需求必须由其生产者决定。作为非洲人，我们正在寻求我们自身的复兴或重生方案，利用本土知识系统实现物质、精神、心理、社会－经济和政治方面的福祉。我们应该警惕社会分裂的风险，风险可能来自基于本土知识系统的非洲观点的表达，但仍应努力表明本土知识系统何以充实和启发西方科学并实现共赢。

第六节　充实科学知识系统

本章的论点是，本土知识系统与现代知识系统的整合和交流将形成如下的认识：因为科学迄今由西方知识系统主导，它其实建立于过度简化的知识理论之上。本土知识系统因其知识生产的方法和过程，有助于形成一套超越学科边界的整体方法，而学科边界是现代西方知识的典型特征。本土知识系统被表述为超越过度简化和规则化知识的一个知识系统，而简化和规则化是现代西方科学的主要特征。本章提倡重新检验以经验主义、还原主义和实证主义为基础的认识论。

本章认为，本土知识系统为承认认知灵活性的人类带来了认识论上的希望。本章主张，本土知识系统对西方知识系统的价值在于它促进了对多元真理或知识的接受，并反对西方现代知识被表述为唯一和普适的真理。它主张使用多元的心理和教学表征，这些表征指向的当然不是唯一真理，而是多元真理。这种方法的核心是振兴蕴含知识元关系的多种替代系统，这些关系反映了知识的多层关联本质。作为对大学和科学中心的世界主义的补充，本土知识系统在本文中表现为一个人性化的动因。本土知识系统的价值在于它包容了从本地情况出发的道德敏感性。它还提倡通过本土知识系统与 21 世纪的科学技术的融合，实现对现代科学技术及其传播的反思和增补。

注　释

1. 本章所表述的观点仅代表作者本人。

2. 拉图尔试图重新连接社会与自然界，认为自然与文化的现代主义区分并不存在。他主张我们必须调整思路，设想存在一个"物的议会"（parliament of things），其中自然现象、社会现象及其话语不再被专家视为分立的研究对象，而是由人、物、概念的公共互动所塑造和详查的混合体。

参 考 文 献

Asante, M. K., & Aubrey A. S. (eds.) (1996). *African Intellectual Heritage*. Philadelphia: Temple University Press.

Bachelard, G. (1971). *Epistémologie*. Paris: PUF.

Browaeys, M-J. (2004). *Complexity of epistemology: Theory of knowledge or philosophy of science?* Presented at the Fourth Annual Meeting of the European Chaos and Complexity in Organisations Network (ECCON), 22-23 October 2004, Driebergen, NL.

Cajete, G. (2000). *Native Science: Natural Laws of Interdependence*. Santa Fe: Clear Light Publishers.

Capra, F. (1996). *The web of life: A new scientific understanding of living systems*. New York: Anchor Books.

Dann, Z., & Barclay, I. (2006). *Complexity Theory and Knowledge Management Application. The Electronic Journal of Knowledge Management, 4,* 1, pp. 21-30, available online at www.ejkm.com.

Dortier, J-F. (1998). *Sciences Humaines,* Paris: PUF (cited in Marie-Joëlle Browaeys, *Complexity of epistemology: Theory of knowledge or philosophy of science?* Presented at the Fourth Annual Meeting of the European Chaos and Complexity in Organisations Network (ECCON), 22-23 October 2004, Driebergen, NL).

Hoppers, G. (2002). *Culture, Indigenous Knowledge and Development: The Role of Universities.* Pretoria: Centre for Education Policy Development.

ILO. (1989). International Labour Organization Convention on Indigenous and Tribal peoples in independent Countries, Geneva, Article 1 C.

Kuhn, T. (1962). *The structure of scientific revolutions.* Chicago: University of Chicago Press.

Latour, B. (1991). *We have never been modern.* Cambridge, Massachusetts: Harvard University Press, (Translation in 1993).

Morin, E. (1994). *La complexité humaine.* Paris : Flammarion.

OED (Oxford English Dictionary) (2012). Definition retrieved 6.4.2012 from http://www.oed.com/view/Entry/63546?redirectedFrom=epistemology#eid.

Rosenhead, J. (1998). *Complexity Theory and Management Practice (Working Paper Series, LSEOR 98.25),* London: London School of Economics and Political Science.

The Zulu Personal Declaration (1825). in M.K. Asante and A. S. Aubrey (eds.) (1996). *African Intellectual Heritage.* Philadelphia:Temple University Press: pp. 371-378.

Van Gelder, L. (1996). Obituary: Thomas S. Kuhn, scholar who altered the paradigm of scientific change, dies at 73. *New York Times,* June 19, 1996, p. B7.

第十七章

科学传播：进化成人的后果

克里斯·布莱恩特（Chris Bryant）

第一节 引　言

　　以往许多科学家选择这个职业的原因是，相较于处理变化莫测的人际关系，他们更擅长与思想和事实打交道。除了科学同侪之间的交流外，传播对他们来说并不重要——实际上，他们常常主动与传播保持距离。其结果是科学家与公众缺乏共情，以致做出许多错误的假设——"他们不感兴趣的""他们不会理解的"；况且，按照一位强烈支持免疫接种的著名科学家的说法，"用对比的方法，向他们展示数字，他们怎么会不理解呢？"是啊，怎么会不理解呢？向科学家解释"他们"为什么不理解，以及向社区解释科学家的意思，这是科学传播者的责任。

　　人类能够脱颖而出，是因为他们具有意识，能够推理，有自知之明，有共情能力，能记忆历史，能觉察环境，最重要的是能够就种种可能的"未来"进行选择。在21世纪，为了做出选择可以从无数来源获取信息，信息的可获得性前所未有。人们逐渐联结到世界各地的朋友、邻居和同事。他们不仅从为普通人设计的网页上，而且直接从科学和医学杂志上，获取科学和医学信息。他们建立专门的网站以交流信息和观点。他们用谷歌搜索、博客、Twitter、Facebook 和 YouTube。他们拿着手机和其他设备，以便在通勤、午休、海滩或爬山的时候交流。从未有这么多人被现代技术的无形锁链串联起来。这样的联结性及其衍生的复杂性催生出当代传播的一种关键属性，加速了更高层次的组织架构的发展（Westwood & Clegg，2003）。

这里给出一个定义。联结性是相互联结的状态、性质或程度（Frazer，2003）。联结性的一个重要后果是秩序的演生，考夫曼（Kauffman，1995）对其做了形象的说明。他描述了一个思维实验：

　　想象平面上散落着一堆相同的纽扣，相互之间没有接触。随机挑出一对纽扣，用线穿起来。重复这个过程。对于开头的几步，你一般不可能选到一对穿了线的纽扣。随着穿了线的纽扣越来越多，你接下来挑到一只没穿线和一对穿了线的纽扣的概率也随之增大。把没穿线的纽扣穿到一只穿了线的纽扣上，就形成了三只纽扣的串。继续这个实验，最终你选择的每只纽扣都会穿到其他某些纽扣上。这样就形成了网络。现在来画一幅图，纵坐标是每步形成的最长纽扣串包含的纽扣数，横坐标是此时所用的线数与所用的纽扣数之比（图17-1）。纽扣的分布从一种组织层次跃变为另一种组织层次。设想纽扣和线都用之不尽，把两个纽扣串用线穿起来（纽扣串-串），进而把两个纽扣串-串用线穿起来（纽扣串-串-串-串），这一过程会形成越来越高的组织层次。

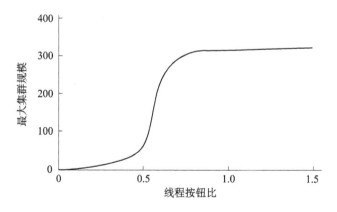

图 17-1　被联结的纽扣的聚类现象

资料来源：Kauffman，1995，p.57

第二节　演生现象

考夫曼（Kauffman，1995）和其他人（如 Waldrop，1992；Boal，Hunt & Jaros，2003）将上面的例子类推到许多学科领域。"无生有序"（order for free）的思想是简单过程的重复会产生复杂度。这对生物学家来说是一种极为重要的思想。例如，胚胎细胞对一系列重复"指令"的反复响应形成了完全组织化的胎儿。

另一个更好的例子是生物进化本身（Chamberlin，2009）。30 亿年来，物质通过简单的自然选择规则，已经自组织为一个无比复杂的系统。形态学和心理学上的创新只要发生，就会有后果——出现事后可解但事前不知的新特征——扩大了创新的地理和生理范围。接下来另一项创新又被选中，继续这一过程。本章对以上过程进行探讨，检验其加诸人类的部分后果，并检验这些后果在多大程度上影响了人类对自然现象的理解（可参见Corning，2008）。

这种简单和自重复的过程的无限持续——也就是迭代——是自然选择下的进化的核心（Bird，2003）。基于简单规则的高分子组合催生了原始细胞。原始细胞发展成最早的原核细胞，其代表是今天的细菌和蓝绿藻。多个原核细胞的结合又产生了有核的真核细胞（Margulis，1970）。每个真核细胞因而都是共生的产物，即三个乃至更多原核细胞相联结的产物。正是这种细胞建构了所有的动物、植物和真菌。下一阶段，聚集起来的真核细胞又形成了相同细胞组成的协同群落（例如藻类中的团藻）。细胞在群落中的不同分工促成了更高层的组织。这一阶段的代表是现代的海绵，它可以分离成不同种类的单个细胞，一旦恢复到自然状态，这些细胞又会重新组合。这种分工在某些群落中逐渐固定下来，例如丝盘虫，一种仅由三种不同的协作细胞缠结而成的多细胞基质。最后，细胞向组织的永久分化发生了，它同样发生在现代所有动物、植物、真菌乃至人类身上。

以上是对于生命起源和进化的一种恢宏却不完整的描述，仅仅展现了少数几个主要事件，但是它说明了另外一个重要现象。每次成功的脚步，每次联结性的增加，都引起了种群数量的爆炸，伴随着波及所有有效生态位的适应性辐射，创造了前体们无法企及的生命可能性。单元之间的联结性为其带来了不可预见的后果。这些"演生性质"就是各组织层级上的生命特征。

"整体大于部分之和"的思想一般被归功于亚里士多德（Aristotle，公元前384—前322）。这一说法通常会拿希腊剧院做例子，以说明整出戏剧因其整体性对观众造成震撼，而与其任何单个角色的贡献无关。该比喻说明了演生性质的概念。它们是复杂系统的性质，系统的复杂性来自许多简单的相互作用，但由此导致的整体行为却无法根据其个体组分的行为来预测。

当三个或更多真核细胞前体聚集形成群落细胞时，它们创造的实体具有远超其前体的潜力（演生性质），甚至远超其前体的潜力之和（Macklem，2008）。这些演生性质关系到生物圈的其余部分。它们关系到人类的家庭、村庄、城镇和国家的构成。人类通过技术合作即将制造出人工智能，这是一种改变进化本质的革命性飞跃。这种飞跃之所以可能，是因为人类为了生存而共享资源并进行买卖商品的合作。一种被称为"市场"的实体由此出现，其整体性质及后果无法根据参与其中的个体行为来预测。

神经系统的进化经历了类似的过程。所有的"单细胞"原生动物门成员都有应激反应。然而在包括水螅、水母、海葵在内的多细胞刺胞动物门中，应激性已交由专门的神经元细胞承担。水螅只有简单的神经网络，却能完成翻筋斗这样的复杂动作。随着刺胞动物变得更大和更复杂，其需要更多的神经元来形成大量的中间神经元连接。水母的神经网络被组织为环绕钟形边缘的一个通电神经环，用于控制收缩。下一阶段的进化以扁虫中的涡虫为代表。它具有两个眼点，分别连着一个神经节，也就是互联神经细胞的中结，从每个眼点伸出一根神经，向后延至尾巴。这类简单的神经系统在所有高等动物身上得到了大幅发展；许多感觉器官汇聚于前端，有利于获得有关当前局面的超前信息，与其相连的聚合神经节通过复合而形成大脑。

脊椎动物的大脑是极度增长的联结性的产物。联结性的增长开始于200万年前的中等猿脑，在现代人类的巨型大脑中达到极致。成人大脑内的联结性无处不在，有估计认为其中的神经元数量达 1000 亿，意味着中间神经元数量可达数万亿。正如前面指出的，意识是人脑的一项突出的演生性质。此处不适合讨论意识的哲学意义（可参见 Chalmers，1996，2010a），但可就其若干属性进行思考。

第三节　意识的若干属性

就源于意识的环境适应能力而言，对"我"的意识是其最重要的特征。对"我"的意识，以及对"我"之终结与环境之开始的边界的意识，意味着有能力认知环境中的其他组分，并且有能力应对相应的挑战。

对环境的意识显然是一种适应优势。不幸的是，环境存有潜在的危险，因此其消极结果便是恐惧。自我意识的延伸制造了一种由具有潜在危险的"非我"事物组成的环境。石头、树木和灌木被认为具有自身的灵魂——必须安抚而使之无害的灵魂。人类的模式化视觉能力，就是那种能在火中、云中或树叶中看到脸的能力，先是引发了泛灵论，然后是自然神论，最后是有结构的宗教。人类面对环境的这种基本反应给科学传播者制造了麻烦，这些人发现自己要面对种种宗教派别，后者宣称对自然的干涉违背了上帝的法律。

对自我的意识也有消极的一面，我们称其为自私。观念一旦从"我的环境"转变为"这是我的领地"，即会产生保护它的本能欲念。自私行为的另一个例子是自私者依靠"群体免疫"来让他们和家人避开疾病。他们认为其他人在接种时可能要承受一定的风险。只要大多数人接受接种，该做法在短期内是奏效的。然而随着越来越多的人漠视并拒绝接种，这种策略就失效了，在第一次世界大战中以往的常见传染病再次暴发就是明证。

能够体会别人当前的感受并相应地调整决策和行为，这种能力被称为共情。它是从对自我的意识到对他人的意识的延伸。在没有多少未来选项的小社会中，共情意味着一种特别的生存价值，遗憾的是在大社会中却未必如此。于是，组建合作团伙、群体或家族的本能，原本是生存价值的体现，却随着人口增长引发了邪恶的结果。它导致被虚假理由所煽动的态度，比如"邻村那家跟我家是死对头"，再比如"他们跟我们不一样——他们的皮肤的颜色不对"或者"他们眼睛的样子不对"。这就是为了除掉所有"跟我们不一样"的人而走向残忍、虐待狂、国民主义、战争和种族灭绝的开始。

共情力在与大量的人交流时弱，在与家人和朋友相处时强，在面对邻街、邻镇的人或外国人时则会逐渐减弱。正因为如此，用棍子敲向他人脑袋时思之再三的普通人，才会在扔一颗明知会杀死上百人的炸弹时毫不手软。

意识有助于形成一种蕴含巨大生存价值的"未来预见"。每个生物体都能"预见"一点点未来。细菌在探测到少量食物基质分子时就会制造酶。随后细菌会顺着食物源抬高浓度梯度。植物的根主动朝着水分和营养生长，"信心满满"地迎接美好的未来。这些编码于生物基因的反应在统计学上是有效的。它们是大量试验的最终产品，其中未存活的坏结果会被淘汰。

地球上的大多数生物体离开意识也活得很好。植物只有很有限的选项，不需要意识来帮助其"选择"；这些选项来自不同的生理反应，例如趋地性或趋光性。动物因具备到处移动的能力而有了许多不同的选项；如果它们选择错误，生存就成为问题。人类花掉大半生的时间来认识自我，而其他的脊椎动物似乎依赖于"自动驾驶"，在面对危险等情况时才产生短暂的自我意识。对人类而言，这就好像在一条熟悉的路上行走。比如，人的意识心智可能正纠缠于一个棘手的问题，由于太过专心而惊讶地发现不知不觉地到了目的地。原本甚为复杂的行程交给了低阶大脑功能处理。

但是，人类能够把带来从"很好"到"灾难"等各种结果的可能和选择具象化。先不考虑达尔文奖的潜在赢家——他们的灾难性选项可能是将自己移出人类基因库，大多数人的选项介乎于"好"与"不太好"之间。"不太好"选项远多于"好"选项，并且选了"不太好"选项的人要远多于选了"好"选项的人。因此"不太好"的结果更有可能被选到。这对于科学传播有深远的影响。数十亿人口导致的现代社会自身的复杂性也制造了各种各样的"不太好却非灾难性的"的未来选项。

对未来的选择能力遵循与其他生物现象同样的规则，并且符合正态分布曲线。人群中能够做出"好"决定的人（对科学传播者来说，"好"意味着从可靠的科学理解出发）将占据一条小尾巴，而那些做出"不太好"的决定的人将占据集中于均值附近的峰。做出"灾难性"决定的人将占据另一条小尾巴。假设地球上有 70 亿人，该峰包括了数量庞大的人口，其中的大多数是聪明人，许多是大人物，更有甚者还对散播"不太好"的剧情饶有兴趣。

如果你接受进化的证据，你就必须接受人类为适应地球上的生存而改变的事实。"适应性"可以被定义为对环境的最佳可用适配——它意味着可能，但未必是最大或最优。兔子来到澳大利亚比其在西班牙原生地活得更好。骆驼更适应在沙漠而不是北极圈的生活。它想必在沙漠里感觉更加舒适，长时间待在冰架上则令它生不如死。然而地球上可能存在某种适合骆驼却没有骆驼的理想环境，因为骆驼从未栖身于能发现该环境的地方；但几乎可以肯定已经有其他生物发现了。

动物们——包括人类——尽其所能地运用其所有。生活是一系列近似的适应，它们永远在追求"适应性"，因为其周边环境在不可避免地改变。这就是所谓的"红皇后竞赛"（Van Valen，1973）——正如在《爱丽丝镜中世界奇遇记》（*Through the Looking-Glass，and What Alice Found There*）中，红皇后对爱丽丝（Alice）所言，"……你必须全力奔跑才能留在原地"。美好、舒适和满足可被视为人类适应性的个体量度，即感觉到事情是"好的"。但事物永远在变，因此（无论是否身处其中），过去的事物总是令人"怀旧"，特别是那些童年的事物，这是一种共同的情感，它造成了对改变的抗拒。

大脑在发育和逐渐产生自我意识的过程中，首先观察其内部的身体环境，然后是其外部环境。它需要该信息来描绘自身及其在世界中的位置。有了这一图像，它逐渐将生存需要的信息组合起来。随着大脑继续发育，它对环境做出种种假设，然后对照真实的情况进行测试。测试形式通常是"如果我这么做了，会发生什么什么"。如果什么没有发生，该假设就会被弱化。如果什么发生了，该假设就会被强化；如果能重复确认，该假设即成为"事实"，哪怕是虚假的事实。这种尝试是为了赋予环境某种可预测性的解释，以提高生存保障。当然，这种尝试可能走上歧途，沦为无意义的仪式。从"我昨天晚上杀了一只小黑公鸡，今天早上太阳升起了"演变成"晚上我必须杀一只小黑公鸡，否则早上太阳就不会升起"，其中的因果关系被混淆了；真实和虚假掺杂在一起，成为信念体系的基础。它们会导致社群之间的冲突，原因可能是"我的信念体系比你的更真实"。随着社群规模的逐渐增长，信念体系也从个体所有发展为集体所有。

第四节　信念体系与科学传播

　　因此，信念体系是每个人的一部分传承。正如我们在第九章所见的，"信念"可能指向被认可为真的原则，而无须客观证据的支持；也可能意味着对这类证据的确信。"许多人相信黑猫会带来好运"的说法使用了该词的前一种含义。"考虑了所有证据之后，科学家相信进化是一种事实"则暗示了其后一种含义。如果没有对"信念"的明确定义，讨论将毫无意义。无论如何，该词描述了局外人例如科学传播者极难改变的一种内部过程。在更低层面还有那些每个人都易受其影响的迷信。迷信在某些情况下——特别是在压力面前——同样难以撼动。受过良好教育的战斗机飞行员佩戴吉祥物来求好运；旅行者佩戴圣·克里斯托弗（St Christopher）纪念章来保平安；神经障碍患者必须按照特定方式进行一整套人际仪式；这些残存的信念交织成一张富丽而密集的网，令理性无法轻易透过。

　　大量根深蒂固的信念存在于科学和医学之中。安慰剂效应——好比有人服用糖丸并且相信其带来的有益功效——以及反安慰剂效应目前已得到证实，医嘱的效力在现代处方书中也须加以考虑。人们难以改变对于秘方的信赖，许多秘方根本不可能有疗效，但部分秘方偶尔显示出略微的疗效。有些安慰剂是无稽之谈，例如犀牛角、熊胆和夜明砂。不过我在多年之前翻阅过《赤脚医生手册》（Fogarty 译于 1977 年）的英文译本，为了查找寄生虫病方面的内容，从几百个方子中找到 40 多种可能有疗效的偏方。对中药的最佳例证是从蒿属雏菊中提炼而来的一种新抗疟药，该药的调和物最晚于公元 340 年已经用于疟疾治疗（Klayman，1985）。民间医学具有疗效和魔力二合一的特点。科学传播者都清楚说服人们摒弃魔力的部分有多么困难。人们也会针对现代医学得出他们自己的结论。于是——因为抗生素对抗细菌感染非常有效，它们也能有效地对抗普通感冒——该结论包含了对于抗生素和普通感冒的双重误解。

然而应该指出，在面对一群庞大的目标受众时，其中必然包含许多不同信仰的群体，有些群体会围绕某个焦点对科学传播实践形成一致反对，并且会在各个层面对实践造成不利影响。

第五节　科学传播：成功还是失败？

你有理由怀疑人类的预见性是否代表了某种生物学上的成功。预见性使我们能够探索并开拓比任何其他物种都多的环境，尽管我们的同行者还包括宠物、害虫和寄生虫。预见性使我们得以降低婴儿死亡率，并不同程度地提高世界各地的预期寿命。如此一来，我们有了人口爆炸；我们成为易受流行病侵扰的单一品种；水资源正在枯竭；我们正在快速耗尽其他的非可再生资源。我们开始争夺这些资源，我们似乎痴迷于各种暴力战争，包括核战争，同时还面临黯淡的前景。科学固然要在协助避免潜在危机方面发挥作用，科学传播者也要在帮助全球社会理解这些问题以及可能的解决方案方面发挥作用——尽管目前的成效似乎有限。但是，成效应该如何衡量呢？

为了定义科学传播的成效，有两种可以采用的测度方法。第一种是公众接受某个特定议题所需要的时间：时间越短，传播就越有效；第二种是在目标人群中认同某个科学思想的人数比例，比例越高，则越有效。

以对于自然选择下的进化的认同为例。不管以任何标准衡量，这都是一项科学传播的成功实践，对社会产生了巨大的影响。达尔文于 1859 年发表了《物种起源》。大部分科学家和受教育精英在 20 世纪之交即已接受了进化论，但仍有零星的专业群体持怀疑态度。甚至在第一次世界大战后的社会革命期间，仍有科学家反对进化论。

在赫胥黎（Huxley）于 1942 年发表《现代综合论》（*The Modern Synthesis*）之后，基本可以说绝大部分科学家都已是进化论者，同时大多数非科学家都熟悉了这一思想。然而即便是在进化理论的诸多证据都已就位的今天，也并非所有人都支持进化论。2006 年，即《物种起源》发表 152 年后，美国、日本和 32 个欧洲国家所做的调查（National Geographic News，2010）显示，仅有 1/3 的美国人认同人类是从低等动物进化而来的；英国和日本的认同率在 80% 左右；只有土耳其的认同率低于美国，大约为 25%。在所有接受调查的人中，约有 2/3 的人认同进化的存在。这是科学传播的成功还是失败呢？应该说杯子有 2/3 是满的，还是说有 1/3 是空的呢？这说明科学传播从来不可能百分之百有效。科学传播者不可能做到对知识的垄断。

历史上关于科学知识发表的故事比比皆是。遗憾的是，清楚地证明思想是正确的，并不能保证其传播上的成功。亚里士多德根据从日食观察得出的经验数据，推断出地球是一个球体。埃拉托色尼（Eratosthenes，公元前 276—前 195）将地球周长确定至 1%～16% 的精度范围，取决于使用埃及视距法还是雅典视距法来测距。1700 年后哥伦布的实践理应证明了这一确凿的事实，但地平论者仍然存在。

当英国皇家学会于 1660 年成立时，会员将传播其发现视为第一要务。他们创立了两份期刊来实现这一目的——《哲学汇刊》（*Philosophical Transactions*）和《哲学学报》（*Philosophical Proceedings*）。其目标受众定位于受教育精英，主要是学会自己的成员。开展于启蒙时代的这一科学传播实践取得了异乎寻常的成功。

个人的发现——或者再发现——同样取得了成功：爱德华·詹纳［Edward Jenner，1796年，接种疫苗（vaccination）］，伊格纳茨·塞麦尔维斯［Ignaz Semmelweiss，1847年，产褥热的预防（prevention of puerperal fever）］，路易斯·巴斯德［Louis Pasteur，1862年，微生物理论（germ theory）］，约瑟夫·李斯特［Joseph Lister，1867年，消毒（antisepsis）］，弗罗伦斯·南丁格尔［Florence Nightingale，1859年，医疗统计及流行病学（medical statistics and epidemiology）］，这些19世纪的名字响彻医学史。

最近，澳大利亚为了预防心脏病和肺癌发起了禁烟运动，立法禁止在公共场所吸烟。为了预防黑素瘤而广为宣传的"穿抹戴运动"（穿件衬衫、抹防晒霜、戴顶帽子）取得了成功，校园里随处可见的戴宽沿帽子的学生即是明证。遗憾的是其消极影响也出现了，例如缺乏维生素D的情况正在增加。从科学药膏中挑出毛病并非难事，这是冀图反对任何特定举措的人的救命稻草。对他们来说，其中的好处越大，隐藏的邪恶就越多。近期围绕麻腮风三联疫苗（用于预防麻疹、流行性腮腺炎和风疹）的争论就是一个例子，其中一篇将接种与自闭症联系起来的欺骗性论文壮大了反接种阵营的声势。不幸的是，最近一种有缺陷的流感疫苗导致低龄儿童群体的发病率升高，给反接种阵营提供了弹药（Godlee，2011）。

医学显然是一个特例。上文中的例子是关于健康的，任何受众在该主题上都具有既定的和直接的利益。无论如何，绝大多数人都接受了科学的信息，这当然代表了巨大的成功。然而仍有极少数人拒绝这些信息。仍有人成群地在通风的门口吸烟，仍有人不愿意接受子女接种的风险，仍有人在沙滩上晒黑而不采取任何有效的防晒措施。

第六节　科学传播者的新问题

　　21 世纪伊始，人类正沉溺于另一层联结性中：通过信息技术媒介彼此联系，来加强生物学上的传承。随着不可预见的政治后果出现，考夫曼（Kauffman，1995）思想实验的纽扣被一再地穿起来，例如柏林墙的倒塌以及阿拉伯国家的动乱（"阿拉伯之春"）。比起以往任何时候，人们有了更多的信息渠道，包括获取科学信息的渠道。他们可以接触科学家与科学期刊的文字和思想。这在多数情况下是件好事。科学家和科学传播者所担心的不利方面是，缺少科学背景基础的人会基于错误的理解得出结论——甚至会以违背科学传播者观点的方式对科学进行诠释。人们对事实有了相当甚至更高程度的掌握，尽管他们对事实的理解有所缺陷，与其争辩仍然是困难的。这对医学界来说一直是个麻烦。

　　首先要面对的误解是关于风险观念。科学传播者在传播风险观念的时候困难重重。另外，风险对于科学家而言则有着坚实的统计学和概率基础。

　　正如我们在第六章所见的，普通公众难以理解怀疑和确定性对于科学的意义，这加剧了他们在风险评估方面的失败。科学的进步可以依靠信息的渐进积累，直到有一天形成针对某特定假设的足够强的证据，促使大部分科学家接受该假设。前面讨论的进化论就是这样的例子。另一个例子是板块构造论。20 世纪 50 年代当我在读大学时，大陆漂移假说还是一个有趣却离奇的理论，只是碰巧可以解释动物地理学上的某些棘手问题。现在则少有科学家反对魏格纳假说（Wegener，1912）。然而当年那场争论却造成了科学家的彼此对立。

科学的进步还可以是跳跃式的，其中现有范式被弃用，新的范式取代旧的范式（Kuhn，1962）。例如，20年来生物化学家一直在寻找一种7-碳酸[①]，现有范式认为这种酸是细胞中能量合成的关键。生物化学家彼得·米切尔（Peter Mitchell）反对这种观点，他认为能量合成涉及质子穿透细胞膜的转运机制（Mitchell，1966）。科学家马上展开了相互厮杀，不过出人意料的是，米切尔的观点很快就占了上风，他也因此获得了诺贝尔化学奖。

公众认为理解这类争论是非常困难的，科学家在争论中彼此敌对，特别是当他们认为自己需要明确表态的时候。实际上，除了科学家，没有人在乎什么质子转运或是板块构造。然而正如第十三章所描述的，当前的气候变化议题提供了一个范例，它说明当现有范式存在激烈争议时，公众就会感到困惑。

如果在一个假设上有所争论，公众会认为它必有缺陷。科学共同体认为激烈的争论是科学方法的一种优势，但是在一些一般公众群体看来，争论是科学家们心虚的表现。在任何大型社会中，例如澳大利亚，这些群体也可能拥有庞大的声势。如果政治介入争论，问题就会尤为严重，演变为按程序少数服从多数的角力，议题的内在价值则不再重要。在这种情况下，某些公众群体的回应可能是："如果你无法击败他们，那就妖魔化他们。"

究其根本，气候变化的争论关系到为子孙后代保护已被人类"享用"数百年之久的气候。它属于那种几十年来生态学家在持续争论的议题。这些环境碎片是应该隔离在国家公园里，从而为子孙后代保留一种纯天然的环境；还是应该依据明确的准则进行保护、管理和使用？这一问题因人类短暂的生命周期而加剧。地球的生态是一部30亿年的史书，人类只占了

---

① 酸分子含有7个碳原子。——译者注

区区 200 万年的篇幅，而我们中的幸运儿大约只能见证其中的一百年。地球即将度过其一半的生命周期，而最保守的估计都认为生命未来还将走完约 10 亿年的旅程（Conway Morris，2003）。生命开始于 20 亿年以前。寒武纪的生物体，包括许多被我们确认为其现代形态的始祖的生物体，兴旺于约 5 亿年前。因此还有大把的时间来创新，除非地球因人类而寸草不生，否则生命不必在一次大规模灭绝后从头开始。一小撮河口泥中的 DNA 就足以占领整个地球。种群恢复也不必从单细胞生物开始，因为有无数的多细胞生物存活于作为避难所的水下或海底的厌氧黏泥中。

"环境保护"已成为当代的重要呼声。当环境面临改变时，作为个体和集体的人类渴望保全他们存在的那一方天地。不幸的是改变无可避免。并且他们喜欢将人类价值加诸环境之上，就好像它是个能动的给养实体。但正如林恩·马古利斯（Lynn Margulis）的评论：

> 盖娅[①]是个在无人情况下运行了 30 多亿年的系统。当人类消亡、偏见不再，这个行星的地表、大气和环境仍将持续演化。

> （转引自 Brockman，1995）

与自然产生共鸣未必是坏事，但我们应该把握其中的暗示以及共鸣的动机。地球将持续存在。它不会是"我们的"地球，正如寒武纪或泥盆纪也不属于我们。历史上的地球原本没有自由氧，其上的二氧化碳浓度曾经远超人类已排放或未排放的总和，赤道上的冰川作用一度将地球变成一颗"雪球"。地球也曾在流星撞击的余波中走向繁荣。正如人类可以展望并发现各种可能的未来，他们同样可以回望并发现"唯一真实的过去"——如果他们不喜欢这种过去，大可以修改叙事并使之符合心意。保存和保护的需要植根于这种怀旧之中，它是一种之于过去的人、物和情境的渴望。这是人类的一种重要属性——有意识生物为适应环境而演化的副产品或后果。另一种属性是后代意识——子女至上的观念超越了直系亲属，延伸至

———————————————
[①] 即自然。——译者注

孙子辈乃至子孙后代。两种属性都成为保护当前环境的理由，尽管常识告诉我们环境将持续改变。

这场争论引发了共同体内部的许多重要冲突。该领域充斥着争端，甚至是科学家之间——乃至科学传播者之间——的争端，他们也许有理由采取不同的立场，因为双方都能找到正面的案例。这最终是一个关乎个人选择、看法和情感的问题，其出发点是对于后代的不同观念。它因此成为科学传播者的雷区，因为他们自己在此议题上也可能发生争执，并且让争执成为问题的一部分。

宗教伦理守则的生物学隐喻在反科学人士身上引发了共鸣。"上帝仿照自身形象创造了人"意味着该形象神圣而不应被篡改。输血、器官移植，特别是人与动物之间的移植这类议题引发了相当大的质疑。生殖科学是一个尤为敏感的领域。对流产的立场既关乎宗教，又关乎自相冲突的伦理哲学。在体外授精的问题上，无论是生身母亲还是代孕母亲体内的胚胎着床，都同时面临认同或诋毁。面对根深蒂固的态度，科学传播者的收获甚微——像是在所有这些例子中，公众都可能陷入愤怒的情绪。传播者也许不得不寄望于世代更迭，但也须谨记渐进式的成功同样是成功。

基因操作对于科学传播者来说是另一个充满风险的领域。近200年以来，玛丽·雪莱（Mary Shelley）笔下的弗兰肯斯坦（Frankenstein）一直在反科学殿堂中高唱，然而其原型却是早期历史上的炼金术士和"疯狂科学家"的真实形象。弗兰肯斯坦的怪物逃离了实验室；转基因生物同样也可以。将一个物种的基因插入另一物种休内——尽管同类现象在自然界频繁发生——被视为打破了物种间的屏障，可能释放出未来人类的某些祸患。番茄经过基因操作的哪个阶段会变成另一种生物，这个问题对于普通公众非常重要。素食主义者会问："在番茄里插入多少基因后，番茄就会违反我的信仰，以致我就不能再吃它了？"就算素食主义者知道番茄本来就至少有30%的基因与动物相同，他们的立场也不会改变。

"释放怪物"这一骂名也牵扯到原子能的和平利用。除了反应堆事故造成的数以百计的生命损失悲剧外，人们还担心环境中的辐射泄漏会带来危及胎儿及后代的长期污染，从而违反那条最重要的生物规则。辐射泄漏因此成为恶性失控的又一个例子，其风险在社会想象中被夸大到远超现实的程度。而自从工业革命以来，传统燃料已经夺去了数百万条生命，甚至直到今天每年都有数千人因此死亡。

目前干细胞研究的愿景正在逐步实现，然而它也曾出师不利，因其最初使用了取自人类弃胎的细胞，后来才改用脐带血。这种做法违背了两条重要的生物规则——"自然规律"，以及更要命的"婴儿的圣洁"。有人认为早期胚胎并非事实上的婴儿，这种观点被很多人认为无关紧要，后者指出胚胎起码是未来的婴儿。婴儿的圣洁牵扯到风险观念。成年人愿意承受的风险远高于他们允许子女承受的风险。

孩子接种问题是对这一观念的极好诠释。接种是一个困难的领域，其中的亵渎感如同芒刺在背。一位母亲需要痛下决心才忍见其行。她本能地希望保护自己的孩子，使其免受皮肉之苦；同时在理智上，她清楚自己是在保护孩子远离未来更危险的处境。遗憾的是当本能与理智冲突时，有时候本能会战胜理智。因此在推广麻腮风三联疫苗这种维护公共利益的措施时，有20%的人不出意外地拒绝接受。这可视为科学传播的极大成功（80%的接种率），也可视为其失败（20%的未接种率）。这说明在启动任何科学传播项目前，认清成功的边界是一个重要前提。

对大规模目标受众的差异化观点及能力的不当理解导致许多人犯错。弗雷泽（Frazer，2003）研究了父母面对大量的优势证据仍然拒绝子女接种疫苗的原因，他发现一个惊人的事实。拒绝接种疫苗者并非如想象的那样无知和未受教育。相反，他们是受过高层次教育的聪明人，有些还是免疫学界人士。他们有能力理解数字和读懂图表，但是他们做了科学家和科学传播者眼中的"不太好"的决定。这与维持"群体免疫"的论调无关。他们的远见、他们的另类未来观，致使他们为子女选择了致命儿科疾病可能带来的更高风险，而不是疫苗带来的几乎可忽略的微小副作用。

新媒体让这类观点得以在全国和全球范围内传播，使问题进一步恶化。

第七节　科学传播与互联网

如果将本节标题输入网络浏览器，将得到（截至 2012 年 1 月）1.13 亿条结果，其中有 200 万条来自谷歌学术（Google Scholar）。一并输入"博客"（blog），将得到 6800 万条结果，再加上 Twitter 将得到超过 2100 万条结果。大概一年前，相应的数字分别是 700 万、200 万、200 万和 100 万。如果还需要稍作解释，这表明了互联网及其作为科学传播媒介的非凡和持续的增长。

对科学博客的远非详尽的快速查阅表明，它们通常提供丰富而有趣的信息，但缺少甚至可见于非正式科学性刊物的科学上的严谨或凭证。往往你遇到的文章不过是熟练工的作品，也就是青年科学家早前的随笔，而他们大概只是盼望这份努力能够被后来人看到。如此一来，这就成为互联网的一大缺陷。多数材料未经专家的详细审阅，因此质量参差不齐。这与科学的一大优点即同行评议形成了鲜明对比。同行评议有其缺点，但一般来说保证了发表于科学媒体的材料的完整性。

穆恩（Moon，2012）以 Twitter 为载体总结了互联网上传播的科学议题。她发现可以在科学议题的即时性与"推文"数量的增减率之间建立关联。还有人创建了 Twitter 站点，鼓励科学传播议题的相关辩论。例如，克里斯汀·阿尔弗德（Kristin Alford）在 2011 年 4 月开启了一项讨论，主题为"＃科学：讲述更精彩的科学故事"。大约 1 小时内，发出了 395 条推文，该主题成为澳大利亚的"趋势话题"（trending topic）。讨论结果乏善可陈；其共识是：科学故事应具备强烈的叙事线索，多用隐喻和象征手法。科学传播的任何一年级课程都会在第一章提到这些要点。然而想象一下，如果这一过程被重复 100 万次，每次迭代都基于前面的内容的话……

所以，在考虑 Twitter、Facebook、YouTube 时，我们就回归到考夫曼思想实验和"无生有序"思想：线代之以互联网；纽扣代之以个人电脑后面的人。

第八节　结　　论

本章讨论了意识的五种属性——对自我的意识、对他人的意识、对未来的意识、对过去的意识以及对环境的意识——对公众对科学传播实践的反应所施加的调节作用。意识自身是一种演生现象，是生物复杂性积累的产物，而现在该复杂性又叠加了一层基于信息技术发展的复杂互动。

生物进化催生了复杂性，并促成了每一进化阶段的演生结果——这是旧而有之的观点（例如参见 Morgan，1923）。这同样适用于人类物种的进化。还有一种普遍的观点认为，正如所有的自然过程受限于热力学定律，进化也将走向某个终点。终点之一是泰亚尔·德·夏尔丹（de Chardin，1956）提出的"人类思想圈"或"人类圈"（noosphere）：

就人类而言……它伴随着……反思能力的形成，认识到我们可以将形塑了人类圈的新生特性全体联系起来。

除去其精神上的寓意外，生物复杂性和联结性的增加正在逼近某种热力学极限——这一概念得到了许多信息学家的支持，他们称之为进化的"奇点"（Chalmers，2010b）。注意到技术的指数增长，科兹威尔（Kurzweil，2005）提出一个加速回报定律，认为我们在未来30年内取得的成就将超越以往人类智慧的总和。根据著名未来学家詹姆斯·马丁（Martin，2007）的观点，人类的进化将因为技术飞速进步而中断。随着技术进步由人工智能接管，人类将停止对科学的贡献。

　　真到了那一步，显然就没有科学传播者什么事了。

参 考 文 献

Bird R. J. (2003). *Chaos and life: Complexity and order in evolution and thought*. New York: Columbia University Press.

Boal K. B., Hunt, J. G., & Jaros S. J. (2003). Order is free: on the ontological status of organizations. In R. Westwood & S. Clegg. (Eds). *Debating organisation*. (pp. 84-97). Oxford: Blackwell.

Brockman J. (1995) *The third culture: Beyond the scientific revolution*. New York: Simon & Schuster.

Chalmers, D. J. (1996). *The conscious mind*. Oxford: Oxford University Press.

——(2010a). *The character of consciousness*. Oxford: Oxford University Press.

Chalmers, D. (2010b). The singularity: a philosophical analysis. *Journal of Consciousness Studies, 17*, 7-65.

Chamberlin, W. (2009). Networks, emergence, iteration and evolution. *Emergence: Complexity & Organization*, 11, 91-98.

Conway Morris, S. (2003). *Life's solution. Inevitable humans in a lonely universe*. Cambridge: Cambridge University Press.

Corning, P. A. (2008). Holistic Darwinism. *Politics and the Life Sciences, 27*, 22-54.

Darwin, C. (1859). *The Origin of Species*. London: John Murray.

Fogarty, J.E. (Translator) (1977). *A barefoot doctor's manual*. Philadelphia: Running Press.

Frazer, C. (2003). Bridging the gap between the science of childhood immunisation and parents. Vols. 1 & 2. PhD thesis, Australian National University.

Godlee, F. (2011). Wakefield's article linking MMR vaccine and autism was fraudulent. *BMJ, 342*, c7452.

Huxley, J. (1942). *Evolution: The modern synthesis*. London: Allen and Unwin.

Kauffman, S. (1995). *At home in the universe: The search for laws of self-organization and complexity. London*: Penguin Books.

Klayman D. (1985). Qinghaosu (Artemisinin): Antimalarial drug from China. *Science*, 238,1049.

Kuhn, T. S. (1962) *The structure of scientific revolutions*. Chicago: University of Chicago Press.

Kurzweil, R. (2005). *The Singularity is near*. London: Viking Press, Penguin Books.

Margulis, L. (1970). *Origin of eukaryotic cells*. Hartford: Yale University Press.

Macklem, P. T. (2008). Emergent phenomena and the secrets of life. *Journal of Applied Physiology*, *104*, 1844-1846.

Martin, J. (2007). *The meaning of the 21st Century*. New York: Riverhead Penguin.

Mitchell, P. (1966). "Chemiosmotic coupling in oxidative and photosynthetic phosphorylation". *Biological Reviews*, *41*, (3), 445–502.

Moon, B (2012). PhD Thesis, in preparation. Canberra: Australian National University.

Morgan C. L. (1923). *Emergent evolution*. London: Henry Holt and Co.

Teilhard de Chardin, P. (1966). *Man's place in nature* (transl. René Hague). London: Collins Fontana Books.

Van Valen, L. M. (1973). A new evolutionary law. *Evolutionary Theory 1,* 1-30.

Waldrop, M. M. (1992). *Complexity*. London: Viking Press, Penguin Books.

Watts, D. J. (2004). *Six degrees: The science of the connected age*. *London:* Vintage Press.

Wegener, Alfred (1912). Die Herausbildung der Grossformen der Erdrinde (Kontinente und Ozeane), auf geophysikalischer Grundlage. *Petermanns Geographische Mitteilungen,* *63,* 185-309.

Westwood, R., & Clegg, S. (Eds). (2003). *Debating organisation*. Oxford, Blackwell.

第六篇　深入探索

深入探索

在本部分，我们会为本书的每一章提出一些深入阅读的建议。我们还提出了一些适于小组讨论或导师辅导的要点，以及一些扩展性的项目。

一、基本活动和项目：拓展视野

下面的活动适用于本书的每一章。

（一）深入阅读

很多资源为对科学进行传播提供了趣味性的深入阅读素材。以下列出了三种常用类型：顶尖学术期刊中的学术文献、政府报告和讨论、针对科学话语的评论。

（二）讨论

1. 从一份日报中选择有关科学主题的最近三篇文章。这些文章在措辞上是正面、负面还是中立的？在吸引读者参与进来方面采用了哪些特殊的技术？在这些文章中能找到科学术语或复杂观点的例子吗？

2. 思考一些对于你所在社区的成员来说比较重要的有关科学实践的争议（比如，动物实验、化学疗法、移动电话、吸烟、风能发电、艾滋病、航天飞机、郊区扩张或城市填充）。相冲突的观点的出发点是什么？人们有这样的想法或感受的背景原因是什么？这种反应会如何影响他们对科学的整体态度？

（三）项目

1. 在相关章节中选择三篇发表时间在 2000 年之后的文章，用述评的形式对这些文章进行总结。

2. 选择一个你比较熟悉的科学领域，为特定受众就这个话题设计一个五分钟的演讲。解释一下为什么你认为这些受众会对这个话题感兴趣。

二、适合各章开展的活动

第一篇　科学传播模式——理论进入实践

第一章　为科学传播制订"设计方案"

（一）深入阅读

Cheng, D., Claessens, M., Gascoigne, T., Metcalfe, J., Schiele, B., & Shi, S. (2010). *Communicating Science in Social Contexts: New Models, New Practices*. Springer Science.

Clark, T. W., & Kellert, S. R. (1988). Toward a policy paradigm of the wildlife sciences. *Renewable Resources Journal*, 7, 7-16.

Kahlor, L. A., & Stout, P. A. (2010). *Communicating Science: New Agendas in Communication*. New York, NY: Routledge.

May, P. J. (2003). Policy design and implementation. In B. G. Peters & J. Pierre (eds.) *Handbook of Public Administration* (pp. 223-233), London, UK: Sage Publications.

Trench, B., & Bucchi, M. (2010). Science communication, an emerging discipline. *Journal of Science Communication*, 9, 1-5.

（二）讨论

1. 你是否认为一般公众应该了解更多的科学？如果是，为什么？

2. 思考一项你比较熟悉的科学传播活动。谁是这项活动的"起推动作用的行动者"，谁又是"目标行动者"？你觉得"起推动作用的行动者"的目标是什么？

3. 思考一下本章中讨论的一般公众的"类型学"。你能想出属于每一种类型的典型案例吗？

（三）项目

对公众的"缺失模式"进行研究，并写下概要。2000年，这个模式受到了严厉抨击，对出现这种情况的原因进行研究，并考察2000年的批判对科学传播的当前观点产生了何种影响。在你看来，我们的实践是否仍然在缺失模式内运行着？

第二章　参与科学：科学传播模式

（一）深入阅读

Leach. J., Yates, S., & Scanlon, E. (2009). Models of science communication. In R. Holliman, E. Whitelegg, E. Scanlon, S. Smidt and J. Thomas (Eds). *Investigating science communication in the information age*. Oxford: OUP, pp. 128-146.

Lehr, J. L., McCallie, E., Davies, S. R., Caron, B. R., Gammon, B., & Duensing, S. (2007). The value of "dialogue events" as sites of learning: An exploration of research and evaluation frameworks. *International Journal of Science Education, 29*, 1467-1487.

Trench, B. (2008). Towards an analytical framework of science communication models. In D. Cheng, M. Claessens, T. Gascoigne, J. Metcalfe, B. Schiele and S. Shi (Eds). *Communicating science in social contexts*. New York:Springer, pp. 119-138.

（二）讨论

1. 考虑莱文斯坦（Lewenstein，2003）的"外行专业知识"术语，外行专业知识在科学的哪些领域中很重要，为什么？

2. 是否有一些科学领域可以或应该被排除在公众介入或辩论的范围之外？

3. 人文学科可以对科学做出哪些贡献？

4. "科学传播的领域巨大无比且变化多端，'噪声'十分频繁，干扰效果明显，以致几乎没有任何行动可以通过线性的方式奏效。"（Greco，2004）如果这是正确的，那么试图对重要议题进行传播还有意义吗（比如气候变化）？把这留给专家来决断该做什么是不是会更好？

（三）项目

1. 对本章中提到的参与方法的优势和劣势进行研究，并写出概要，这些方法包括：剧场型会议、共识会议、焦点小组、公民陪审团、共识会议、德尔菲技术、网络讨论和书面咨询。上述哪种方法适用于下列情况？

（1）在你所在的城市查明公民对种植街道树木的看法。

（2）收集游说集团期望政府为科学研究提供更多经费的观点。

（3）查明一般公众对此争议性研究议题予以支持的性质和水平。

（4）向你所在的城镇提交环保议题的研究发现。

2."以容易获取的方式提供可靠信息——换句话说，找到相关的'知识缺失'——是健康的对话和有效的决策的必要前提。"（Dickson，2005）选择一个你认为在科学与公众之间存在"知识缺失"的科学领域，找出你认为的缺失所在，并解释一下你将如何解决这个传播问题。这个缺失可能存在于一般公众、科学或任何相关群体。

第二篇　传播科学的挑战

第三章　科学家与公众结缘

（一）深入阅读

Bauer, M. W., & Jensen, P. (Eds). Special Issue: Mobilization of scientists for public engagement activities *Public Understanding of Science, 2011; 20*(1). This Special Issue (10 papers) presents evidence of public engagement activities by scientists from several countries.

（二）讨论

1. 你认为与科学家同行之间的传播相比，他们与普通公众（比如在大街上的普通人）的传播同样重要、更重要或者不那么重要吗？为什么？

2. 如果科学家就其研究的意义或价值表达了自己的看法，那么，他们是否会失去个人地位和公信力？

（三）项目

1. 采访一位科学家，问他如何看待向普通公众传播专业知识这个问题，以及他是如何去做的。

2. 对朋友和家庭成员进行调查，看他们是否能说出一个他们认为是自己的科学信息来源的科学家，如果能，为什么会是这个人？

3. 进行一次角色扮演，至少有一位科学家和一个游说者，他们在电视或广播中对当前科学相关的争议性议题持相反看法（你可以选择其中一方）。采访者理应质问观众为什么要相信其中一方的观点。

第四章　科学技术在公共政策中的角色：知识何为？

（一）深入阅读

1. 学术文献

学术文献中的相关资源包括本章讨论的很多文章和图书。也许最相关的是：

McNie, E. (2007). Reconciling the supply of scientific information with user demands: an analysis of the problem and review of the literature. *Environmental Science & Policy*, *10* (1), 17-38. doi:10.1016/j.envsci.2006.10.004.

Pielke, R. A. J. (2007). *The Honest Broker: Making Sense of Science in Policy and Politics*. Cambridge: Cambridge University Press.

Sarewitz, D., & Pielke, R. A. J. (2007). The neglected heart of science policy: reconciling supply of and demand for science. *Environmental Science & Policy*, *10*(1), 5-16. doi:10.1016/j.envsci.2006.10.001.

此外，一系列顶尖的学术期刊也通过聚焦政策的社论和评论文章讨论了科学与决策的关系。《自然》《科学》《英国医学杂志》及许多其他刊物通常都刊有这种文章。对科学－政策界面的动力学和论点感兴趣的人可以在这些文章中找到很多有价值的东西。

2. 政府报告和在线讨论

如本章开头讨论的那样，政府、决策者和决策机构一直呼吁科学与决策之间建立紧密的关系。很多这种报告和讨论都值得一读，比如你所在地的政府的官网。在撰写本章时，我们采用了来自澳大利亚的案例：

Banks, G. (2009). *Challenges of Evidence - Based Policy - Making. Challenges*. http://www.apsc.gov.au/publications09/evidencebasedpolicy.pdf.

Campbell, S., Benita, S., Coates, E., Davies, P., & Penn, G. (2007). *Analysis for policy: Evidence-based policy in practice*. London: Government Social Research Unit. http://bit.ly/n05AAg.

3.评论

最后有必要指出，在科学与决策的互动方面，传统媒体和网络源中存在大量的评论。对这个领域进行穷尽的调查是困难的；在大多数民主国家，对决策以及科学在决策中的合法性角色的讨论是一种常态。也许最佳方式就是跟踪你所在国家的顶尖新闻渠道中的评论，或者是到科学家经常参与政治讨论的博客及网络源中去获取，比如 ScienceBlogs.com。

（二）讨论

1. 从当日报纸的头版找一篇报道，找到其可能影响我们对该议题的理解的所有利益相关者和可能的科学领域。是什么让某些人成为利益相关者？最相关的科学是什么？其他形式的知识与这个报道有什么关系？报道中提到了哪些其他形式的知识？哪些没有提到？

2. 在当日报纸的头版找一个正在讨论的问题，并起草一个相关的政策回应。这个问题该如何解决？你的解决方案对这个问题有什么影响，或者对社会的其他部分有什么影响？在解决这个政策问题方面你还需要哪些信息？

（三）项目

对一个复杂问题进行角色扮演：儿童肥胖的问题在全球很多地方都不断加剧（Deckelbaum，Williams & Chiristine，2001）。然而，我们尚未充分地理解这个问题的起因——以及提出可能的解决方案。这堂课的任务是为这个问题找到可行的解决方案。

在准备阶段，你应该考察（学术方面的、科研方面的、政府报告中的）文献，以找到引发这个问题的可能原因。这与现代饮食有关吗？与锻炼有关吗？与城市设计以及交通运输有关吗？这是由电视和广告引起的吗？还有其他什么因素？

在课内，学生将按照文献调研结果被分配一些角色，或扮演决策者，或扮演相关的利益相关者。决策者（也许供职于竞争性团体）将为利益相关者提供解决方案，而利益相关者将对提出的方案进行评判。哪种方案最恰当？哪种方案可以最有效地解决这个问题？对于利益相关者来说，哪种方案最易于接受？提出好的政策解决方案意味着什么？

第五章　化解公众参与科学技术的阻力

（一）深入阅读

Barnes, B. (2005). The credibility of scientific expertise in a culture of suspicion. *Interdisciplinary Science Reviews*, *30* (1), 11-18.

Irwin, A., & Wynne, B. (Eds). (2004). *Misunderstanding Science? The Public Reconstruction of Science and Technology*, Cambridge, UK: Cambridge University Press.

Jasanoff, S. (1997). Civilization and madness: the great BSE scare of 1996. *Public Understanding of Science, 6*, 221-232.

（二）讨论

在表5-1中，分别考察每个类别中的科学的含义。从每一个类别出发，想一想你如何看待科学。科学中的什么是你百分百喜欢的？有哪些你讨厌的方面？你是否对科学的某种含义不感兴趣或者不确定？是否有某种含义会让你昏昏欲睡？你的哪些个人经历促成了这样的信念？

（三）项目

选择一个在你的社区存在争议或新出现的科学或技术议题。通过下面三个步骤来调查影响人们对该议题的态度的因素。

1. 回顾有关这个议题的媒体近期报道，查明受该议题影响的人和组织，或查明谁对这个议题有看法，比如社区团体、企业、科学机构、政客等，越详细越好。这些利益相关者持何种看法？对这个议题发表看法的人或机构是否与其他科学技术相关议题或者一般化的科学问题进行过比较？

2. 找机会与这些人或机构的代表进行交流。比如，邀请不同的人前来与你的小组进行讨论，或者对他们进行单独访谈，以了解他们的看法。就他们对一般的科学和技术议题及正在讨论的具体议题的看法提问。比如，你可能想知道过去的科学争议或者过去与科学家打交道的方法，以及基于科学的制度是否影响了他们的观点和看法？

3. 对你的研究揭示的发现进行分析。你能找出人们过去面对科学技术的发展、事件、制度或个人问题时的类似经历的模式吗？利益相关者引用的是哪种科学的含义的分类？

第三篇　科学传播的重大主题

第六章　就风险的意义进行沟通

（一）深入阅读

Bernstein, P. L. (1996). *Against the Gods: The Remarkable Story of Risk*. New York: John Wiley & Sons.

Heath, R., & O'Hair, H. (Eds.). (2009). *Handbook of Risk and Crisis Communication*. New York: Routledge.

Lundgren, R. E., & McMakin, A. H. (2009). *Risk Communication A Handbook for Communicating Environmental, Safety, and Health Risks*. Hoboken: John Wiley & Sons, Inc.

Sellnow, T., Ulmer, R., Seeger, M., & Littlefield, R. (Eds.). (2010). *Effective Risk Communication: A Message-Centered Approach*. New York: Springer.

Slovic, P. (Ed.). (2010). *The Feeling of Risk: New Perspectives on Risk Perception*. London: EarthScan.

Zinn, J. (2008). *Social Theories of Risk and Uncertainty: An Introduction*. Malden, MA: Blackwell Pub.

（二）讨论

1. 文化与社会

找一些你比较熟悉的独特文化群体，讨论在应对各种风险的方式上，他们与你自己所处的文化或社会有何不同，他们彼此之间有何不同？

2. 乌托邦还是反乌托邦？

在《与天为敌——风险探索传奇》（*Against the Gods：The Remarkable Story of Risk*）中，彼得·伯恩斯坦（Peter Bernstein）认为对风险的掌握

是推动社会进入现代性的工具："确定未来会发生什么，以及选择各种方案的能力占据当代社会的核心地位。风险管理指导着我们对一系列决策做出选择，从分配财富到保障公众健康，从发动战争到计划生育，从购买保险到系安全带，从种植玉米到卖爆米花。"（Bernstein，1996）在不那么理想化的愿景中，社会学家乌尔里希·贝克（Ulrich Beck）将这种情况描述为"风险社会"，在其中"工业系统制造危险，经济外化危险，司法制度将其个体化，自然科学则将其正当化，最后被政治洗白"（Beck，1992）。

伯恩斯坦将风险视为一种解放，一种对人和社会的赋权。贝克主要从把人们面临风险的政治失灵和经济失灵的角度来看待风险。你认为哪种观点更具说服力，为什么？

3. 心理测量模型

斯洛维奇（Slovic）及其同事提出了理解风险的两种因素——知识和恐惧，在解释某种危险为何会引发相应的反应方面给我们很多启发。在引发人们对某种风险的特定反应方面，你认为还有其他因素吗？

4. 个体差异

近来风险认知的研究已经从考察对一系列危险的聚合反应转向考察个体的特征，这些特征促使个体对某种风险采取特定的反应方式。你认为有哪些个体特征可能适合这种方法？

5. 增强和减弱风险反应

安德森和斯皮伯格（Anderson & Spitzberg，2009）描述了强化个体对风险反应的九种条件。对于可能增强或减弱风险，你还能想到其他条件吗？

6. 媒体

沙朗·邓伍迪（Sharon Dunwoody）评论道：

"谈风险报道，大众媒体似乎百无一用。它们常常会被指责为有偏见、夸大其词、不精确、冷漠、简单化、极端化……一言以蔽之，大众媒体在向普通公众传播有关风险的恰当理念方面非常糟糕。"

（Dunwoody，1992，p.75）

你同意吗？在面对来自大众媒体或人际的风险讯息时，个体在哪种渠道中的反应更好？

（三）项目

1. 最佳实践

在构建讯息的"最佳实践"一节中，有形成有效风险传播的一系列条款。采用一种宽泛的方法，简述在一个你熟悉的科学领域开展风险传播运动的主要元素。考虑受众因素、渠道这些方面。

2. 构建讯息

与第六项讨论类似，对于如何产生有效的风险讯息有各种各样的建议。从你熟悉的科学领域挑出一种风险，简述你向公众提供的中立的事实性的风险讯息（一页纸以内）。如果你打算通过新媒体传播该讯息，就那些需要考虑的因素列一个大纲。

第七章 科学传播中的定量素养

（一）深入阅读

Graham, A. (2006). *Developing Thinking in Statistics*. London: Open University & Paul Chapman Publishing.

Lundgren, R. E., & McMakin, A. H. (2009). *Risk Communication: A Handbook for Communicating Environmental, Safety, and Health Risks* (4th ed.). Piscataway, N.J.; Hoboken, N.J.: IEEE Press; Wiley.

Steen, L. A. (Ed.). (2001). *Mathematics and Democracy: The Case for Quantitative Literacy*. Princeton, NJ: The National Council on Education and the Disciplines.

Tufte, E. R. (1997). *Visual Explanations: Images and Quantities, Evidence and Narrative*. Cheshire, Conn.: Graphics Press.

（二）讨论

1. 就社会 - 科学争议性议题找一些媒体报道或官方报告，比如疾病的威胁和扩散、食品安全。

（1）讨论这些内容的生产者如何将其意愿价值嵌入数量或图表表征。

（2）讨论一下这份报告在多大程度上促进了对科学的意识、欣赏、兴趣、意见形成和理解。

2. 考虑经由受众的技术应用的发展和普及。与两年前我们所使用的技术相比，工作场所和日常生活中有越来越多的数据采集、呈现和传播工具。你认为这会促进还是阻碍公众定量素养的发展？收集一些支持你的观点的例子。在技术发展和一般公众的定量素养方面，你还有其他关注的方面吗？

（三）项目

1. 对比南丁格尔与今天汉斯·罗斯林（Hans Rosling）的研究。公共卫生领域的数据可视化如何提升了面向公众的专业传播？在分享我们对定量信息的理解和阐释方面，数字可视化工具的丰富和普及是否让我们受益？

2. 根据世界卫生组织的周报，

> 2009 年，向世界卫生组织报告的霍乱病例数量比 2008 年增加了 16%。共有 45 个国家报告 221 226 个病例，其中有 4946 人死亡，致死率达到 2.42%。

（www.who.int/wer/2010/wer8531.pdf）

你如何解读这份报告中的统计数据、图表和报告？

3. 观看下面链接中的视频：国会议员罗斯科·巴特勒特（Roscoe Bartlett）在美国众议院（2008 年 4 月 4 日）（www.youtube.com/watch?v=YyIiwrgbLvo）。罗斯科·巴特勒特如何用图表和图形来解释石油峰值危机？

第八章　科学技术中的伦理和责任

（一）深入阅读

本章只触及了围绕伦理的不同形式和应用开展的大量研究的一点皮毛，它远非是详尽的。对于有兴趣深入研究的读者，下面的文献是深入探讨的良好开端：

Mautner, T. (1997). *Dictionary of philosophy* (2nd ed.). London: Penguin.
Morris, T. (1999). *Philosophy for dummies.* New York: Wiley Publishing, Inc.
Singer, P. (2011). *Practical Ethics* (3rd ed.). New York: Cambridge University Press.
Various. (2011). *Applied Ethics*, Wikipedia. Retrieved from http://en.wikipedia.org/wiki/Applied_ethics.

（二）讨论

分小组讨论下面四种情境，每种情境都描述了你的国家正考虑发起的某项基于科学／技术的动议。你要为该辩论提供专家意见。

每种情境都要讨论：①你认为关系到是否通过动议的重要伦理关切；②哪些人、群体或机构会最支持这项动议，谁会最不支持；③你将如何基于第七章中提到的伦理立场为你向你的政府提出的建议进行辩护。

1. 情境 1

2008 年，有人提议太空旅游计划，每年在全国各地进行 25 次发射。起初每个游客需要缴纳 10 万美元，但是随着发射次数增加，费用预计会降低。

2. 情境 2

异种器官移植的申请名单不断增加，但是捐献者数量却在下降。据估计，未来两年把猪和猴子的器官移植给人类将成为常态。

3. 情境 3

艾滋病疫苗已被培育出来——实验显示当用于高危群体时，它会让艾滋病感染的新增病例总数下降 60%。据估计，年底前该疫苗可通过处方

（由全科医生诊断）提供给任何索取者。

4. 情境 4

已经开发出一个转基因的小麦菌株，它承受的盐浓度最高可达传统品种的 10 倍以上，并且用水量只有传统品种的 20%。尽管还未经针对其他转基因作物的长期测试，但它很有可能在 12 个月内被批准商用。

（三）项目

1. 以 2 人、4 人或 6 人（尽量保持偶数）为一组，对你认为你所在的社区当前最具争议性的议题进行头脑风暴。确保这些议题有足够多的科学和技术因素。

2. 选择一到两个议题进行讨论，最好是你所在的小组不认同的议题［如果你没有想法，器官捐献、自然资源（比如森林的使用）以及堕胎通常是人们不会认同的三个话题］。

3. 对赞成与反对这些议题的不同立场进行考察。

4. 用第七章给出的最常见的伦理理论对这些立场进行描述。

5. 把你所在的群体分成两个小组。

6. 组织一场辩论，每个小组必须努力去维护他们个人可能不太赞同或认为其不合伦理的立场。

该项目的目的是：通过对某些你不赞同的立场进行争论，查明自己和其他人的伦理立场。通过思考如何为我们不支持的事物辩护，我们可以更了解自己的立场和信念。

在辩论最后，写一篇简短的反思性文章，描述对你不认同的伦理立场进行辩护是什么感觉。关于这个议题你学到了什么？你从支持该议题的人身上学到了什么？你又从自己的立场中学到了什么？这样做让你对自己与议题的整体关系多了哪些了解，特别是对伦理关系多了哪些了解。

第九章 信仰与证据的价值

（一）深入阅读

Long, D. E. (2011). *Evolution and religion in American education: An ethnography*. Dordrecht: Springer.

Meyer, S. C. (2009). *Signature in the cell: DNA and the evidence for Intelligent Design*. New York: HarperCollins.

Miller, J. D., Scott, E. C., & Okamoto, S. (2006). Public acceptance of evolution. *Science, 313*, 765-766.

Reiss, M. J. (2008). Teaching evolution in a creationist environment: an approach based on worldviews, not misconceptions. *School Science Review, 90*(331), 49-56.

Scott, M. (2007). *Rethinking evolution in the museum: Envisioning African origins*. London: Routledge.

（二）讨论

1. "信仰"这个词只有一个意义还是有一系列意义？

2. 鉴于科学始终应该对反驳和变化的可能性保持开放，那么，认为进化在科学上没有争议的是坏的科学吗？

3. "疯牛病"和转基因为有关进化的科学传播提供了哪些教训？

（三）项目

1. 如果科学家避免用"信仰"和"信念"这样的词语，是否会好一些，比如，"我相信进化论"？

2. 对所谓的"科学神创论"（也被称为"神创科学"）进行研究。反对进化论的论述是否有任何科学上的正当性？

3. 以"疯牛病"和转基因为例，为有效的科学传播制定几条原则。

4. 找来两三本学校的生物教材，考察它们如何面对进化这个话题。它被呈现为是有争议的还是没有争议的？作者又是如何应对我们在理解进化方面取得的科学新进展的？其中提到了宗教或神创论吗？你认为神创论者如何看待对待进化的这种态度？无神论者又会如何反应？

5. 研究神创论博物馆或动物园对进化议题的呈现方式。它做得很好还是不太好？使用已经建立的科学传播的框架对你的发现进行批判。就神创论者和国家科学博物馆应该如何对待进化话题提出建议。

6. 如果可以，参观一个拥有进化展览的博物馆。如果不能成行，参考某个博物馆网站的相关内容（比如，www.nhm.ac.uk/nature-online/evolution/，http://australianmuseum.net.au/Human-Evolution）。你认为这些资料和讯息对于多元化受众的适合程度如何？

7. 如果你身在英国，读一下公立学校关于应对神创论和智慧设计论的指南（DCSF，2007），提出改进建议。

第四篇　非正式学习

第十章　通过科学传播帮助学习

（一）深入阅读

Ainsworth, S. (2008). The educational value of multiple representations when learning complex scientific concepts. In: J. Gilbert, M. Reiner, M. Nahkleh (eds.) *Visualization: Theory and practice in science education.* Dordrecht: Springer (p.191-208).

Hodson, D. (2009). Reading writing and talking for learning. In: D. Hodson, *Teaching and learning about science.* Rotterdam: Sense Publishers (pp. 283-326).

Lakoff, G., Johnson, M. *Metaphors we live by.* Chicago: The University of Chicago Press.

（二）讨论

1. 你发现在学校中学习科学的哪些方面最为困难？这些方面对你之后的科学学习有何影响？

2. 就你当前的学习内容而言，分别从三种模式中的其中一种假设出发，哪些内容的传播效果最佳？

3. 通过与他人互动讨论来学习一些新知识。这种学习模式有哪些吸引力或者劣势？建议：

（1）你专业知识领域之外的一个科学话题，同时你所在群体的某些人对之非常熟悉和理解。

（2）生活方式的一种选择，比如"替代"疗法、食谱、营养偏好等，同时你所在群体的某些人对之很熟悉。

4. 阅读一本科普书（比如大卫·爱登堡的作品）。书中的图片发挥了何种解释功能？

5. 在你经历过的典型的科学传播中，手势用得多不多？

6. 在什么情况下，使用数学方程和／或化学方程有助于改善科学传播？

（三）项目

1. 在图书、报纸、电视节目或网络上找一个利用具体情境对你不熟悉的科学观点进行传播的案例。解释一下这个情境是否以及如何帮你理解这个观点。有哪些情境因素发挥了作用？

2. 阅读一些书面的科学传播内容，比如本书的任一章节。它引入了什么新词？你能理解它们的意义吗？是什么因素协助或者阻碍了你的理解？

3. 在报纸或杂志上通过类比来解释某个科学事物的案例。你认为类比的使用是否成功？

4. 对你在课堂上听到的谈话类型进行一段时间的监测（一天或一周）。类型的构成适合发生这些谈话的课堂的目标吗？

5. 在任何媒介中找一个在科学传播中采用物质／材料呈现的案例。为什么采用这种呈现？你认为它有效吗？

6. 在报纸、杂志或网络上找一系列公众科学传播的案例。它们提供了哪些类型的解释？

第十一章　科学传播与科学教育

（一）深入阅读

Barnett, J., & Hodson, D. (2001). Pedagogical content knowledge: Toward a fuller understanding of what good science teachers know. *Science Education, 85*(4): 426-453.

Kapon, S., Ganiel, U., & Eylon, B. S. (2010). Explaining the Unexplainable: Translated Scientific Explanations (TSE) in public physics lectures. *International Journal of Science Education, 32*(2): 245-264.

van den Berg, E. (2001). Impact of inservice education in elementary science: Participants revisited a year later. *Journal of Science Teacher Education, 12*: 29-45.

（二）讨论

1. 阅读教学背景知识（Barnett & Hodson，2011，p.436-439），花时间对你自己的知识图景进行评估。对你向优先受众传播科学时使用的不同知识类型进行分类。你可能希望用框架（Barnett & Hodson，2011，p.441-444）来帮你完成这项任务。

2. 你怎么理解"推进效应"这个术语（van den Berg，2011，p.42）？画一个表格，解释你认为在不同群体中出现推进效应的必要特征有哪些。你可能会用到以下类目来完成这项工作：目标受众、受众的概念性框架、传播目标、科学内容、该活动的情境、个体动机。

3. 选择一系列公共科学演讲，为此你可能要访问一所当地的大学或科学中心，或者你可以从喜好的网站上下载视频。利用转译科学解释（TSE）的解释性框架（Kapon et al.，2010，p.251）来识别并选择每个公共演讲的 TSE 因素。与朋友组队完成这项活动会让你更加投入，还可以分享彼此的发现。

第十二章　科学博物馆中的科学技术传播实践

（一）深入阅读

Pedretti, E. (2004). Perspectives on learning through critical issued-based science center exhibits. *Science Education, 88*(Suppl. 1), S34-S47.

Rennie, L. J., & Stocklmayer, S. M. (2003). The communication of science and technology: Past, present and future agendas. *International Journal of Science Education, 25*, 759-773.

（二）讨论

选择一个本地媒体目前感兴趣的科学议题或概念。为了帮助公众理解这个议题，需要传播的重点是什么？列出这些重点，对下述问题进行讨论。

1. 该科学议题背后的科学故事是什么？为了对未来的事务做出决策，人们需要考虑的正面和负面核心观点有哪些？

2. 如果为了向受众传播这些重点，你需要设计一个展览或展示，你会怎么做？思考一下：你希望讲述的故事是什么？如何让受众参与？如何呈现这些重点——用类比还是实物？

3. 开发一套展览向当地人转播该议题时，设计者要面对哪些制约因素？

（三）项目

从当地博物馆或诠释中心选择一个相对复杂的展品，列出这个展品意图传达的科学信息。对观看这件展品的三到四名观众进行访谈，考察他们体验到了哪些科学相关的信息。把他们的看法与你列出的信息进行对比，看看你是否可以解释其中的差异。如何改善该展览的传播有效性？如有可能，与开发人员讨论一下展览的目的。

第五篇　科学与社会中的当代议题传播

第十三章　传播全球气候变化：议题与困境

（一）深入阅读

Maxwell T., & Boykoff, M. T. (2008). Media and scientific communication: a case of climate change *Geological Society, London, Special Publications*, 305, 11-18 doi:10.1144/SP305.3.

Rask, M., Worthington, R., & Lammi, M. (Eds) (2011). *Citizen participation in global environmental governance*. London: Earthscan.

Sheppard, S. (2012). *Visualizing climate change. A guide to visual communication of climate change and developing local solutions*. London: Earthscan.

Victor, D. G. (2011). *Global warming gridlock: Creating more effective strategies for protecting the planet*. Cambridge: Cambridge University Press.

（二）讨论

1. 当学生在讨论争议性议题时，老师是应该阐明自己的立场，还是作为一个中立者呢，比如气候变化？哪种方法更加诚实？

2. 博物馆和科学中心有关气候变化的展览应该以鼓励参观者采取行动为主要目标，还是仅仅告诉人们科学共识？这些展览背后的价值应该是什么？

3. 一个能源公司应该采取何种传播策略？它为消费者提供的三个主要信息应该是什么？

（三）项目

1. 找5～10个朋友或者同事，请他们讲述近年来在国内亲身遭遇极端气候的故事。然后，利用网络或其他资源查找全球范围内遭遇过极端气候的同样数量的陌生人报告，收集这些陌生人的故事。接下来，将这些本地经历与全球经历背后的故事进行比较。使用你的故事素材库设计三个面向公众和学校学生的教育活动，传播气候变化的相关信息。解释一下你设计的这些活动基于哪种学习理论（该项目根据2010年世界环境教育大会期间澳大利亚詹姆斯·库克大学的科研人员所提供的案例改编而成）。

2. 参观一个拥有天气或气候变化话题等主题展览的博物馆或科学中心。围绕展览的传播内容与传播方式，考察这些展览的文本、安装方式和展览本身，然后设计一个用于测试展览有效性的评估策略。找一些参观者，比如家庭成员、学生、年轻人或老人、科学家或外行人士等，对一系列数据采集工具进行讨论——每种采集方式的优势和劣势各是什么？你如何开展自己的评估？在开展评估方面你面临的主要挑战是什么？

第十四章 短期危机中的科学传播：严重急性呼吸综合征（SARS）案例

（一）深入阅读

Abraham, T. (2004). *Twenty-first century plague: The story of SARS* (Hong Kong: Hong Kong University Press).

Chan, J. C. K., & Wong, V. C. W. T. (eds.) *Challenges of Severe Acute Respiratory Syndrome*. Singapore: Elsevier.

Enserink, M. (2003). SARS in China: China's missed chance. *Science*, 301, 294-296.

Fouchier, R. et al. (2003). Koch's postulates fulfilled for SARS virus. *Nature*, 423, 240.

Guan, Y. et al. (2003). Isolation and characterization of viruses related to the SARS coronavirus from animals in southern China [electronic version]. *Science,* 302(5643), 276-278.

Normile, D. (2004). Viral DNA match spurs China's civet roundup. *Science,* 303(5656), 292.

Pottinger, M., Cherney, E., Naik, G., & Waldholz, M. (2003). How a global effort identified SARS virus in a matter of weeks. *Wall Street Journal* 16 April 2003, A1.

Wong, S. L., Hodson, D., Kwan, J., & Yung, B. H. W. (2008). Turning crisis into opportunity: enhancing student-teachers' understanding of nature of science and scientific inquiry through a case study of the scientific research in severe acute respiratory syndrome. *International Journal of Science Education, 30*(11), 1417-1439.

（二）讨论

对 SARS 管控过程中产生的下列争议性议题进行讨论。在辩论这些议题的时候，对候选决策及其潜在价值观的正反方论述进行批判性评价。

1. 政府应该允许公众获取 SARS 患者的详细信息吗？比如居住的街道、楼牌号等？

2. 新加坡政府安装摄像头来监控 SARS 患者是否遵守了居家隔离令的做法合适吗？

3. 在危机情况下，政府应该对大众媒体施加某些限制来降低轰动效应，以避免发生恐慌吗？

4. 在 SARS 危机期间，世界卫生组织的流感项目主管克劳斯·斯托尔（Klaus Stohr）呼吁科学家"共享数据并暂时搁置对诺贝尔奖的兴趣或者在《自然》发表论文的愿望"（Pottinger et al.，2003，p.A1）。然而，SARS 研究方面的竞争仍然很激烈。亚布拉罕（Abraham，2004，p.93）坦言这种激烈竞争背后的原因，"在科学上，第二名几乎不可能获奖。"

为了让彼此的收益最大化，讨论一下如何对合作与竞争进行整合。在加强合作的同时保留个体科学家或研究团队的贡献方面有哪些可行的方法？从长远来看，为了鼓励跨机构合作以促进科学传播，设立类似诺贝尔奖的专门奖项的可行性如何？

（三）项目

1. 模拟探究

在SARS暴发期间，居住于西方国家的某些人认为SARS与中国社区、居民及其食物有关。如果你是当地政府官员，负责调查这样的主张是否站得住脚，你会如何开展调查？会问哪些特定的问题？为了回答这些问题，你需要什么样的科学证据？

2. 案例研究

选择一个已经影响了或正在影响你所在的城市／地区／国家以及邻近区域的卫生危机、突发疫情或疾病暴发，然后从官方文件、新闻报道和网络渠道采集证据以开展下述分析。

1. 科学家、卫生专家、政府卫生官员和外行公民在疾病或危机管控方面扮演了什么角色？公民行动在多大程度上是从科学证据出发的？科学传播的本质通过哪些方式影响了决策和公民行动？

2. 哪些因素促进或阻止了对危机的管控？

3. 你所在的地区／国家在处理危机方面与邻近的地区／国家有哪些差异？差异的程度如何？导致差异的原因是什么？

4. 这些问题可以归根于更广泛的社会语境吗，比如社会的权力分配、信息流动、医保制度、人权或政治和经济考量？解释一下你的答案。

第十五章　可持续性问题的传播挑战

（一）深入阅读

Keen, M., Brown, V. A., & Dyball, R. (Eds) *Social Learning in Environmental Management.* London: Earthscan, (2005).

MacDonald, C. (2011). Responsibility, meet transparency. *Miller-McCune*, July/Aug., 48-59.

Meppem, T., & Bourke, S. (1999). Different ways of knowing: A communicative turn toward sustainability. *Ecological Economics*, 30, 389-404.

Turner, B. L. II. (2010). Vulnerability and resilience: Coalescing or paralleling approaches for sustainability science? *Global Environmental Change,* 20, 570-576.

（二）讨论

在学术期刊中找一篇题目中含有"可持续性"的文章，然后找一篇有关"可持续性"的新闻报道。对比该术语在其中的定义和概念化过程，以及它的含义。你认同它们的定义吗？尝试给出你自己对"可持续性"的定义。

（三）项目

1. 计算一下自己的碳足迹。在网络上找几个计算方式，对结果进行比对。改变自己的行为，重新计算你的碳足迹。对这些结果进行评论。

2. 访问你所在国家的一个主要城市或大型国有公司的网站，它们如何描述"可持续性"或其环境承诺？它们分别利用了"可持续"和"能力"的定义中的哪些部分？参考本章内容对此进行评论。

3. 在家中找一个常见物品，比如一件衣服或一种食品。对这个物品的生产和运输过程及其成分（比如，棉花、塑料或者某种化学物）进行研究。对与该物品或其特定成分相关的某些交易或级联效应进行调查。在此生产过程或这些交易中，有多少是消费者可见的？

第十六章　21 世纪本土知识系统的价值

（一）深入阅读

Fayola, T. (2000). *Africa volume 2: African Cultures and Societies before 1885*. Durham: Carolina Academic press.

Grinker, R. R., & Steiner, C. B. (1997). *Perspectives on Africa*. Cambridge (Massachusetts): Blackwell Publications.

Harding, S. (1993). *The racial economy of science*. Bloomington: Indiana University Press.

Higgs, P. (2006). In defence of local knowledge: A theoretical reflection. *Indilinga Africa Journal of Indigenous Knowledge Systems*, 5, 1.

Hoppers, C. A. O. (2002). *Indigenous Knowledge systems and the integration of Knowledge Systems*. Claremont: New Africa Books.

Latour, B. (1991). *We have never been modern*. Cambridge, Massachusetts: Harvard University Press, (Translation in 1993).

Makgoba, W. M. (1999). *African Renaissance: The New Struggle*. Sandton: Mafube/Tafelberg.

Nabudere, D. W. (2007). Chaikh Anta Diop: The social sciences, humanities and physical sciences and transdisciplinarity. *African Renaissance studies, 2*, 1.

Reagan, T. (2005). *Non-Western educational traditions: Indigenous approaches to educational thought and practice* (3rd Ed.). Hillsdale, N.J.: Erlbaum.

Samovar, L. A., Porter, R. E., & McDaniel, E. R. (2010). *Communication between cultures.* Boston: Wadsworth.

Seleti, Y. (2004). *Africa since 1990*. Cape Town: Ministry of Education, New Africa Books.

（二）讨论

1. 本土知识这个议题与你所在的国家和地区的人的相关性如何？你会把农民或渔民的本土知识列入这个类别吗？

2. 你认为有可能整合西方科学知识和本土科学知识吗？这有什么好处？

3. 你同意拉图尔的四个现代性前提形塑了现代世界吗？

（三）项目

对有关生物多样性以及本土和地方知识所有权的问题进行调查。这些知识的公平分享如何能够实现？

第十七章 科学传播：进化成人的后果

（一）深入阅读

Dawkins, R. (2006). *The God delusion*. London: Bantam Press.

Gould, S .J. (1996). *Life's grandeur*. London: Jonathan Cape.

Mooney, C., & Kirshenbaum, S. (2009). *Unscientific America: How scientific illiteracy threatens our future*. Philadelphia: Basic Books.

Ridley, M. (2010). *The rational optimist: How prosperity evolves*. London: Harper Collins.

（二）讨论

1. 你同意总会有不再需要科学传播者的一天吗？

2. 你认为互联网对人类智能的影响是什么?

3. 你认为在传播科学的过程中,新媒体的重要性如何,特别是新技术的影响? 考虑一下其积极方面和消极方面。

（三）项目

1. 重复考夫曼（Kaufmann）的纽扣和线的实验。纽扣的数量和线的数量之间的不同比率对结果有什么影响? 这对进化过程意味着什么?

2. 开设一个自媒体账户,就科学传播的某一方面发展对话。

3. 利用媒体（过去的或现在的,包括电子媒体）编纂关于某个死灰复燃的常见病的档案,比如腮腺炎、麻疹、风疹或结核病。这与反疫苗情绪高涨有关吗?

4. 在你所在的社区开展一次有关接受进化论的情况的非正式调查。

关 于 作 者

克里斯·布莱恩特（**Chris Bryant**），拥有伦敦国王学院动物学学士学位、伦敦大学生物化学硕士学位和伦敦国王学院生物化学博士学位。1963年入职澳大利亚国立大学生物学院，先后出任动物学教授、理学院院长、生物学院院长。他与麦克·戈尔博士共同发起了澳大利亚壳牌科学马戏团，为澳大利亚国立大学公众科学意识中心的组建打下了基础。布莱恩特教授于1999年荣获澳大利亚勋章。E-mail：chrisandanne@grapevine.com.au。

莫里斯·**M. W. 程**（**Maurice M.W. Cheng**），香港大学教育系助理教授，主要研究领域是科学的教授与学习，专注于图表方法的作用和应用、心理图形表征、科学模型以及模型建构。他的教学领域包括定量素养、科学和化学教育以及学习心理学。他是一名注册药剂师，曾在中学任教，同时是香港官方课程与评估委员会委员（科学与化学学科）。E-mail：mwcheng@hkucc.hku.hk。

茱莉亚·**B. 科比特**（**Julia B. Corbett**），美国犹他大学传播系教授。她从宏观社会学视角下的社会冲突与变迁以及微观社会视角下的态度与行为改变两方面开展科学、环境和健康传播的研究。著有环境传播领域的早期文献《传播自然：我们如何创建和理解环境讯息》（*Communicating Nature: How We Create and Understand Environmental Message*）（2006）。她最近的研究视野纳入了描写人类与自然世界之关系的创造性非虚构类散文。E-mail：corbett.julia@gmail.com。

贾斯汀·迪伦（**Justin Dillon**），伦敦国王学院科学与环境教育学教授、科学与技术教育部主任。在取得化学学位后，他曾在6所内伦敦地区学校任教，后来于 1989 年入职伦敦国王学院。贾斯汀是《科学教育国际杂志》的合作编辑，2007～2011 年出任科学教育研究协会主席。他是经济社会研究理事会针对科学与数学教育的倡议协调人之一，参与了欧洲内外的博物馆、科学中心和植物园的有关研发项目。E-mail：justin.dillon@kcl.ac.uk。

约翰·K. 吉尔伯特（John K. Gilbert），英国雷丁大学名誉教授、伦敦国王学院访问学者、《科学教育国际杂志》（甲部）主编以及《科学教育国际杂志乙部：传播与公众参与》的合作编辑。从其化学背景出发，他的研究延伸至概念形成、模型及建构、图形化等学习科学领域。在最近的研究中，他开始将这些兴趣拓展到全民非正式科学教育。E-mail：john.k.gilbert@btinternet.com。

威尔·J. 格兰特（Will J. Grant），澳大利亚国立大学公众科学意识中心研究员和讲师。拥有政治科学的学士荣誉学位和博士学位（昆士兰大学）。威尔的研究、教学、演讲和著作大多聚焦于科学、政治与社会的交叉领域，围绕该领域中三者的现存关系如何随新的技术而转变。目前开展的项目有：longconversations.net，howtokeepfood.com，society5.net。E-mail：will.grant@anu.edu.au。

玛丽·霍布森（Marie Hobson），伦敦科学博物馆资深受众代言人。利用她及其团队的研究证据，她代表受众建言，以满足游客的需要和愿望，消除参与障碍。玛丽于 2008 年取得英国莱斯特大学博物馆研究专业硕士学位。E-mail：mchobson84@gmail.com。

罗德·兰伯特（Rod Lamberts），澳大利亚国立大学公众科学意识中心副主任。15 年来一直活跃在国际科学传播领域，指导学生完成了一系列科学传播研究项目，包括本科、硕士和博士层级的研究。罗德是 2000 年以来澳大利亚科学传播课程的发展和实施的开拓者，他还是联合国教育、科学与文化组织在太平洋地区的科学传播顾问，并长期担任媒体科学和科学与公共政策方面的公共评论员。E-mail：rod.lamberts@anu.edu.cn。

阿瑟·M.S.李（Arthur M. S. Lee），香港大学教育系教学顾问。此前他是一位有 12 年教龄的香港中学数学教师。他的兴趣在于理解技术密集环境中的数学教授与学习。目前他的博士学位研究方向是学生在动态几何工具辅助下的探索任务中的地理概念形成。2009 年后，他与教育系的同事一同进行新课程的设计和教学，这些课程专注于一年级本科生的定量素养的培养。E-mail：amslee@hku.hk。

李杨涌（Yeung Chung Lee），香港教育学院科学与环境研究系副教授，授课范围包括小学科学教育、生物教育和健康教育，涵盖从本科生课程到博士生课程。他的研究方向是科学－技术－科学－环境教育、科学的本质、探究式学习，以及促进学生概念理解与元认知反射的模型和类比的应用。他目前的兴趣是基于跨语境和跨文化视角，研究中学生在社会－科学议题中的决策。E-mail：yclee@ied.edu.hk。

莫雅慈（Ida Ah Chee Mok），香港大学教育系副教授和副主任，研究兴趣包括数学教授与学习和教师教育，研究领域包括定量素养和数学教育。她是《创建连接：世界数学课堂之比较》（*Making Connections: Comparing Mathematics Classrooms Around the World*）的合作编辑，以及《代数学习：学生对分配率的理解的启示》（*Learning of Algebra: Inspiration from Students' Understanding of the Distribution Law*）的作者。E-mail：iacmok@hku.hk。

小川正行（Masakata Ogawa），日本京都大学理学院科学教育学教授、数学与科学教育研究生院院长。在京都大学取得植物生理学博士学位后，先后在日本茨城大学、广岛大学和神户大学教授科学教育。研究方向包括科学教育的文化和政策、科学教师教育和科学素养。于 2003 年荣获日本科学教育学会研究杰出贡献奖。曾任日本科学教育学会主席和东亚科学教育学会主席。E-mail：ogawam@rs.kagu.tus.ac.jp。

林迪·A.奥西亚（Lindy A. Orthia），澳大利亚国立大学公众科学意识中心科学传播讲师。她在澳大利亚拉筹伯大学接受过植物学训练，为英国电视连续剧《神秘博士》（*Doctor Who*）担任有关科学的社会、经济和文化方面的顾问，流行小说中的科学始终是她的主要研究兴趣。E-mail：lindy.orthia@anu.edu.au。

肖恩·佩雷拉（Sean Perera），澳大利亚国立大学公众科学意识中心研究员。肖恩基于科学传播的视角研究和探索科学教育的各个方面，涵盖教师的职业发展、非正式科学学习以及面向文化异质公众的科学传播。他目前正在开发吸引非传统受众——例如母亲、祖辈和外来难民——参与主流科学传播的项目。在班加罗尔大学和佩拉德尼亚大学接受微生物学和作物学训练后，肖恩在澳大利亚国立大学获得科学传播博士学位。E-mail：sean.perera@anu.edu.au。

迈克尔·J. 瑞斯（Michael J. Reiss），植物学家和教育家。伦敦大学教育研究院科学教育学教授和研发督导，伦敦科学学习中心首席行政官，英国科学学会副主席和荣誉会士，英国伯明翰大学、约克大学和皇家兽医学院荣誉客座教授，英国教师学院荣誉院士，芬兰赫尔辛基大学客座讲师，索尔特斯－纳菲尔德高级生物学项目主任，英国农场动物福利委员会委员，英国社会科学院院士。E-mail：m.reiss@ioc.ac.uk。

莱奥妮·J. 雷尼（Léonie J.Rennie），澳大利亚科廷大学科学与数学中心名誉教授，西澳大学科学传播学兼职教授。她的研究聚焦于综合及校外语境中的学习科学与技术，以及科学素养。她参与了面向澳大利亚政府的一些重要报告的撰写，以及社区科学意识提升方面的一些国家基金项目。她是几本杂志的编委会成员。2009 年，她荣获澳大利亚国立科学教研学会的科学教育研究杰出贡献奖。E-mail：l.rennie@curtin.edu.au。

叙泽特·D. 瑟尔（Suzette D. Searle），澳大利亚国立大学公众科学意识中心博士后研究员，专注于有关科学话题的公众意见调查。她的博士论文是《"科学家"面向一般公众的传播：澳大利亚的调查》。在开始她长达 15 年的科学传播生涯之前，她取得了两个森林学学位，在澳大利亚科学产业领域工作了 17 年。E-mail：suzette.searle@anu.edu.cn。

约拿·塞勒迪（Yonah Seleti），南非科技部人力资本和知识系统司代理副司长。他同时是国家本土知识系统办公室负责人。他是南非传统医学整合倡议"从农民到制药公司"的领导者，该倡议旨在整合本土知识、生物多样性和生物技术。此外，他曾是美国杜兰大学（新奥尔良）和丹麦罗斯基勒大学的客座教授。他是几个部长级委员会的成员，南非数字创新项目"解放遗产数字图书馆"的主席。E-mail：yohan.seleti@dst.gov.za。

苏姗·斯多克迈尔（Susan Stocklmayer），科学传播学教授，澳大利亚国立大学公众科学意识中心暨联合国教育、科学与文化组织科学传播中心主任。主要研究焦点是科学与公众界面以及性别和跨文化议题上的科学学习。作为大学拓展项目的一部分，她在全世界开展科学秀、讲座和研讨会。她是《科学教育国际杂志乙部：传播与公众参与》的合作编辑，于2004年荣获澳大利亚勋章。E-mail：sue.stocklmayer@anu.edu.au。

克雷格·特朗博（Craig Trumbo），在美国爱荷华州立大学取得学士学位和硕士学位，在美国威斯康星大学取得大众传播学博士学位，研究聚焦于环境健康风险传播。他还拥有美国宾州州立大学地理信息系统方面的认证学位。他目前是美国科罗拉多州立大学新闻与技术传播系教授。特朗博教授的研究兴趣涵盖健康、风险和环境的交叉领域。他的大学教学方向包括大众传媒的影响、大众和人际传播理论、科学技术传播和风险传播。E-mail：ctrumbo@mac.com。

黄家乐（Ka Lok Wong），香港大学教育系教学顾问，他在那里取得了（数学）学士和（数学）教育资格。他还拥有比利时鲁汶天主教大学心理学学士学位和伦敦教育学院数学教育学硕士学位。他起先在中学教授数学，后来进入数学教师教育领域。他目前的工作涉及面向开放性学习的教师教育，从中他认识到了定量素养与科学素养的关联。E-mail：klwong3@hku.hk。

关键词索引